项目资助：
国家社会科学基金青年项目"地方政府土地财政偏好的影响评价与管控机制研究"（项目编号：15CGL054）

地方政府土地财政偏好

形成、影响与管控

唐鹏 ◎ 著

中国社会科学出版社

图书在版编目(CIP)数据

地方政府土地财政偏好:形成、影响与管控/唐鹏著.—北京:中国社会科学出版社,2021.7
ISBN 978-7-5203-8763-7

Ⅰ.①地… Ⅱ.①唐… Ⅲ.①地方政府—土地制度—财政制度—研究—中国 Ⅳ.①F321.1

中国版本图书馆CIP数据核字(2021)第144566号

出 版 人	赵剑英
责任编辑	刘晓红
责任校对	周晓东
责任印制	戴 宽

出　　版	中国社会科学出版社
社　　址	北京鼓楼西大街甲158号
邮　　编	100720
网　　址	http://www.csspw.cn
发 行 部	010-84083685
门 市 部	010-84029450
经　　销	新华书店及其他书店
印　　刷	北京君升印刷有限公司
装　　订	廊坊市广阳区广增装订厂
版　　次	2021年7月第1版
印　　次	2021年7月第1次印刷
开　　本	710×1000 1/16
印　　张	14.5
字　　数	238千字
定　　价	86.00元

凡购买中国社会科学出版社图书,如有质量问题请与本社营销中心联系调换
电话:010-84083683
版权所有　侵权必究

摘要

近年来,土地在城市及区域发展中扮演的角色越发重要,政府通过一系列的制度安排获取了大量的土地财政收入,不仅可以有效缓解地方政府的财政收支压力,而且支撑了地方政府的经济建设和基础设施投资。但是,过度依赖土地财政的发展模式,也导致了耕地减少、征地矛盾频发、房地产价格虚高以及财政金融风险较高等问题,这些问题严重制约着经济持续健康发展和产业结构转型升级。再加上农村土地制度改革试点的深入推进,传统的土地财政模式迫切需要改革和转型。然而,土地财政现象背后的问题实质以及土地财政的形成机制和影响评价还需进一步明确,尤其需要回答为什么地方政府严重依赖土地财政而无法自拔。要推动土地财政问题改革,就必须总结地方政府土地财政行为的规律特征,阐释土地财政的形成机理,考察地方政府土地财政的行为偏好,进而把握土地财政问题的实质。并据此构建土地财政行为的管控机制,以规范地方政府土地财政行为,引导土地收益的合理分配和全民共享。

具体而言,本书按照以下思路开展研究:首先,在界定土地财政偏好相关概念的基础上,全面阐释地方政府土地财政偏好的总体特征，明确土地财政偏好的理论框架。其次，从外部激励和制度基础两个方面探究地方政府土地财政偏好的形成机制，并构建联立方程组模型进行实证分析，从而回答地方政府土地财政形成的内在逻辑。再次，阐释地方政府土地财政偏好和效率、公平的逻辑关系，基于效率与公平视角，评价地方政府土地财政偏好带来的影响。最后，总结土地财政问题的实质，构建地方政府土地财政行为的管控机制。通过理论分析和实证研究，主要结论如下：

在土地财政偏好的总体特征方面，通过土地财政收支规模、结构及其与地方财政收支关系，以及土地出让类型、出让方式等指标，从土地财政收入、支出和策略三个方面分析了地方政府土地财政偏好的基本特征，并从区域、省级和地市级三个层面分析了地方政府土地财政偏好的区域差异。结果表明：（1）地方政府对土地财政收入具有持续性强烈偏好，并且在土地财政收入结构偏好上，表现为地方政府对土地出让金收入具有持续性强烈偏好，而对土地税收收入的偏好相对较弱。另外，地方政府对土地财政收入的偏好存在区域差异，从东中西三大区域和省级层面来看，地方政府对土地财政收入和土地出让金收入偏好程度的高低整体上呈现由东向西逐步递减的规律；从地市级层面来看，地方政府对土地财政收入的偏好程度与地区经济发展水平有较强的联系，基本上经济发展水平越高的城市对土地财政收入的偏好程度越强。（2）土地财政支出偏好方面，地方政府对城市基础设施建设投资支出偏好较为强烈，对农村基础设施建设的支出偏好较弱。土地财政收入对地方财政支出具有重要的贡献，且存在区域差异。总体上看，东部区域土地财政收入对地方财政支出贡献作用大于中部和西部地区。(3)土地财政策略偏好方面,首先,地方政府对土地出让策略具有强烈偏好,但在时间上,地方政府对土地出让策略的偏好程度呈现减弱趋势。其次,地方政府对土地引资策略具有持续性强烈偏好,主要表现为地方政府出让的工业用地规模占比较高。最后,地方政府对土地财政策略的偏好存在区域差异。从三大区域层面来看,东部地区地方政府对土地出让策略的偏好程度强于中部和西部区域,西部地区地方政府对土地引资策略的偏好程度强于东部和中部地区;从省级层面来看,西部区域省份对土地引资策略的偏好程度较强,中部地区省份对土地引资策略的偏好相对较弱,东部地区省份对土地引资策略的偏好程度则存在较大的地区差异,北京、浙江、河北、山东、天津等地区的偏好程度较强,而上海、海南等地区的偏好程度则相对较弱。

在土地财政偏好的形成机制方面,中国式分权为地方政府追逐土地财政提供了外部动力,我国特有的土地市场制度安排形成的政府管制特点为地方政府获取土地财政收入提供了制度条件,这些共同形成了地方政府土地财政偏好。因此,主要从外部激励和制度基础两个层面解释地方政府土地财政偏好的形成机制,其中,外部激励来源主要是中国式分权制度下财政分权导致的经济激励和政治集权导致的政治晋升激励,制度基础是以政府主导土地市场为核心的制度安排,重点从政府管制和土地违法两个方面去考察。结果表明:(1)中国式分权制度产生的财政激励和政治激励是地方政府土地财政收入偏好形成的重要外部激励因素。(2)政府对农转非的产权管制只是政府获取土地财政收入的权利依据,不是土地财政产生的根源。(3)政府的价格管制主导了土地收益分配格局是形成土地财政的关键。(4)土地财政动机对土地违法有较强的激励作用,会促使地方政府实施土地违法,以增加土地收益。但土地违法并不必然带来土地财政收入的增加,因为土地违法存在被查处的风险。

在土地财政偏好的影响评价方面,主要从效率和公平的视角进行分析,首先构建了地方政府土地财政偏好和效率、公平的理论框架,认为地方政府土地财政偏好对效率的影响主要体现在经济效率方面,而对公平的影响主要体现在社会公平尤其是地方财政支出公平方面。因此,进一步构建了地方政府土地财政偏好和经济增长、地方财政支出之间的理论关系,分别阐释了土地财政对经济增长的影响机理和土地财政对地方财政支出的影响作用,并选取了量化指标和统计数据,对地方政府土地财政偏好带来的影响进行实证研究。结果发现:(1)效率评价方面,首先,从总体上看,土地财政对经济增长的影响呈倒"U"形,即短期内土地财政有利于促进经济增长,但长期内土地资源稀缺性导致的土地财政不可持续,会对经济增长产生抑制作用,即土地财政对经济增长的促进作用存在不可持续性。其次,从空间上看,土地财政对经济增长存在显著的负向空间影响,也就是说地方政府间的土地财政竞争存在"逐底效应",导致人口和资本等要素的分流,不利于地区经济增长。最后,具体来看,短期内土地财政通过公共物品供给或产业结构调整对经济增长的促进作用明显,长期内并不明显,甚至出现收敛趋势;在不同财政水平下公共物品和产业结构影响经济增长的路径存在区域差异,西部地区较东中部地区土地财政在公共物品供给和产业结构门槛下对经济增长促进作用更强。(2)公平评价方面,首先,地方政府的土地财政动机加剧了地方政府"重硬轻软"的财政支出扭曲程度，且即使面临中央政府的政策约束，地方财政支出偏好也不会发生较为明显的改变。其次，随着基本建设和公共服务支出比重的不断增加，地区基础设施条件和公共服务水平得到改善和提高，会对土地价值产生增值效应和溢出效应，从而带来土地出让收入的增加，形成地方政府土地财政内在强化机制。最后，从预算内土地税收和预算外土地出让金的不同影响作用来看，预算内土地税收受到更加严格的监管，因此，其在满足基本建设支出的前提下，会适当增加软公共服务支出，但这种财政支出改善效应不大。同时，财政支出责任的增加，会加大地方财政收支压力，促使地方政府更加依赖土地财政，特别是追逐预算外的土地出让金。这一结果也验证了现实中地方政府对于一次性获取的土地出让金收入的过度依赖，而在受到严格预算管理的土地税收收入方面，显得积极性不是很高。

总结上述研究发现：土地财政偏好形成既面临中国式分权的外部激励，也需要以政府价格管制为核心的制度安排。土地财政偏好具有短期经济效率，但长期不可持续，会制约经济增长，存在明显的门槛效应。土地财政偏好加剧了地方财政支出结构扭曲，并存在内在强化机制，对社会公平具有负面影响。据此梳理总结土地财政问题的实质，发现土地财政问题的实质是收益分配问题。一方面，土地财政格局的形成是受到各种制度安排的影响，需要进行相应的改革；另一方面，土地收益分配格局带来的后续影响，特别是对效率与公平的负面影响，需要从更为宏观的制度体系框架来思考。

综上所述，从效率和公平层面提出土地财政问题的改革目标和具体的制度设计，构建地方政府土地财政行为的管控机制，具体包括以下四个方面：（1）利益协调机制，是地方政府土地财政行为管控机制的核心，主要是打破政府的主导地位，充分发挥土地市场机制的收益调节功能，合理界定政府在土地收益初次分配和二次分配中的作用，引导政府职能归位；（2）改革动力机制，是地方政府土地财政行为管控机制的重点，主要从财税分权体制、政府绩效考核体系、财政转移支付制度、土地收益管理、地方政府债务管理等方面入手，提供地方政府改变土地财政行为的持续激励，转变地方政府短视行为，降低其对土地财政的强烈依赖和偏好；（3）监督约束机制，是地方政府土地财政行为管控机制的手段，主要结合地方政府的土地财政收支行为，深化改革预算制度，加强预算约束能力，强化政府权力监督机制，规范政府管制权运行，加强对政府土地财政行为的监管能力，构建地方政府土地财政强偏好的行为监督和约束机制；（4）制度保障机制，是地方政府土地财政行为管控机制的支撑，主要是弥补当前土地财政相关法律法规存在的问题和漏洞，结合土地财政收支安排和收益合理共享的需要，从土地产权、土地征收、土地规划、城乡户籍以及税收制度等方面进行制度保障方案的设计，为转变地方政府土地财政行为的措施提供法律规则和配套措施的保障支撑。

关键词：土地财政偏好；中国式分权；政府管制；土地市场制度；效率与公平；经济增长；地方财政支出；管控机制

目录

第一章　绪论 / 1

　　第一节　研究背景及意义 // 1
　　第二节　文献综述 // 5
　　第三节　研究目标 // 22
　　第四节　研究内容与结构安排 // 22
　　第五节　研究方法、技术路线及数据来源 // 25
　　第六节　可能的创新与不足 // 29

第二章　概念界定与分析框架 / 31

　　第一节　概念界定 // 31
　　第二节　逻辑思路与分析框架 // 38

第三章　地方政府土地财政偏好的总体特征 / 43

　　第一节　地方政府土地财政收入偏好 // 43
　　第二节　地方政府土地财政支出偏好 // 66
　　第三节　地方政府土地财政策略偏好 // 71
　　第四节　本章小结 // 85

第四章　地方政府土地财政偏好的形成机制 / 87

　　第一节　理论分析 // 87
　　第二节　实证分析 // 95
　　第三节　本章小结 // 105

第五章 地方政府土地财政偏好的影响评价 / 108

第一节 影响评价：效率与公平的理论框架 // 108
第二节 效率评价：土地财政对经济增长的影响 // 119
第三节 公平评价：土地财政对地方财政支出结构的影响 // 135
第四节 本章小结 // 150

第六章 地方政府土地财政行为的管控机制 / 155

第一节 总体框架 // 156
第二节 地方政府土地财政行为的改革动力机制 // 164
第三节 地方政府土地财政行为的利益协调机制 // 169
第四节 地方政府土地财政行为的监督约束机制 // 175
第五节 地方政府土地财政行为的制度保障机制 // 181

第七章 研究结论与展望 / 188

第一节 研究结论 // 188
第二节 研究展望 // 192

附 表 / 195

参考文献 / 197

后 记 / 220

第一章 绪 论

第一节 研究背景及意义

近年来，土地在城市及区域发展中扮演的角色越发重要，政府通过土地出让和土地引资获取了规模可观的财政收入，不仅有效地缓解了地方政府面临的财政收支压力，而且带动了地方政府的经济建设和基础设施投资。其中，我国的土地出让收入从 1999 年的 514 亿元增加到了 2016 年的 3.6 万亿元，相当于地方预算内财政收入的比例从 1999 年的 9.2% 迅速提高到了 2016 年的 41.27%。另外，据统计数据显示，1999 年全国地方财政预算内收支差额为 3340 亿元，到 2007 年突破了 2 万亿元，2016 年更是达到了 7.3 万亿元[①]。

尽管土地财政可以增加地方政府的可支配财力，在短期内促进经济发展和推动城市化进程，但是随着土地财政规模的日益扩大，地方政府土地财政行为所带来的负效应以及产生的偏好和依赖引起了学术界的广泛关注和讨论。多数学者注意到目前地方政府陷入了土地财政依赖的怪圈，由此引致了一系列的问题，主要表现在以下几个方面：第一，耕地资源减少，生态环境破坏严重。地方政府为获取土地收益会进行低成本的土地征收，征地规模的不断扩大导致耕地资源数量随之减少。据统计，2010—2016 年，我国平均每年建设占用耕地的面积达 30 万公顷；2004—2016 年，全国征收土地的面积也从 19.6 万公顷增加到 32.8 万公顷，平均每年增长 38.3 万

---

① 作者根据 1999—2017 年《中国统计年鉴》中的地方财政收支数据整理得来。

公顷,其中在 2011 年达到土地征收面积的最大值,为 56.9 万公顷①。在开发土地的过程中,也会对生态环境造成一定程度的破坏,如填海造地、开发沙滩、"削山造地"等(陈小瑛,2018)。第二,土地征收导致的土地增值收益分配不平衡,易引起不同利益主体之间的利益冲突和社会矛盾。尽管政府在不断提高征地补偿标准,但是与政府获得的土地收益相比,农民所获少之又少,由此引发了一系列征地拆迁过程中的社会冲突问题。根据研究,每年因征地拆迁而引发的纠纷事件在 400 万件左右,其中补偿纠纷占土地纠纷的 84.7%(刘守英,2013),严重威胁到社会的稳定。第三,土地财政造成房地产价格虚高,城市生活成本不断上涨。地方政府依靠招拍挂等市场化方式出让商业及住宅用地,获取高额土地收益,导致地价与房价形成捆绑,彼此推高,使民众的购房难度增加和生活压力陡增,进一步影响实体经济发展,阻碍我国产业结构的转型升级(吴传清、邓明亮,2019;刘凯,2018)。第四,土地财政长期积累了地方政府的财政和金融风险。由于地方政府不能够直接从银行进行贷款,所以地方政府便成立各式各样的政府性平台企业,如各类城市投资公司、土地储备中心、开发区等,进而以储备的土地进行抵押贷款,而其背后提供保障的是政府信用(刘守英、蒋省三,2005)。然而,在国家调控和土地资源紧缺的情况下,一旦依赖土地所获取的收益减少,地方政府将面临巨大的还债压力和金融风险。另外,地方政府的土地财政行为缺乏有效的监督管理,在土地财政的动机下,地方政府会实施土地违法,阻碍土地资源的高效利用,弱化国家的相关土地管理监督体制。而且地方政府获取土地财政的动机不仅没有减弱,反而存在明显的路径依赖(邵学峰、何彬,2014;王克强等,2012;王慈航,2010;匡家在,2009),地方财政收支和公共物品供给都依赖于土地财政(李鹏,2013;周彬,2013;李勇刚等,2013、2012;胡家勇,2012;朱丽娜、石晓平,2010;陈志勇、陈莉莉,2010;平新乔,2007)。

由此可见,土地财政问题已广泛存在于各级地方政府中,所以对于地方政府土地财政相关的影响研究成为关注焦点。在财政分权和政治集权

---

① 作者根据 2010—2017 年《中国国土资源统计年鉴》中的建设占用耕地和征地数据整理得来。

的激励作用下，地方政府为缓解财政压力、发展地方经济和获取优良政绩而追逐土地财政（孙秀林、周飞舟，2013；李尚蒲，2010）。由此，不可否认地方政府通过土地财政可以有效弥补地方财政收支缺口，推动经济发展（赵燕菁，2014；颜燕等，2013）。但土地财政的有利影响是短期的，其对经济的长期稳定增长具有不利影响（张广根，2014；李勇刚、高波，2013；薛白，2011）。而且已有研究发现地方政府的土地财政行为还会对城市化进程、环境保护、公共物品供给、区域创新及产业升级等产生一定的影响。首先，地方政府的土地财政行为对城市化发展在短期内具有促进作用，但从长远来看，其具有一定的抑制效应，主要表现为在城市化进程中人口城市化水平的提高相较于城市扩张程度的提升来说较弱（杜金华，2018；陈多长，2014），人口城市化的滞后也会阻碍地方政府土地财政行为的持续实施。在城市扩张的过程中，伴随而来的是农用地资源大量消耗和环境污染等问题，但目前尚未有学者对土地财政行为影响土地资源及环境方面做出系统研究和评价。其次，地方政府的土地财政对基础设施投入具有强偏好，相对而言弱化了对教育、医疗等公共物品和服务的供给，造成了对公共物品及公共服务供给结构的扭曲（Tang et al., 2019；龙开胜等，2018；杨晨，2017）。与此同时，地方政府忽略了对农村及社会弱势群体的扶持，表明土地财政会对社会公平和稳定造成影响。最后，不同区域的地方政府土地财政行为都会在一定程度上抑制区域创新效率的提升和产业的转型升级（陈治国等，2019）。上述研究注意到了土地财政可能带来的众多影响，但在研究中忽略了土地财政影响的理论架构，特别是从获取土地财政的政策工具、策略路径、问题实质等方面去构建理论框架。事实上地方政府的土地财政偏好不仅表现在收入层面，也表现在支出和策略层面的偏好，呈现出来的问题也包括土地资源配置、土地收益分配等方面，而这些方面都涉及效率与公平的问题。因此，基于效率与公平的视角，展开对土地财政偏好的影响评价，重点阐释土地财政偏好对经济增长、支出结构的影响机理和作用路径，以反映土地财政偏好的经济效率和收益共享，进而为提出土地财政问题改革路径、完善土地财政行为管控机制提供参考。

在厘清土地财政行为偏好带来的影响后，多数学者也根据土地财政的成因提出相关的政策建议。部分学者认为首要是重新定位房地产业地位，引导房地产业的健康发展，坚持"房子是用来住的，不是用来炒的"政策定位，调控房地产价格并合理规划保障性住房（吴传清，2019；李一花，2018）。此外，在中国式分权制度背景下，需要完善地方政府的政绩考核体系，在单纯以经济发展为核心的政绩考核体制中加入环境保护和耕地保护的指标考核。2006 年中央印发了《关于建立促进科学发展的党政领导班子和领导考核评价机制的意见》及配套的考核评价办法，首次将耕地资源保护指标纳入地方领导的政绩考核体系（张凤荣、张琳，2006）。另外，由于土地财政存在显著的区域化差异问题，因此在解决土地财政问题方面应该充分考虑东中西部存在的现实区域差异问题，构建起完善的土地财政区域化制度体系和管理机制（邹秀清，2016；李勇刚等，2013）。其他学者还在建立公共财政体制、完善土地收益管理、推动土地市场化和改进财政分权模式等方面提出相关的政策建议（Xu，2019；陈淑云、曾龙，2016；裴育，2016；韦彩玲，2015）。然而这些政策建议并没有回答土地财政问题的实质是什么，也没有形成较为系统的土地财政管控机制。

故此，土地财政作为一种地方财政模式，其本身是中性，关键是在土地收益的分配和使用中如何有效地规避土地财政引致的消极结果。为了能提供一个科学合理并具有可操作性的改革建议，本书首先界定地方政府土地财政偏好的相关概念，并在其基础上全面把握地方政府土地财政偏好呈现出的总体特征，明确土地财政偏好的理论框架，为完善现有土地财政行为理论体系提供依据。其次，探究土地财政偏好的形成机制，分析地方政府土地财政偏好的成因，从而正面回答地方政府实施土地财政的关键因素。然后，深入评价地方政府土地财政偏好在效率与公平层面的影响，明晰土地财政问题的实质。最后，在分析土地财政偏好形成机制和偏好影响的基础上构建管控机制，以规范地方政府土地财政行为，引导土地收益的合理分配和全民共享。

综上分析，本书提出了土地财政偏好概念，探究分析了地方政府土地财政偏好的总体特征以及空间上的区域差异，阐明了土地财政偏好的形成机理、差异因素以及土地财政偏好带来的影响作用等内容，明确了土地财政偏好存在的问题，指出了土地财政行为管控的重点领域与主要内容，丰富和完善了现有土地财政行为的理论体系。构建地方政府土地财政行为的管控机制，提出破解土地财政问题的具体政策框架，在土地产权、土地市场制度、规划制度、税收制度以及户籍制度等方面提供配套措施，对于提升政府治理能力、化解地方债务金融风险、促进城乡一体化发展、实现基本公共服务均等化等都具有重要的现实意义。

第二节 文献综述

根据研究问题和目标，重点从土地财政的概念、土地财政偏好形成机制、土地财政行为的影响评价以及土地财政行为的管控机制四个方面入手进行文献综述。

一 土地财政的概念

关于土地财政的概念，学术界目前并没有给出比较明确的定义，而且不同学者对其所下的定义也不统一。从土地财政收入的角度来看，目前主要分为窄、中、宽三个口径。就窄口径（狭义范围）来讲，土地财政仅涉及地方政府通过出让获取土地出让收入，以此作为其财政收入的重要来源（陈国富，2009），但该如何征收土地出让金、完善现行土地出让金制度等问题，学者们尚未提出系统的解决措施。从中口径来看，以陈志勇、陈莉莉（2010）为代表的学者认为土地财政是指政府所依赖的土地及与土地相关产业的租、税、费收入。土地财政不仅仅单一指土地出让金，还具体包括与土地相关的城镇土地使用税、房产税、契税、耕地占用税、土地增值税等税收收入（黄艳芬等，2006）。还要保留必要合理的收费项目，取消或是合并重复、不合理的收费项目（陈红霞，2002）。从宽口径（广义范围）来看，土地财政主要包括地方政府的预算内和预算外直接与土地相关的租税费、土地出让金收入以及间接相关的财政收入三部分（倪红日、刘芹芹，2014）。曹飞（2013）认为，通过政府融资平台和土地开发区进行的土地抵押融资，所获得的土地收入也是土地财政的重要来源。王玉波（2016）以此将土地财政总结为以地方政府为主体、过度依赖地方土地资源所进行的财政收入与支出活动的利益分配关系，其中财政收入是指土地出让金、相关税费以及抵押融资资金。而李尚蒲、罗必良（2010）在研究土地财政规模时，将土地财政收入分为三类，其中土地财政Ⅰ指政府土地税收收入，加上土地非税收入就构成土地财政Ⅱ，在土地财政Ⅱ的基础上，加上土地抵押收入和其他有关收入就构成土地财政Ⅲ。

另外，有学者将土地财政定义为一种财政现象和模式。郭亮（2017）认为，土地财政是指地方政府凭借对土地一级市场的垄断，获取巨额土地出让金进而增加政府预算外收入的现象。而地方政府为实现财政收入的最大化，一般会低价出让工业用地，高价供给商住用地（许经勇，2016）。这成为众多学者口中的"以地生财"模式，并成为各级地方政府竞相模仿的发展模式。由于土地是作为地方政府获取经济收入的重要工具，所以土地财政也指地方政府逐渐形成了以土地征用、土地开发和土地出让为主的发展模式（孙秀林、周飞舟，2013）。在分税制改革和地方政府展开激烈竞争的背景下，不同区域、不同层级的地方政府或多或少会出现其财政支出强偏好与土地资源相关的现象，并且形成一定程度的依赖，由此形成带贬义的土地财政（贾康、刘微，2012）。易毅（2009）则认为，土地财政是地方财政过度依赖土地所带来的相关税费和融资收入的非正常现象。根据赵燕菁（2014）的定义，土地财政是指地方政府通过各种出让方式将土地使用权让渡给单位企业或个人，在获取一定规模的土地出让收入后，为区域基建进行投资的现象。将土地财政看作一种现象，不仅契合了土地财政收入规模较大的现实结果，也注意到了地方政府获取土地财政收入之后如何利用的问题。

也有学者将土地财政看作是地方政府的一种土地利用行为，即土地财政是指地方政府利用自己的土地所有者身份对国有土地出让所得到的财政收入和利益分配行为（朱秋霞，2007）。程瑶（2009）认为，土地财政在我国是特指地方政府凭借手中拥有的土地所有权和管理权，采取土地使用权出让、土地税收、土地融资等方式获得收益来直接或者间接增加财政支出能力的行为。可见，土地财政本身还是地方政府获取的各种与土地相关的财政收入。而将土地财政看作是一种土地利用行为，就混淆了土地财政与土地财政策略两个概念之间的区别，土地财政实际上是地方政府实施土地财政策略带来的结果，土地财政策略更能反映地方政府利用土地、经营土地以获取土地财政收入的策略行为，而且土地财政策略的内涵不仅包括在财政收入环节，也体现在地方政府土地财政支出环节的策略行为。

综上所述，无论是土地财政收入角度的理解，还是土地财政现象或者土地利用行为的理解，说明不能仅仅关注土地财政收入这一现实结果的现象，还要关心地方政府获取土地财政收入、依赖土地财政收入的过程，而过程就与土地利用行为密切相关。因此，有必要区分土地财政收入、土地财政策略之间的内涵差异，理解哪些是行为本身，哪些是行为结果，据此进一步理解土地财政收支安排、利益分配体系等核心问题。

二 土地财政偏好的形成机制

（一）财政分权、政治集权与土地财政

财政分权是指中央政府给予地方政府一定的税收权和财政支出责任范围，允许地方政府自主决定其预算支出规模和结构。地方政府在财政收支上的自主权界定是财政分权的核心，通常可以从地方财政收入、地方财政支出、政府预算收入中平均留成比例、子级政府支出与中央政府支出之比、预算收入的边际分成率、自治权指标和支出—收入指标等指标来衡量财政分权的程度（边维慧，2008）。总结现有文献衡量财政分权程度的方法，主要采用了四种计算方法：一是从财政收入角度构建财政分权程度指标，以地方政府财政收入占政府全部收入的比重来衡量（Oates，1972；Lin and Liu，2000；Akai and Sakata，2002）；二是从财政支出角度构建财政分权程度指标，以地方政府财政支出占政府总支出的比重来衡量（Oates，1972；Zhang and Zou，1998；Qiao et al.，2008）；三是从地方政府本身具有的财政自治程度出发，以地方政府的财政收入和财政支出的比重来衡量（Mello，2000）；四是以县级地区增值税和企业所得税分成比例来衡量（毛捷、吕冰洋等，2018）。其中，从财政收入和支出两个角度出发，评价财政分权程度是学者普遍采用的方法。但是采用不同的计算方法，财政分权程度的结果及其带来的影响作用是存在差异的。比如郭庆旺、贾俊雪（2010）研究发现，以支出比重衡量的分权对县级地方政府支出规模具有显著的正向影响，而以收入比重衡量的分权则具有显著的负向影响。贾俊雪等（2011）分析发现以支出比重衡量的分权会显著加剧县级财政困难程度，而以收入比重衡量的分权则有助于县级财政解困，增强县级财政的自给能力。因此，学者在进行实证研究时，多同时采用支出比重和收入比重指标。比如张晏、龚六堂（2005）分析了1994年前后的财政分权对经济增长的影响作用，结果发现改革前财政分权与经济增长之间存在显著的负相关，而分税制改革后财政分权对经济增长具有显著的正向作用。周业安、

章泉（2008）也证实1994年分税制改革前后财政分权对经济增长的影响作用存在明显的差异。但总体来看，财政分权对经济增长具有正向促进作用（沈坤荣、付文林，2005）。然而同样地，不同财政分权衡量方法得出的结论存在差异。林毅夫、刘志强（2000）从边际财政收入角度衡量分权，发现财政分权对经济增长有显著的正效应，而以支出比重衡量分权，得出的结论则相反（Zhang and Zou，1998）。可见衡量财政分权的方法十分重要，应该保证其五个基本的特性：一致性、标准性、连续性、独立性和规模不变（徐永胜、乔宝云，2012）。

从财政分权理论的发展来看，Tiebout（1956）发表的论文"The Pure Theory of Public Expenditure"具有标志性的意义，其提出的"用脚投票"理论，认为财政分权和地区间竞争可以实现社会公共产品的有效提供。这主要是因为中央政府很难了解和区分各地区对公共产品的差异化需求，如果由中央政府来提供公共服务，就无法实现资源配置的效率最大化。相反，地方政府更加贴近居民，其更能了解辖区居民对不同种类和数量的公共服务需求。因此，由地方政府提供公共物品，面临着更小的约束条件，也更利于实现资源配置的有效性和财富分配的公平性（Oates，1972；Musgrave，1959；Stigler，1957）。基于居民的公共服务需求，关注不同层级的政府职能以及资源配置的效率问题，是第一代财政分权理论的核心。

20世纪90年代以来，第二代财政分权理论得到了极大发展，该理论考虑了财政分权制度对地方政府官员具有的激励作用，认为地方政府追求的是自身利益最大化，需要设计相应的激励约束相容机制，从而实现地方公共物品的有效供给和区域间的财政公平（Qian and Weingast，1997）。正是由于在财政分权制度下，相比财政集权制度，地方政府提供的地区公共服务和产品更有效率，财政分权才有利于经济增长。我国财政制度由改革开放前的统收统支计划模式逐渐演变为财政包干制（1980—1993年）和分税制（1994年至今），财政分权的过程也是我国经济快速发展的时期，财政分权制度与财政转移支付制度、财政支出构成等要素共同促进了中国的经济增长（沈坤荣、付文林，2005；张晏、龚六堂，2005；林毅夫、刘志强；2000）。因此，1994年的分税制改革被认为是我国财政分权体制形成的重要标志。

在实际分析中，有很多学者将中国1994年实施的分税制改革和财政分权等同起来。因此，他们在分析财政分权对地方政府行为的影响时，也是基于分税制改革具有的影响作用。分税制改革中，中央政府将收入来源较为稳定、税源集中、征收潜力较大的税种划为中央固定收入或是中央—地方共享税种，将收入来源不稳定、税源分散、征收成本高、征收难度大的中小税种划归地方政府，并于2002—2005年进行了所得税和出口退税改革，进一步加剧了地方财政的压力（薛慧光等，2013）。在财权逐级上移的同时，事权则逐级下放，伴随着地方政府向公共服务型政府的职能转型，地方政府面临日趋增加的财政支出责任，地方财政收支缺口越来越大，形成了中央和地方政府的财政收支状况的"反向剪刀状"（王玉波、唐莹，2011）。同时，我国财政转移支付制度还不够完善，均等化功能较弱，事实上并未有效改变地方财权事权不匹配状态和缩减地区间财政差异（薛慧光等，2013；邵源，2010）。目前这种财政支出式的分权导致地方财政收支不平衡状况日益严重，而地方政府在收入自主能力受约束的条件下，只能依赖土地财政来缓解地方财政赤字压力（匡小平、卢小祁，2012）。

通过对比分税制改革前后的地方政府行为发现，分税制改革以后，地方财政收入的分成比例降低，地方政府从"援助之手"转变为"攫取之手"，更加倾向于获取预算外收入和制度外收入，不仅使地方财政和总体财政收入减少，投资活动和经济增长速度也有所下降（陈抗等，2002）。而且，财政分权导致的地方政府行为异化，已经对我国宏观经济的稳定和经济绩效产生了冲击（张璟、沈坤荣，2008；李猛、沈坤荣，2010；康锋莉、艾琼，2011）。同时，尽管地区非农产业和非国有制经济的发展有抑制地方政府攫取地区经济的作用，但财政分权程度越高，地方财政收支压力越大的地区，地方政府依然具有极强的激励去扩大预算外收入（王文剑、覃成林，2008）。王守坤、任保平（2008）的研究也证实了相比预算内收入，地方政府在管理相对松散的预算外收入上的策略性竞争行为更强。这些研究揭示了财政分权具有的激励作用，认为财政分权将促使地方政府获取预算外收入。而从1994年起不再上缴中央财政的土地出让金，成为地方政府预算外收入的主要来源，地方政府越来越倾向于通过高价出让土地，获取高额的土地出让金，以减轻分税制对地方财政的压力，即所谓的"土地财政"假说（张莉等，2011）。因此，财政分权（分税制）改革造成的地方财政收支压力加大，是产生地方政府土地财政偏好的重要经济激励（孙秀林、周飞舟，2013；罗必良，2010；陶然等，2007、2009；曹广忠等，2007；周飞舟，2006）。

然而，由于土地财政增长存在横向竞争模仿的策略互动和惯性依赖特征，分税制只能部分解释土地财政的成因（李郇等，2013）。地方政府不仅面临财政分权制度具有的经济激励，同时也面对政治集权体制具有的政治晋升压力，地方政府官员为了实现晋升目标，会展开政治绩效考核竞争，从而形成政治晋升锦标赛（周黎安，2007；周黎安等，2005）。有学者认为分税制改革后的财政压力只是地方政府实行土地财政的借口，以 GDP 为主的地方官员政绩考核体制才是土地财政产生和持续发展的主要原因（龚丽贞，2019）。在政治集权体制下，中央政府（上一级政府）通过政绩考核体系来控制和决定地方政府（下一级政府）官员的升迁，地方政府官员为了晋升，就努力提高其辖区的经济绩效，从而引致地方政府之间展开经济增长竞争（徐现祥、王贤彬，2010；刘瑞明、白永秀，2010；张军，2005）。而且由于官员的个人特征对经济发展具有重要的影响，对政府官员个人行为的激励制度安排就显得尤为重要（王贤彬、徐现祥，2008）。因此，在以 GDP 为主的绩效考核竞争和政治晋升锦标赛中，地方政府官员更有动力去获取土地财政，以提高地方财政能力，从而推动地区经济发展。同时，由于中国经济增长主要是靠投资驱动的（舒元、徐现祥，2002），地方政府为了发展地区经济，就会想尽办法去吸引更多的外来资本进入，其不仅采取税收优惠、放松环境规制标准等手段，还通过低价供应土地甚至违法供地，并附带改善基础设施等条件来争夺外来资本（杨海生等，2008；郭庆旺、贾俊雪，2006；Wu et al.，2014；Tung and Cho，2001）。其中，压低工业用地价格，实行"土地引资"策略，成为地方政府的优先选择（张莉等，2011）。唐鹏等（2014b）、胡娟（2019）等在研究中也证实了地方竞争程度对土地财政有着正向推动作用。因此，政治集权制度引致地方政府官员晋升竞争是引发土地财政的重要原因（刘佳等，2012）。

基于前文的综述，我们发现分税制改革和政治集权体制虽然都对土地财政具有影响作用，但影响的路径却有差异。因此有学者将财政分权和政治集权两个要素统一考虑，发现其对中国经济发展具有显著的影响作用（Zhang，2006），而将政治集权看作是地方政府资本竞争的主要动力的话，那么财政分权和地方政府竞争对土地财政具有较强的激励作用（吴群、李永乐，2010），而且财政分权和政府竞争还会促使地方政府在工业用地出让和商住用地出让中选择不同的策略，导致土地出让价格的结构性偏离（薛白，2011；唐鹏等，2014a）。也有学者将财政分权和政治集权的制度安排称为中国式分权制度，将两者纳入一个理论框架，分析其对地方政府土地财政策略的影响作用，结果表明中国式分权制度对土地财政及土地出让价格的偏离具有重要影响（薛慧光等，2013）。综上所述，在中国式分权背景下，由分税制改革造成的地方财政压力和以GDP为主的政绩考核体系引发的晋升诱惑共同促进了土地财政收入的形成。

（二）土地制度、市场化改革与土地财政

有部分学者已经关注到了我国现有的土地制度对土地财政形成的影响作用，他们普遍认为我国的征地制度、土地产权制度、二元土地管理制度和二元土地经营制度是土地财政形成的主要制度基础（程瑶，2009；娄成武等，2011；黄小虎；2012；唐在富等，2012），但张广根（2014）认为虽然这些学者已经认识到现行农村土地制度对于土地财政产生具有重要的作用，但是没有理解到我国现行土地制度的本质特征在于政府对农地产权的管制，可以说没有农地产权管制，即使存在财政分权和政治集权，土地也无法成为政府集聚财富的工具，就不会存在土地财政。胡小杰（2014）通过研究分析认为"土（农）地产权及征收补偿流转制度"为地方政府获取土地财政收入在法理上提供了有力的支持。随即，郭家虎（2016）也提出了相同的观点，他认为财政分权与"晋升锦标赛"只是为地方政府的土地财政行为提供了制度激励，而将这种激励转化为实实在在的土地财政行为还是我国的土地征收制度。因此，在现行土地制度结构下，只要地方政府仍然是作为直接操作土地出让的主体，土地财政现象和土地财政依赖便会长期存在，不会自动彻底地消失（陈多长等，2014）。与此同时，学者们也关注到制度缺陷对地方土地财政的影响。首先是财税制度缺陷。刘守英等（2005）认为分税制改革后财权逐渐上移，而事权却不断下放，地方政府面临巨大的财政收支压力，在这样的制度背景下城市扩张、土地出让便成为地方政府扩充税源最直接有效的途径。其次是管理制度缺陷。郭贯成等（2013）指出实施土地财政策略所依赖的制度缺口包括：城乡二元土地市场结构缺陷、土地行政管理体制弊端、金融体制支持和预算制度缺口

缺陷。最后是法律制度缺陷。王玉波（2013a）认为地方预算外资金与非预算资金征收和使用权限的管理上缺少可依据的法律制度因素，同时，缺少约束地方政府土地储备抵押融资法律法规，这些因素共同促进了地方土地财政偏好的形成。

此外，土地出让市场化改革和经济增长对地方政府土地财政依赖具有显著的促进作用（田莉，2011；何代欣，2013；唐鹏等，2014b；王玉波，2016；黄静等，2017）。其中，政府在短期垄断土地一级市场对土地财政具有显著的推动作用，但从长期来看，其垄断会受到经济发展的制约（马九杰、亓浩，2019）。与此同时，随着土地市场的不断发育和完善，农地非农化的规模可能得到抑制（李永乐、吴群，2009），相应地进入土地市场的增量土地面积将减少，这可能带来土地财政收入的减少。然而为了获取高额的土地财政收入，地方政府可能会直接干预土地市场，甚至采取土地违法行为（龙开胜，2013；贾丽杰，2012；龙开胜、陈利根，2011；梁若冰，2009），土地违法现象日益严重的直接后果就是抑制了土地市场发育，妨碍了土地市场制度建设（唐鹏，2011）。另外，也有许多学者认为经济增长与土地财政是互相影响的关系，杜雪君等（2009）、顾乃华等（2011）通过实证分析发现，我国土地财政与经济增长之间呈现出明显的正相关关系，并且二者之间存在相互反馈的作用机制。辛波等（2012）通过研究分析也认为土地财政与经济增长之间存在显著的相关性，其中土地财政收入对经济增长的影响比较明显，而经济增长对土地财政的影响要稍微弱一些。

综上分析，财政分权和政治集权制度反映的中央政府与地方政府之间的关系对地方政府行为具有十分重要的影响作用，因此，构建中国式分权制度背景下的地方政府土地财政偏好形成理论框架，将有助于我们进一步探究地方政府土地财政偏好形成面临的不同激励机制，从而有助于我们更加深入地理解中国式分权制度的核心内涵及其具有的影响作用。而中国式分权体制只是地方政府土地财政偏好形成的外部激励，从现有的文献中我们也发现我国现行的土地制度安排为地方政府获取土地财政收入提供了制度便利，那么有哪些土地制度会影响到土地财政，具体的影响机理和影响过程又是什么呢？这就需要我们从政府与土地市场的关系，重点考察土地市场制度安排对土地财政产生的影响。

三 土地财政行为的影响评价

由前文所述可知,土地财政对于地区经济发展、城市化进程、公共物品供给、环境保护和房地产市场发展等各个方面都有较为深入的影响。为此,本书基于效率与公平的角度,认为土地财政对地方经济增长和对公共物品供给的影响能较为直接地体现效率与公平的协调关系,从而发现土地财政行为偏好存在的问题,为更进一步探讨土地财政问题的实质和管控机制奠定基础。

(一)土地财政对经济增长的影响

首先,从古典经济学派到新古典经济学派,土地作为生产要素在经济理论中的地位逐渐凸显。以亚当·斯密和大卫·李嘉图为代表的古典经济学派认为土地是现代生产发展中不可缺少的生产要素之一,将其看作"财富之母",但同时他们也认识到由于存在边际报酬递减规律,经济增长与否与供给总量固定的土地有着直接联系。以 Solow(1956)等为代表的新古典经济学派则认为资本和技术进步是经济增长的关键因素。土地要素可以被资本要素所代替,而技术进步能够消除土地要素对经济增长带来的制约作用(Cobb and Doulgas,1928)。

此后,学界开始主要研究土地在经济发展过程中平衡增长路径等问题。Nichols(1970)将土地要素纳入增长模型,构建了包含土地变量的经济增长模型。Homburg(1991)主要研究了土地要素如何影响经济增长的稳态路径。Romer(1986)和 Lucas(1993)探讨了土地要素在稀缺前提下促进经济增长的机理。就土地对经济增长影响的具体方面而言,Jowsey 和 Harvey(2004)认为土地资源带来的变化相较于土地价格和产出影响来说微乎其微;Metezmakesr 和 Paul 等(2005)提出土地与劳动都是国民经济增长的要素,产业用地是否充足会影响经济发展;Loupias 和 Wigniolle(2013)认为土地在经济增长与人口增长过程中的不同阶段都发挥着非常重要的作用。

在国内,对土地要素与经济增长的理论研究方面较少,武康平、杨万利(2009)基于新古典经济增长理论,构建起索洛模型用以探究土地要素与经济增长之间存在的关系,研究结果表明,经济体对土地要素的依赖程度与经济增长呈现反向相关。实证方面研究成果颇丰。绝大部分学者采用生产函数（丰雷等，2008）分析土地要素在全国以及东、中、西部地区（王建康、谷国锋，2015）、省级地区（徐枫、王占岐，2015）或某一特定区域（杨志荣、靳相木，2009）对经济增长的贡献率。土地在我国经济增长中扮演着重要的角色，李名峰（2010）测算出土地要素在1997—2008年对我国经济增长的贡献率达到了20%—30%。同时土地要素对经济增长的贡献也存在区域差异性，东部地区资本对经济增长的贡献突出，中部地区是土地要素贡献更加突出，而西部地区是劳动贡献更加突出（丰雷等，2008）。然而，一旦出现土地要素错配，如政府对于商住用地和工业用地实行不同的出让方式导致两者价格差愈加严重（Liu et al., 2018），就会严重阻碍地区产业结构升级，且这种抑制作用不随城市等级不同而变化（赖敏，2019）。

由于国外土地大多是私有制度，土地财政主要是由财产税和物业税构成，约占地方财政收入的60%—70%（程晓旭，2013），所以西方学者对土地财政和经济增长的研究主要集中于地租和财产税两方面。对地租的研究主要分为三个阶段，第一阶段古典政治经济学认为地租本质上为土地所有者的无偿劳动；第二阶段新古典经济学认为地租是由原始价值、私有价值和公有价值构成；第三阶段现代经济学认为土地价格主要取决于土地需求曲线。对财产税的研究存在两种观点，财产税收益说和财产税妨害论。William（1985）支持财产税受益说，财产税能够鼓励地方政府做出正确决策，使得地方公共财产和居民财产增加；George（1984）支持财产税妨害论，认为财产税会增加房地产本身及相关设施的成本，对房地产市场和地方政府造成不良影响。

在国内，从21世纪初针对土地财政和经济增长相关关系的实证研究成果较为丰富，研究方法也较为直观，主要集中于四个方面：第一，土地财政与经济增长的变化趋势。一般认为土地财政对经济增长具有正向促进作用，杜雪君（2009）基于省际面板数据对土地财政与经济增长的影响作用进行了实证研究，分析发现土地财政对经济增长具有明显的正向促进作用。葛扬（2014）研究认为地方政府土地出让收入每增加1%，对地方经济增长就有0.173%的推动作用，推动作用具有扩大趋势。邹薇等（2015）发现土地财政在短期内推动经济增长与城市化，抑制第二、第三产业的均衡发展，在长期上不利于经济增长。

第二，土地财政影响经济增长的作用机理。学者们对土地财政影响经济增长的作用机理可归纳为两条路径。一是土地财政通过城市基础设施建设投资、公共产品等以推动经济增长。地方政府以土地出让金为主形成的财政收入，通过加大对城市基础设施建设的财政支出以改善投资环境，最终提升了地方经济水平（Mo，2018；陈志勇，2011）；王贤彬等（2014）研究发现中国地方政府官员为追逐政治晋升和私人经济利益，策略性设定土地价格和土地出让规模，利用土地出让收入和土地相关税收收入，投资城市基础设施可推动经济增长。二是土地财政通过促进产业结构的调整而正向推动经济增长。夏方舟等（2014）构建土地财政、经济增长与产业发展的计量模型，发现土地财政通过促进产业结构的调整而推动经济增长；土地财政通过产业结构调整对经济增长的影响程度也存在不同，任一澎（2017）使用门槛效应模型，分析地价对经济增长和产业结构调整升级的非线性效应，发现地价上涨对经济发展具有正向推进作用，但不同梯度、不同用途土地价格对经济增长的作用存在差异，商服用地、综合地价与经济增长之间存在倒"U"形关系，工业地价与经济产出成正比例。同时，土地财政和房地产业的繁荣具有提前去工业化的效果，从而损害了长期的经济增长。

第三，土地财政与经济增长相关关系的研究范围。绝大部分研究都是基于全国性地级城市或者特定的城市对土地财政与经济增长的关系进行研究，极少数实证分析关心东、中、西部地区的土地财政与经济增长之间的关系。吕丹和王珏（2013）选取大连市进行了土地财政的综合经济影响实证研究，杜雪君等（2009）使用的是我国31个省级数据，薛白和赤旭（2010）使用的是275个地级市面板数据，邹秀清（2013）则从空间上进一步研究了我国东、中、西部三大地区土地财政与经济增长之间的影响关系。

第四，土地财政与经济增长相关关系的实证研究方法。黄妍妮等（2017）利用面板联立方程模型、张敬岳等（2018）利用面板数据模型、周彬等（2018）利用系统GMM分析、高然等（2017）等利用多部门DSGE模型等多种方法。

（二）土地财政对公共物品的影响

首先，财政分权和公共品的关系的研究一直被众多学者关注，研究结论争议较大。部分学者认为财政分权导致公共品供给水平改善，部分学者认为财政分权导致公共服务水平恶化。Tiebout（1956）通过研究证实了向地方政府进行分权对于提高该社区公共品的供给水平具有非常显著的积极作用。而 Bardhand（1999）则认为财政上的分权会导致地方政府为了私利而出现腐败现象，从而降低提供公共服务的效率。Treisman（2000）发现分权体制下政府层次增多会降低地方政府提供健康医疗服务和基础设施的效率。傅勇和张晏（2007）发现中国的财政分权以及基于政绩考核下的政府竞争，造就了地方政府公共支出结构"重基本建设、轻人力资本和公共服务"的明显扭曲。邓可斌、丁菊红（2009）运用系统广义矩估计方法检验证实了分权对"硬"公共品供给有明显的加速作用，对"软"公共品供给有明显抑制作用。

其次，不同的财政收入来源导致了不同的公共品供给偏好。自有税收收入能够强化地方政府供给公共品的激励，而中央政府转移支付和外国援助会提高行政成本在政府支出中的比重（宋琪等，2016）。Moore（2007）认为对一般性税收的依赖更有利于激励政府提高公共品供给的效率。Shleifer（1997）发现波兰地方政府财政收入主要来源于房产税收入，因而有强烈的动机通过提供更好的公共服务来获得更多的财政收入；而俄罗斯地方政府更多的是依赖于中央转移支付，并且当地方收入增加时中央转移支付金额会减少，从而极大地挫伤了地方政府提高公共品供给水平的积极性。我国地方政府财政收入主要依赖于土地财政，偏好经济性公共品，促进了经济性公共品供给的快速发展，但弱化了在教育、医疗等非经济性公共品的供给（唐鹏、石晓平，2012）。此外，地方政府的财政偏好会影响到地方公共品的配置效率。Qates（1972）认为地方政府在提供公共品上具备更高的效率。Dewatripont 等（1995）通过建立 DM 模型研究发现政府偏好会对公共品供给数量和效率造成极大的影响。Reza（2002）通过分析发现分权下的诸多拉美国家由于各级政府偏好存在差异，从而导致了非经济性公共品供给效率的低下。解垩（2007）采用 DEA 对地方政府公共品供给效率进行测度，表明地方政府效率具有空间溢出效率，政府之间存在效率竞争。

最后，部分学者探索性地研究了主要依靠预算外土地出让收入的地方政府支出偏好，其分析表明地方政府更愿意投入到经济基础设施建设、政府形象工程等有助于干部考核和经济发展的项目（Ding et al.，2014），而且地方政府对基础设施建设的投资，也有助于推动经济发展（Mo，2018）。但政府对基础设施的过度投资，容易引起极化效应，导致地方政府在刺激发展经济的同时，付出相应代价，即社会福利、公共消费等支出的下降（Guo and Shi，2018）。也有学者关心土地出让金收入对地方公共品供给的影响，李鹏（2013）将地方公共品分成两类，分别选用人均基础建设支出和人均教科文卫社保支出两个指标来表示，应用全国省级层面的面板数据进行分析，结果表明土地出让金对两类支出都具有正向影响。李勇刚等（2012）研究了土地财政对公共教育均等化带来的影响，结果发现土地财政进一步加剧了地区之间公共教育差距的扩大。周彬（2013）应用城市面板数据考察了土地出让金对公共服务中的教育支出的影响作用，结果显示土地出让金与教育支出具有显著的负相关关系，作者认为这一结果印证了土地财政是"攫取之手"。

（三）土地财政对其他方面的影响

土地财政带来的影响还涉及其他众多方面，已有研究主要关心土地财政对产业结构、城镇化进程的影响。

关于土地财政对产业结构的影响。陈志勇等（2011）通过分析发现税收收入集权效应和土地房产财税收入的分权效应使得房地产产业在我国整体的产业结构中的比重逐渐上升，也就是说土地财政确实造成了房地产行业的快速膨胀。李勇刚、王猛（2015）运用两步系统广义矩估计法实证分析了土地财政对产业结构服务化的影响，发现土地财政虽有助于加快工业化进程，但对产业结构服务化产生了显著的抑制作用。但也有学者认为土地财政在一定程度上推动产业结构变化，特别是土地税收政策能够更好地促进产业结构转换升级（杨文韬等，2018）。刘志彪（2010）提出应利用土地财政改革，以城镇化来推动产业结构升级。陈志勇等（2011）发现地方政府通过房地产业推动土地财政收入增加，导致产业结构在非市场因素下改变。

有关土地财政对城镇化的影响。蔡潇等（2016）利用山东省财政收支的数据，发现山东省的土地财政与城镇化的关系呈现高度正相关关系。张祚等（2015）通过格兰杰因果检验法发现武汉市的人口城镇化会受到土地财政的正向影响。但是，在现有官员政绩考核制度下，地方政府往往更加重视经济建设，为追求土地财政收入增长而盲目扩大城镇规模，却忽略了社会福利及公共服务等方面的投入，这样的地方发展模式不具有可持续性，土地财政对城镇化的负面影响作用逐渐显露出来。王小斌、李郁芳（2014），陈多长、游亚（2015，2016），李新光（2016）等学者通过省级面板数据计量检验了土地财政与城镇化的关系，认为土地财政对城镇化存在负面影响，一定程度上阻碍了城镇化的发展。城镇化促使地方政府土地财政依赖程度逐渐加深，土地财政依赖对城镇化也存在反作用。研究结果表明，土地财政依赖度的提高会抑制人口城镇化水平的提高，该结论也揭示了我国现行土地财政模式的不可持续性及其带来的人口城镇化问题。

四 土地财政行为的管控机制

近年来，地方政府对于土地财政的严重依赖已经产生了诸多的问题，主要集中在城镇化进程、经济效应、金融风险及房地产市场等方面。我国城市化发展的过程中，城市外延扩张迅速，但地方政府并没有配套同比例增长的居住、公共服务用地，由此引起土地利用效率低下、城市环境恶化、征地矛盾频发等问题（陶然、汪晖，2013）。张燕君（2012）从地方政府负债的角度分析了城镇化进程中土地财政带来的负面影响，他认为以抵押贷款的方式虽为城镇化进程提供了资金保障，但这可能引发巨大的债务风险。也有学者通过研究土地财政与城镇化之间的关系，发现如果盲目追求土地财政的增加，将不利于城镇化进程的推进（蔡潇等，2016）。在地方经济发展方面，部分学者认为地方政府对于土地财政的依赖会抑制地方产业结构的升级优化，甚至引起房地产市场的扭曲发展（陈治国等，2018；陈多长等，2014）。夏方舟等（2014）在选取了43个大中城市五年的面板数据后，基于系统GMM模型分析了土地财政对经济增长的影响，得出低价出让工业用地并不能促进经济的发展。也有学者发现土地财政虽然会促进短时内的经济繁荣，但是对经济的长期稳定增长具有不利影响（吕炜等，2016；张广根，2014）。

同时，随着地方政府对于土地财政的依赖性逐步加强，在土地融资方面会存在巨大的金融风险。由于土地融资是地方政府财政的重要来源，在政府追求利益最大化背景下，土地让城市扩张和银行贷款相互强化，由此两者的风险被进一步放大（刘守英、蒋省三，2005）。何杨等（2012）根据地方融资平台的数据，研究发现地方政府的土地出让行为和出让模式对地方融资平台的债券规模具有显著影响，进而认为在经济形势发生变化的情况下，存在金融风险。至于房地产市场方面，多数学者认为土地财政是引发房地产价格扭曲上涨的主要原因之一（周彬等，2010；王猛等，2013）。张娟峰等（2012）从宏观与微观两个层次分别探讨了土地市场供给数量与房地产市场波动之间的关系，发现土地供给对住房供给和住房价格的作用机制不一致。而刘宗明（2012）分析认为，土地财政是推高房价的表征原因，其背后的制度性原因则是财税分权。尽管地方政府、房地产开发商和有投资意愿的购房者都可以在攀高的房价中获得收益，但饶国霞等（2014）认为，房价扭曲增长的根本原因还是地方政府谋求巨额的土地财政收入。

除此之外，土地财政对于公共物品的供给、城乡收入差距、环境污染、耕地保护等诸多方面都存在影响（周飞舟，2007；韩本毅，2010；王小斌、李郁芳，2014）。但是以上研究多选取土地财政收入指标来评价土地财政的影响作用，没有关注到土地财政收支偏好带来的收益共享性和财政支出绩效，而这正是土地财政行为在效率与公平方面最为直接的影响。只有较为少数的学者关注到了土地财政的区域差异（徐雷，2014；王玉波、唐莹，2013）、不同土地财政收入类型对城市扩张、土地违法行为等的差异影响（刘琼等，2014；龙开胜，2013）以及地方政府对土地出让和土地引资策略存在的差异（李冀等，2015；陶然、汪晖，2010），但是深入剖析地方政府土地财政偏好的影响机制应该是进一步完善地方政府土地财政行为管控机制的重要基础。

基于土地财政所产生的一系列问题，学者提出了诸多解决土地财政问题的政策建议。首先，多数学者认为要使地方政府摆脱目前的"土地财政"模式，关键在于改革和完善现有的财政体制，构建"税收财政模式"（李丽珍等，2019；秦勇等，2014）。一方面，要找到替代土地财政收入的融资模式，实现土地财政向税收财政的转向（赵燕菁，2014）。张旭等（2014）从土地财政收入的使用问题出发，认为在没有外部资金填补土地出让收入为基础设施建设投资这块空缺前，就不应简单放弃土地财政，而要随着城市化提升、社会稳步发展让财政机制不断升级。唐在富（2012）认为，要主动引导土地财政由"出让收入为主"向"税收收入为主"转型，通过增加税收比重来降低由于土地出让规模大幅减少而引发的政府债务金融风险，保障社会经济持续健康发展。另一方面，财政体制的改革应与土地制度改革同步进行，建立稳固的公共财政基础，从而改变地方政府对土地收益的路径依赖（张青、胡凯，2009）。李博（2015）通过博弈分析，明确指出进行土地制度改革与管理体制改革是解决土地财政问题的根本路径。其中，王玉波、恽晓方（2015）从土地出让制度改革入手，认为财政体制与土地制度同步改革外，还需对不同地域的土地财政治理提出与之相符的政策建议。而土地财政体制与土地制度改革的同步，还可体现在修订《宪法》、促进配套制度改革、落实"还权于民"的民主要求（徐鲲、郑威，2015）以及推进房地产税改革法治化等方面（张平，2018）。

另外，也有学者认为解决土地财政问题应以公共治理为主。需要完善与公共事权相匹配的地方政府财政体制，促进地方政府事权财力再次平衡，要求地方政府根据财力对地方基本公共服务增大支出力度；同时扩大地方公共收入体系，减少对土地财政的依赖（樊继达，2011）。要建立以公民福利、生态环境、耕地资源利用为指向的政府考核机制，避免地方政府追逐经济效率而忽略公民福利、生态保护与土地资源的节约利用（贾俊雪等，2015；娄成武等，2011）。部分学者认为要改革现行土地征收补偿和土地出让机制，其目的是要维护农民权益、推进地方政府收入的正当化，实现社会稳定（陈国富、卿志琼，2019）。此外，还可从平衡土地治理中不同利益主体的收益分配问题、强化地方政府公共服务导向、推进土地资源市场化等角度解决土地财政问题（Zhong et al., 2019；王瑞民等，2016）。而易毅（2009）就地方政府对土地财政的依赖问题，概括了几点具体建议：一是以公共财政体制为目标，改革财政分税制；二是推动土地市场化，打破土地制度二元结构；三是适度发展土地金融市场，防范财政金融风险；四是以民生环保为标准，重构政绩考核体制。

然而，这些政策建议并没有回答土地财政问题的实质是什么，其实土地财政问题主要是收益分配机制的问题。有关土地收益分配问题的研究主要集中在两个方面：一是中央政府和地方政府之间的土地收益分配；二是政府、村集体和农民之间的土地增值收益分配。综上所述，土地财政作为一种地方财政模式，其本身是中性的，关键是在土地收益的分配和使用中如何有效规避土地财政引致的消极结果。因此，本书重点根据地方政府存在的土地财政偏好差异，在分析其偏好形成机制和偏好带来的影响评价的基础上建立管控机制，从改革动力、利益协调、监督约束和制度保障四方面来规范地方政府土地财政行为，引导土地收益的合理分配和全民共享。

五　文献评述

综上所述，已有研究根据土地财政的现实表现，对其概念内涵进行了不同层面的解释，这些解释有助于我们深入理解土地财政的过程、机制和结果。尽管概念解释存在差异，但有关土地财政收入的来源、构成、模式等理解存在一致性，这为我们引入偏好理论界定土地财政偏好的概念提供了有益参考。

关于土地财政的成因一直是学者关注的焦点，普遍观点认为财政分权、政治集权、土地市场制度，特别是政府对土地市场供给的垄断是土地财政产生的重要原因，这些研究从不同角度解释了土地财政现象背后较为复杂的制度安排和影响机理。但关于这些不同制度安排之间的逻辑关系缺乏明确的描述，怎么将地方政府土地财政偏好面临的外部激励、实施土地财政的制度抓手等因素纳入同一分析框架，展示土地财政形成的完整逻辑，还需要进一步厘清。因此，本书重点从地方政府土地财政偏好形成的外部激励和制度基础入手，构建理论分析框架，阐释土地财政的形成机制。

同时，土地财政对社会经济各方面带来的影响，包括正面影响、负面影响，也成为学者关注的焦点。因为影响评价结果涉及对过去几十年土地财政模式的功过判断，也关乎到未来土地财政的改革方向。不同学者根据土地财政的影响程度、范围的不同，分析了土地财政对经济增长、公共物品、城市化进程以及土地市场制度改革方面的影响。然而此类研究，以实证分析为主，缺乏理论架构，忽略了土地财政影响的核心在于资源配置的效率与公平问题。因此，本书从效率与公平的角度出发，构建土地财政偏好影响的理论框架，解析土地财政偏好影响暗含的效率与公平问题。

因此，上述文献从土地财政带来的诸多问题入手，提出了土地财政行为的管理建议及政策措施。然而，此类文献最终尚未得出一个完整的理论框架，只是以土地财政表现出来的问题及其成因为出发点，并没有深入分析土地财政问题的实质是什么。基于此，本书基于土地财政偏好形成的外部激励机制、土地制度安排以及土地财政偏好的影响评价结果，总结提炼地方政府土地财政行为的内在机理，发现土地财政问题的实质，并遵循效率与公平的配置原则，从改革动力机制、利益协调机制、监督约束机制和制度保障机制等方面研究构建具体的土地财政行为管控机制。

第三节 研究目标

本研究以地方政府的土地财政偏好为对象，在回答地方政府为什么产生土地财政偏好的基础上，重点对土地财政偏好带来的影响进行评价，并提出地方政府土地财政行为的管控机制。具体而言：

（1）在界定地方政府土地财政、土地财政偏好等核心概念的基础上，构建土地财政偏好的理论框架，明确土地财政偏好的具体内涵、表现形式和类型特征等。

（2）根据所构建的理论框架，结合土地财政偏好的基本特征，重点分析土地财政偏好的影响因素，阐述土地财政偏好的形成机理，为进一步的改革路径设计奠定基础。

（3）从效率和公平两方面评价地方政府土地财政偏好带来的影响作用，总结土地财政偏好存在的问题，以此完善土地财政行为。

（4）根据上述研究结果分析，总结土地财政问题的实质，提出改革土地财政问题的具体目标，并设计相应的管控机制，具体包括改革动力机制、利益协调机制、监督约束机制和制度保障机制。

第四节 研究内容与结构安排

一 研究内容

1. 地方政府土地财政偏好的总体特征及其差异分析

根据概念界定，将土地财政偏好细分为土地财政收入偏好、支出偏好和策略偏好三个方面，并将土地财政纳入地方财政收支体系，分别阐释地方政府土地财政偏好的表现形式和类型特征，具体比较不同区域、不同层级政府在土地财政收入构成形式、支出结构偏好、策略选择等方面存在的差异特征。

2. 地方政府土地财政偏好的形成机制

针对地方政府土地财政偏好的形成机制，重点从外部激励和制度基础两方面来构建理论框架，回答地方政府土地财政偏好形成面临的外部激励因素以及在这种激励作用下通过什么制度安排获得土地财政。具体分析中国式分权具有的财政激励和政治激励作用，阐释政府管制和土地违法对土地财政偏好形成的影响机理。之后，构建联立方程组模型，应用省级面板数据模型进行实证分析，进而验证中国式分权具有的激励作用和政府管制、土地违法等土地市场制度安排对土地财政的影响，最后总结地方政府土地财政偏好的形成机制。

3. 地方政府土地财政偏好的影响评价

土地财政偏好带来的影响涉及众多方面，包括对土地收益分配、城市化进程、基础设施建设、经济增长、公共物品供给、土地市场制度改革及区域创新等。重点基于效率和公平的视角，阐释土地财政偏好的影响机理，并选取量化指标，利用有关统计数据，实证分析地方政府土地财政偏好在效率与公平两个方面带来的影响作用。效率方面从土地财政获取方式出发，阐释地方政府土地财政影响经济增长的作用机理，并运用空间计量和门槛回归模型进行实证分析；公平方面以土地财政支出结构协调为目标，提出土地财政收入与地方财政支出的内在强化机制，构建联立方程组模型，实证分析土地财政对地方财政支出偏好的影响作用。

4. 地方政府土地财政行为的管控机制

总结上述研究内容的主要结论与观点，明确管控地方政府土地财政行为的目标、思路和路径，具体从改革动力、利益协调、监督约束和制度保障四个方面构建地方政府土地财政行为的管控机制。首先，改革动力机制主要从财税分权体制、政府绩效考核体系、财政转移支付制度、土地收益管理、地方政府债务管理等方面入手，以改变地方政府短视行为，提供地方政府改变土地财政行为的持续激励。其次，利益协调机制从市场和产权的初次分配、税收和公共支出的再分配两个视角出发，按照兼顾效率与公平、二次分配更加注重公平原则，明确利益协调的主客体和作用机制，充分发挥土地市场机制的收益调节功能,合理界定政府在土地收益初次分配和二次分配中的作用,构建完善的利益协调机制。再次,监督约束机制主要结合地方政府的土地财政收支行为,深化改革预算制度,加强预算约束能力,强化政府权利监督机制,规范政府管制权运行,通过土地督察、土地违法查处、社会监督等,加强对政府土地财政行为的监管约束能力。最后,制度保障机制主要弥补当前土地财政相关法律法规存在的问题和漏洞,结合土地财政收支安排和收益合理共享的需要,从土地产权、土地征收、土地规划、城乡户籍以及税收制度等方面进行制度保障方案的设计,形成完善的制度保障体系。

二 结构安排

围绕上述研究目标和主要研究内容,本书由以下七章内容组成:

第一章是绪论,主要介绍选题背景和研究意义,进行文献综述,明确研究目标、细化研究思路、研究方法和技术路线,交代清楚研究的数据来源,总结本书可能的创新与不足。由此,全面把握全书的结构安排和布局。

第二章是概念界定与分析框架。本章主要对研究中涉及的基本概念进行界定,包括土地财政偏好、效率与公平、中国式分权及地方政府等。按照土地财政偏好的形成机制、影响评价和管控机制的思路构建总体理论分析框架,明确分析思路和逻辑框架。

第三章是地方政府土地财政偏好的总体特征。本章首先从地方政府土地财政收入和支出偏好两方面,分析不同层级(区域、省级和地级市)地方政府的土地财政收支偏好,总结土地财政收支偏好的基本特征和区域差异等。其次分析地方政府土地财政策略的主要做法及基本特征,总结土地财政策略偏好的区域差异,从收入、支出、策略三个方面整体把握地方政府土地财政偏好的总体特征。

第四章是地方政府土地财政偏好的形成机制。本章从土地财政偏好形成的外部激励和制度基础两个方面出发,重点分析了中国式分权制度安排具有的激励作用以及土地制度安排为地方政府获取土地财政提供的便利。理论上具体剖析了财政分权、政治集权具有的激励作用以及政府管制和土地违法对土地财政偏好的不同影响作用,并通过构建联立方程组模型实证分析了上述理论命题。

第五章是地方政府土地财政偏好的影响评价。本章根据效率与公平的理论框架，从土地财政对经济增长和对地方政府财政支出结构的影响进行评价，重点分析了公平与效率的内在联系及土地财政偏好的影响机理，并提炼出相关理论假说。另外，构建联立方程组进行了实证研究，验证了前文的理论分析。

第六章是地方政府土地财政行为的管控机制。本章结合前文分析，首先总结了土地财政问题的实质，然后据此提出土地财政问题改革的具体目标，并以此目标为导向，从改革动力、利益协调、监督约束和制度保障四方面探讨地方政府土地财政行为的管控机制，进而得出一套较为完整的土地财政问题改革路径体系。

第七章是研究结论与展望。本章主要从土地财政的总体特征、土地财政偏好的形成、土地财政偏好的影响以及土地财政行为的管控机制等方面进行总结和提炼，根据研究结论，为今后改革完善土地财政行为偏好，解决土地财政问题提供新的研究方向及展望。

第五节 研究方法、技术路线及数据来源

一 研究方法

本研究将综合运用文献资料法、描述统计与经济计量分析等多种方法。具体来讲，主要方法如下：

1. 文献资料法

文献资料法是指收集、鉴别和整理文献，并通过对文献的研究形成对事实的科学认识的方法。通过查阅文献资料，总结土地财政的相关概念、形成机制、影响评价以及管控机制，在分析现有文献存在不足和缺陷的基础上，提出本书应研究的重点。

2. 描述统计方法

一是对收集到的土地出让、土地税收等数据进行统计，分析我国土地财政收入的发展现状和区域特征，包括土地财政规模、结构、区域差异等内容。二是分析地方政府的土地财政支出状况，重点关注土地财政与地方财政支出之间的关系。三是分析地方政府土地财政策略的主要做法、基本

特征及区域差异。

3. 聚类分析法

聚类分析是根据研究对象的特征，对其进行系统分类分析的方法。本研究在对地级市层面的地方政府土地财政收入的区域差异进行分析时，运用聚类分析，同时借助 SPSS19.0 统计分析软件，按照土地财政收入总规模、土地财政依赖度、土地财政贡献率三项指标对样本数据进行系统分类，以此分析地级市地方政府土地财政偏好特征。

4. 联立方程组模型

根据研究内容，本研究将构建两个联立方程组模型，第一个方程组主要分析土地违法和土地财政之间的相互影响。基本模型形式如下：

$$LF_{it}=\alpha_1+\alpha_2 LVA_{it}+\alpha_3 X_{it}+\alpha_4 D_{it}+\varepsilon_{it}$$

$$LVA_{it}=\beta_1+\beta_2 LF_{it}+\beta_3 X_{it}+\beta_4 D_{it}+\sigma_{it}$$

式中，LF_{it} 是土地财政收入指标，LVA_{it} 是土地违法行为指标。下标 i 和 t 分别表示第 i 个省份和第 t 年。X_{it} 是一组控制变量，D_{it} 是一组虚拟变量，ε_{it} 和 σ_{it} 是残差项。

第二个联立方程组模型主要分析土地财政收入与地方财政支出结构的关系，考虑到两者之间具有相互影响的作用，需要构建联立方程组来识别两者间的具体影响机理。同时，地方政府每一年的财政收入总量是既定的，各类预算内支出安排又是同时做出的，财政支出结构方程的干扰项之间很有可能存在相关性。故本研究构建一个联立方程组进行实证分析。由于预算内的土地税收和预算外的土地出让金在管理体制、监管程度等方面存在差异，因此在模型构建时需要区分土地财政收入结构的不同影响作用。具体方程组如下：

$$RCC_{it}=\alpha_1+\alpha_2 RLG_{it}+\alpha_3 RLT_{it}+\alpha_4 W \times RCC_{it}+\alpha_5 X_{it}+\varepsilon_{it}$$

$$RPS_{it}=\beta_1+\beta_2 RLG_{it}+\beta_3 RLT_{it}+\beta_4 W \times RPS_{it}+\beta_5 X_{it}+\sigma_{it}$$

$$RLG_{it}=\gamma_1+\gamma_2 RCC_{it}+\gamma_3 RPS_{it}+\gamma_4 W \times RLG_{it}+\gamma_5 X_{it}+\xi_{it}$$

$$RLT_{it}=k_1+k_2 RCC_{it}+k_3 RPS_{it}+k_4 W \times RLT_{it}+k_5 X_{it}+\theta_{it}$$

式中，RCC 和 RPS 分别是各省级地区预算内基本建设支出和公共服务支出占预算内财政总支出的比重。RLG 是各省级地区土地出让金占财政预算总收入的比重。RLT 是各省级地区土地相关税收占预算内财政总收入的比重。下标 i 和 t 分别表示第 i 个省份和第 t 年。ε_{it}、σ_{it}、ξ_{it} 和 θ_{it} 是残差项，

W 是空间权重矩阵，$W \times RCC$、$W \times RPS$、$W \times RLG$、$W \times RLT$ 分别反映相邻省份 RCC、RPS、RLG、RLT 的空间相关性，X 是一组控制变量矩阵。

5. 面板门槛模型

该模型主要研究在土地财政的不同水平下，公共物品供给和产业结构对经济增长的影响，主要建立两个面板门槛模型。具体模型如下：

公共物品供给模型：以公共物品为门槛变量，分析不同公共物品水平下土地财政对经济增长的影响：

$$\ln PGDP_{ij} = \alpha_0 + \theta_1 \ln LF \times I(\ln UIC \leq y) + \theta_2 \ln LF \times I(\ln UIC > y) + \alpha_3 x_{ij} + \varepsilon_{ij}$$

产业结构调整模型：以产业结构为门槛变量，分析不同产业结构水平下土地财政对经济增长的影响：

$$\ln PGDP_{ij} = \alpha_0 + \theta_1 \ln LF \times I(\ln Str \leq y) + \theta_2 \ln LF \times I(\ln Str > y) + \alpha_3 x_{ij} + \varepsilon_{ij}$$

其中，$i=1,2,3,\cdots,N$；$j=1,2,3,\cdots,T$。i 代表城市，j 代表时间，$I(\cdot)$ 为示性函数，y 为待估计门槛值，x_{ij} 表示为一组对经济增长有显著影响的控制变量；ε_{ij} 代表随机扰动项。

6. 空间杜宾模型

在土地财政偏好的影响评价当中，为了识别土地财政影响经济增长的空间效应，选用空间杜宾模型（SDM）进行实证分析。其模型具体定义为：

$$EG = \alpha w \cdot EG + \beta_1 w \cdot LF + \beta_2 w \cdot LF^2 + \gamma_1 LF + \gamma_2 LF^2 + \sum_{k=1}^{n} \delta_k Z_k + \varepsilon$$

其中，EG 表示经济增长；LF 和 LF^2 为核心解释变量，分别是土地财政及其二次项；Z 为控制变量，反映影响经济增长的其他因素。w 为空间权重值，$w \cdot EG$、$w \cdot LF$ 和 $w \cdot LF^2$ 分别表示经济增长、土地财政及其二次项的空间滞后项，ε 表示残差项。

二 技术路线

本书以地方政府的土地财政偏好作为研究对象，关注地方政府土地财政偏好的具体含义、表现形式和类型特征，分析土地财政偏好的影响因素，阐述土地财政偏好的形成机制、制度安排以及地方财政依赖土地财政的内在机理。从效率和公平两个视角评价土地财政偏好带来的影响作用，指出土地财政偏好存在的问题。通过上述研究，试图总结土地财政问题的实质，并设计出土地财政行为的管控机制，最后得出研究结论和展望。具

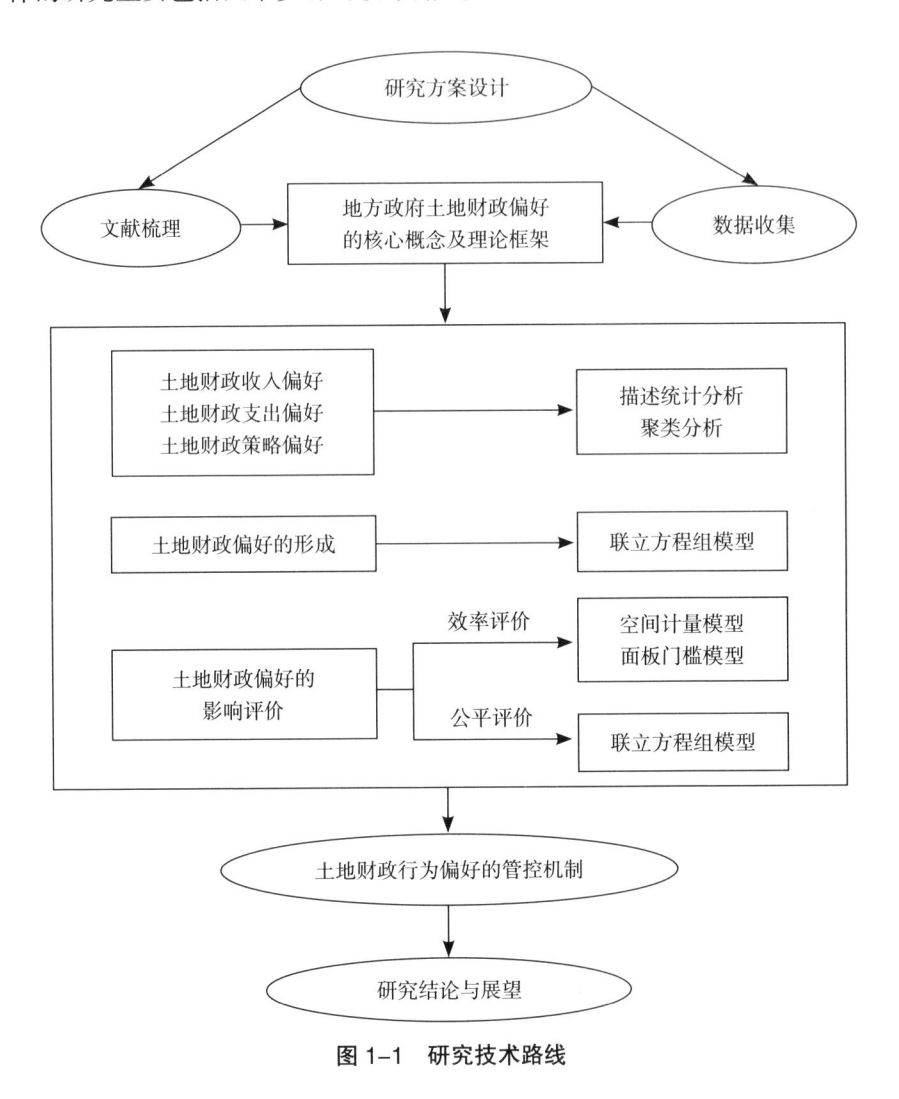

体的研究主要包括四个步骤（技术路线见图 1-1）：

图 1-1 研究技术路线

第一步，设计研究方案，提出研究问题。通过对相关文献资料的梳理和总结，以及收集相关统计调研数据，为研究提供素材和奠定基础。进而提出本研究的核心概念，构建理论框架，厘清研究思路。

第二步，根据理论框架，提出理论假说，进行实证分析。在深入阐释土地财政偏好、效率与公平、中国式分权等概念的核心内涵的基础上，基于分析框架的理论体系：首先，综合运用描述统计分析和聚类分析对土地财政收支的规模、结构和区域特征进行分析，并探讨土地财政具有的策略偏好。其次，梳理中国式分权、政府管制和土地违法三者与地方政府土地财政收入之间的关系，重点从外部激励和制度基础两个方面来阐释地方政府土地财政偏好的形成机制，同时应用联立方程组模型进行实证检验。最后，从效率与公平的视角分析地方政府土地财政偏好带来的影响作用，分别采用面板门槛模型和联立方程组模型来验证土地财政偏好对经济发展和对地方政府财政支出结构影响的相关理论假说。

第三步，在上述理论研究和实证分析的基础上，总结提炼研究结论，指出土地财政问题的实质。以此问题为导向，提出土地财政的改革目标和总体思路，并据此从改革动力机制、利益协调机制、监督约束机制和制度保障机制等方面出发，构建一套可行的制度改革管控体系。

第四步，得出本书的研究结论，探讨土地财政领域可以拓展的研究方向，为今后完善土地财政制度改革、解决土地财政行为偏好问题提供可借鉴之处。

三 数据来源

考虑到数据的可获性，本研究在实证部分主要使用1999—2016年全国31个省级地区的面板数据以及部分地级市的面板数据，在分章节的具体实证分析中，因为部分变量数据可获性的问题，其选用的时间段存在差异。其中，土地出让、土地市场交易、土地违法等数据来源于各年《中国国土资源统计年鉴》。地方财政收入、支出、土地税收、人均GDP、产业发展、外商投资等社会经济指标的数据来源于各年《中国统计年鉴》和《中国财政年鉴》，控制变量中涉及的人口指标、教育指标等数据来源于各年《中国统计年鉴》和《中国人口和就业统计年鉴》。地级市的数据除了来源于上述年鉴，还来源于《中国城市统计年鉴》。

第六节　可能的创新与不足

一　可能的创新

本研究可能的创新体现在以下三个方面：

（1）在研究视角上，基于效率与公平的视角，计量分析评价了土地财政偏好对经济发展和财政支出结构的影响作用。

（2）在研究思路上，借鉴偏好理论，指出土地财政收入偏好、支出偏好和策略偏好的内涵，重点阐释了其表现形式、类型特征和差异比较。

（3）在研究方法上，由于理论分析发现土地财政收入与支出、土地违法等具有相互影响的内生关系，在实证检验时应用了联立方程组模型。该方法更好地控制了方程间的误差项干扰，使得模型结果更加稳健有效，结论更加可信。

二 存在的不足

（1）受限于数据的可获性，实证分析中主要关注的是土地出让金和土地税收等，未考虑土地融资以及与之相关的地方债务问题，而土地融资、地方债务与地方基础设施建设、地区经济增长又有着密切相关的关系。土地融资对经济增长、地方财政支出的影响机理是否与土地财政具有的影响作用一致，有何不同，都需要进一步考察。

（2）随着农村土地制度改革试点的深入推进，特别是集体经营性建设用地直接入市，地方政府获取土地财政的形式发生了重大变化。针对多种不同的土地财政获取方式或者依托的不同制度安排，研究中并没有过多关注。

（3）在基于公平视角的土地财政偏好影响评价中，主要是从宏观层面探讨了地方政府支出结构反映的社会公平问题，未关注到土地财政过程中不同的利益相关主体的福利变化及其带来的公平问题，主要是因为土地财政涉及的利益主体过多，不同的获取形式具有不同的主体和福利分配格局，在资料收集上较为困难。

第二章 概念界定与分析框架

构建一个定义清晰、内涵明确的概念体系和逻辑严密的分析框架是进一步开展科学研究的基础,本章将首先对所涉及的基本概念进行界定,并通过对相关概念的对比分析,以更加清晰地理解基本概念的内涵。其中,将重点介绍土地财政、土地财政偏好的概念以及效率与公平的内涵及其在土地财政影响评价的应用。最后,构建本研究的分析框架,为接下来的系统研究提供分析思路和理论支撑。

第一节 概念界定

一 土地财政偏好

(一)土地财政概念

土地财政从字面意思来看是由"土地"和"财政"两个词语组成,因此我们可以从这两个词入手来得出"土地财政"的概念。土地是由地球陆地及其水面的土壤、岩石、矿藏、水文、大气和植被等要素构成,并综合反映了人类正反面活动结果的自然经济综合体(毕宝德,2011)。这里所说的"土地"包括国有土地资源和集体所有土地。根据《中华人民共和国土地管理法》的规定,土地可以分为农用地、建设用地和未利用地三种(李佩佩等,2019)。"财政"一词从经济学的意义上来讲,是属于经济范畴,是政府通过使用行政手段集中一部分国民收入从而用于满足公共需要的收支活动,其主要包括财政收入和财政支出两个部分。其中财政收入主要指税收和国债，财政支出主要包括社会消费性支出、财政投资性支出和转移支出三个方面。因此，土地财政可以简单地理解为与土地有关的财政收入和财政支出。然而，目前国内许多学者将"土地财政"界定为土地财政收入。例如：蒋三省、刘守英（2006）认为，"土地财政主要是由预算内收入和预算外收入两部分组成。其中，预算内收入主要由城市扩张产生，而预算外收入主要来源于出让土地所获得的土地出让金"。董再平（2008）认为，"土地财政是指地方政府主要依靠土地运作来获取收益"。尽管根据土地财政收入来源，还可以将土地财政收入细分为狭义、广义（宽口径），但限于数据可获性，土地出让金收入和土地有关税收就是广泛接受和理解的土地财政概念，即狭义土地财政收入概念。

土地财政收入概念反映的是地方政府利用土地资源获取收入的行为结果，却忽略了地方政府的土地融资行为本身，即地方政府为了获得土地财政收入而采取的一系列土地开发利用行为。因此，朱秋霞（2007）认为，"土地财政是地方政府利用自己的土地所有者身份通过行使土地的所有权和使用权来出让国有土地的一种财政收支活动和利益分配关系"。该概念扩大了对土地财政的内涵理解，不仅将其视为一种财政收入和支出活动，还认为土地财政是一种利益分配关系，指出了土地财政的实质。但该概念界定没有指出地方政府出让土地的具体策略。在这个基础上，陶然、汪晖（2010）将土地财政看作是地方政府的一种土地政策工具，认为地方政府为开拓其预算内（制造业和服务业税收）和预算外（土地出让金）财政收入来源，在区域竞争中通过低价、过度供给工业用地以及高价、限制性出让商、住用地的行动而采取的财政最大化策略。该概念给出了获取土地财政收入的具体策略，但土地财政的策略工具不仅仅包括高价出让商住用地和低价供给工业用地这两种，还包括土地融资、土地违法等策略，以获取规模更大的抵押贷款收入和隐性收入（唐鹏，2014）。

将土地财政收入和土地财政策略的概念进行区别，有助于我们理解土地财政策略的政策工具和行为结果之间的差异，特别是土地财政支出策略，不仅影响地方政府的土地财政收入，也影响地方政府的公共物品供给结构和质量。因此，本书接受土地财政的一般理解，即土地财政即土地财政收入，主要包括土地出让金收入和土地税收收入等。在实证分析中，由于数据可获性，暂不考虑与土地相关的其他非税收入、融资收入、隐性收入等其他收入。但也认可唐鹏（2014）提出的土地财政策略概念，认为分析土地财政带来的影响，实际上分析的是土地财政策略带来的影响，即不同的政策工具产生的影响和影响机理存在差异。只是在实证分析中，选用土地财政收入指标作为替代。而且土地出让策略和土地引资策略是地方政府最常用的土地财政策略，理论分析的权重较大。

（二）偏好的概念

早期偏好的定义是指产品购买者对不同产品组合的偏好顺序排列（John and Morgenstern，1944），偏好的概念是消费者在决策过程中产生的，其内涵是指消费者在决策过程中通过对产品进行信息整合以及认知加工后从而形成了对某一选项所表现出的偏好性（Lichtenstein and Slovic，1995；Tversky and Kahneman，1981；王元璋等，2006）。从心理学的角度看，偏好是指对于刺激物或某个事件的一种相对稳定的喜爱或者不喜爱的评价和判断（Scherer，2005）。偏好体现了个体对客观事物的一种态度和判断，对人类的决策和行为产生非常重要的影响。可以简单地将偏好理解为个体的决策优先顺序，优先考虑的为强偏好。但是由于个体之间所处的环境以及自身拥有的知识、认知、需求等方面存在差异，个体对同一个目标或者行为呈现出不同的偏好程度和判断。这也导致对偏好的定量分析较为困难。

（三）土地财政偏好的概念

目前，学术界并没有对土地财政偏好的概念进行明确界定，本书根据土地财政的概念及内涵以及偏好的概念总结出土地财政偏好的概念。具体定义为：土地财政偏好是指地方政府利用土地所有权和管理权获取收益进行的财政收支活动，并在财政收支活动以及财政策略行为中形成的态度和判断。其偏好内涵可以分为对土地财政结果的偏好和对土地财政策略本身的偏好。土地财政结果偏好包括土地财政收入偏好和土地财政支出偏好，反映的是地方政府希望在土地财政收入和支出中获得的结果是什么。土地财政收入偏好指的是地方政府在财政收入方面高度依赖土地及相关产业发展所带来的税费及融资收入的现象，包括地方政府对土地财政收入规模的偏好、土地财政收入结构的偏好等。土地财政支出偏好是指地方政府在财政支出结构安排上的优先顺序和倾向程度，包括地方政府对各类财政支出项目的偏好，比如在基本建设支出、科教文卫、社会保障、环境医疗等支出选择上的偏好。土地财政策略偏好则是指地方政府对某种土地财政策略决策的喜好程度，具体含义是指地方政府为了获取土地财政收入，提高财政收支能力，根据自己的意愿对所有土地财政策略决策进行排序，最终选择最有利于自身的策略决策，这种排序反映了地方政府的需要、目的以及兴趣。具体来说包括如下方面：地方政府会优先考虑土地出让策略还是土地引资策略？选择土地财政策略的优先目标追求是什么？选择土地财政策略的原因、条件是什么？等。最后，考虑到偏好因个体因素等存在差异，研究还考虑了不同区域的地方政府、不同层级的地方政府在土地财政偏好上呈现的差异，以更加完整地展现地方政府土地财政偏好的总体特征。

二 效率与公平

效率与公平是经济、政治和社会活动中广泛涉及的概念。不仅是福利经济学的主体，也是制度的根本评价标准。经济学家曼昆认为，"效率是指社会能尽可能地从稀缺资源中获取更多东西，而平等是指将利用这些资源而得到的成果公平地分配给每一个社会成员"。也就是传统意义所说的"效率是指蛋糕的大小，而公平是指如何划分这块蛋糕"。经济学意义上的效率强调的是通过资源优化配置来最大化地满足社会的需要，而公平则更加侧重强调规则的平等、机会的平等。

（一）效率的内涵

效率在宏观经济学中被解释为稀缺资源在社会各部门之间合理配置和优化组合。资源分配的理想状态为帕累托效率，又称帕累托最优。福利经济首先采用帕累托效率标准来衡量资源配置效率，即在资源分配的转变过程中，在没有任何人变坏的情况下，使得至少一人变得更好。传统的效率是作为一个经济范畴，其基本含义是指通过对资源的配置和使用，获得最高的投入产出比，即在投入既定的情况下，产出的产品最多。效率是反映经济活动配置和利用社会资源的有效比率以及社会发展成效的概念。结合效率的原始概念以及本书的研究目的，本书的效率概念借用了杨灿明、李景友（2003）提出的效率概念，即认为效率是指政府通过参与社会产品分配，使分配达到任意改变都无法使社会福利变得更好。

土地财政是围绕土地资源而进行的一系列财政收支活动，其中蕴含着许多效率问题。首先，土地作为一种稀缺性资源和专用性资产，决定了其必须在社会各部门之间合理配置和优化组合，以实现其收益最大化，并最大限度满足人类需要，实现社会福利最大化。其次，土地是城镇化的重要载体，土地财政运行过程中涉及大量的土地征收、土地整理、土地增减挂钩以及城中村改造等活动，使大量的农用地转化为城镇建设用地，加速城镇化进程。最后，土地是经济发展的重要要素，地方政府通过土地财政投资基础设施和城市建设，调整产业结构，促进了经济的快速增长，提高了居民的生活水平。

（二）公平的内涵

公平是人类追求的永恒价值目标，也是评价和衡量社会政治和经济利益等各种关系的规则，既包括经济活动中的公平，也包括社会、文化活动中的公平。公平在经济领域的界定是指国家通过赋税制度和社会保障制度对社会财富的调节和二次分配。本书所指公平为经济领域中收入分配的公平，一般细化为起点公平、过程公平和结果公平。起点公平是指社会成员不受其性别、种族、经济地位等条件的影响而平等地享有社会资源的机会；过程公平是指社会成员在参与经济过程中，平等地遵守规则和制度；结果公平是指社会成员通过劳动获得差距不大或同等水平的产品和收入。土地财政中存在着大量的公平问题，一方面，土地财政来源涉及对失地农民的公平补偿，以及土地收益在政府、企业、集体和农民之间的初次分配公平；另一方面，基于土地所有权"公有"对土地权利衍生的"收益"应由全体社会成员"共享"，突出表现在政府对土地财政支出的再分配问题，即注重平衡基础设施投资和公共服务、社会保障之间的资金再分配问题，公平是土地财政支出的目标。此外，地方政府利用土地财政策略进行激烈的引资竞争，而影响区域间发展的平衡性；同时，由于土地资源的不可再生性，在土地资源配置、利用以及土地收益分配中还涉及代际之间的公平性。

（三）效率与公平的统一

效率与公平是对立统一的辩证关系，两者相辅相成，相互促进（郭威等，2018）。效率是实现公平的前提，任何社会条件下，生产力的发展和财富的增加都是社会进步的物质保障。只有效率提高才能够更好地满足社会成员日益增长的物质文化需要，从而实现社会公平。而一个公平的社会制度，又能够建立起一个良好的社会环境，从而极大地调动人们生产发展的积极性，从而进一步提高社会经济效率（丁春福等，2018）。因此，当社会处在需要效率的发展阶段时，就要强调效率优先，在这基础上同时兼顾公平；当社会处在需要公平的发展阶段时，就要反过来强调公平优先，并同时兼顾好效率，无论何时都要处理好效率与公平的关系以实现二者之间的平衡。将土地财政的效率和公平相统一，就是在追求土地财政效率的同时，也要兼顾土地收益分配的公平；包括群体间公平、区域间公平以及代际间公平；而在追求土地财政的公平时，也要兼顾土地财政的效率。既要把"蛋糕"做大，也要使"蛋糕"公平分配，才能实现整个社会福利的提升。

三　中国式分权

中国式分权这一概念最初来源于中国分散化的财政体制（Qian and Ronald，1998），这种观点反映了当时中央政府进行的分权改革，包括对硬预算约束的放松以及对国有企业、基层政府的适当放权等。但与美国、俄罗斯等国家财政联邦制不一样的地方在于中国的地方政府并不具有完全的财政自主权，比如美国地方政府享有独立的税收权，可以自主决定税率、税种等（Inman，1987；Inman and Rubinfeld，1992）。同时，与经济分权相对应的是，中国是自上而下的政治集权体制演绎出的财政联邦主义（Zhang，2006；Blanchard and Shleifer，2001）。这种特有的政治集权和经济分权相结合的制度安排就形成了中国特有的分权体制。学者将这种财政分权体制和政治集权体制相结合的制度安排称为中国式分权（Yang，2019；王赛德、潘瑞姣，2010；陈刚等，2009；王守坤、任保平，2009；傅勇、张晏，2007；傅勇，2007；Tsui and Wang，2004）。并且将中国式分权分析框架广泛地应用于解释经济增长、土地利用、环境污染、地方治理等领域的研究问题（Peng et al.，2019；邓明等，2018；薛慧光等，2013；李斌、李拓，2015；皮建才，2012；陈刚，2009），在这个过程中，对于中国式分权的理论内涵和实证度量方法也不断得到完善（毛捷等，

2018；洪正、胡勇锋，2017；龚锋、雷欣，2010）。其中财政分权主要是指 1994 年的分税制改革带来的影响，政治集权主要是指中国自上而下的政治管理制度。尽管 1994 年的分税制改革不能完全等同于财政分权，但分税制改革确实带来了中央与地方之间财政关系的重大变革，这种变化对地方政府的土地财政行为也产生了重要影响。而政治集权制度主要是体现在中央政府对地方政府的政绩考核，政绩考核指标和权重的变化会对地方政府的目标追求和行为准则产生重要影响。因此，本书理解的中国式分权的核心内涵包含中国的财政分权体制（分税制改革）带来的财政激励作用和政治集权体制（政绩考核体系）带来的政治激励作用。财政激励指的是在分税制改革带来的地方财政收支压力加大的背景下，地方政府存在过度追求财政收入的强烈欲望，当地方政府采取一系列措施推动其财政收入增收后，增加的幅度越大，意味着其财政激励越强。政治激励指的是在中国式分权体制的约束下，地方官员有追求 GDP 增长而实现政治晋升的冲动，当地方官员采取一系列措施促进地方经济增长后能够晋升的概率越大，意味着政治激励越强。同时，随着政绩考核体系的改变，政治激励的目标导向也会发生改变，即地方政府可能会改变单一地追求地区经济增长的目标。

四 地方政府

关于"地方政府"的内涵理解大致可以分为三种：（1）地方政府仅指我们通常所称的基层政府。即在金字塔式的政府结构中，地方政府处于最低层，顶端是全国政府，中间一层是包括州、地区或省等中间政府（David，1968，布莱恩等，2012）。（2）地方政府包括单一制国家中除中央政府以外的其他所有层级的政府，但不包括联邦制国家中的成员政府（The Encyclopedia American，1997；辞海编辑委员会，1999；丘晓，1987；新辞书社，1936）。（3）联邦制国家中成员政府也属地方政府范围（法国拉鲁斯出版公司，2005）。其中主流观点认为在单一制国家中，广义的地方政府是指除中央政府以外的所有层级政府（陈永平，2001），而狭义的地方政府可以理解为是由中央政府为了实现分区域治理而设立的政府单位，是管理地方政府行政区域事务的政府组织的总称（李佩佩，2019）。《中华人民共和国宪法》第 95 条明确规定"在省、直辖市、县、市、市辖区、乡、民族乡、镇设立人民政府"。因此,地方政府是相对于"中央人民政府(国务院)"而言,可以统称各级地方人民政府,即省级及其以下的各级政府相对中央政府来说,都属于地方政府的范畴。综上所述,本书将中央政府以下的各级政府都统称为地方政府。根据具体研究对象,将地方政府主要界定为省级和地级市的地方政府。

第二节 逻辑思路与分析框架

根据研究目标,主要是分析地方政府土地财政偏好的形成机制、影响评价以及管控机制。首先,需要总体把握地方政府土地财政偏好的总体特征,为进一步阐释其形成机理、带来的影响以及如何管控等奠定基础。具体从土地财政收入偏好、支出偏好和策略偏好三个方面进行分析,通过土地财政收支规模、结构及其与地方财政收支关系,以及土地出让类型、出让方式等指标,分析表征地方政府土地财政偏好的基本特征,并从三大区域、省级和地市级三个层面分析了地方政府土地财政偏好的区域差异。其次,在土地财政偏好形成机理方面,分别从两个方面来分析,一是基于地方政府土地财政行为面临的外部激励机制,阐述中国式分权体制与土地财政偏好形成的关系。二是基于土地制度安排,分析现行土地市场结构下政府管制、土地市场与土地财政偏好形成的关系。再次,关于地方政府土地财政偏好的影响评价,分别从效率与公平两个方面来分析,一是从土地财政获取方式以及土地资源特征来阐释土地财政对经济增长的促进作用进而解释土地财政偏好与经济效率之间的关系。二是以土地收益共享为目标,重点分析土地财政收入与地方财政支出偏好之间的相互影响和作用关系。最后,根据上述分析,总结地方政府土地财政问题的实质,并提出改革地方政府土地财政行为的管控机制(具体理论分析框架如图2-1所示)。

第一,有关土地财政偏好的形成机理。首先,从地方政府土地财政行为面临的外部激励机制出发,分析中国式分权制度与地方政府土地财政收入偏好形成的关系。由于在中国式分权体系下,分税制改革和以GDP为主的官员晋升考核体制对地方政府土地财政行为具有更加直接和明显的作用,因此,将中国式分权制度作为外部激励因素深入分析地方政府土地财

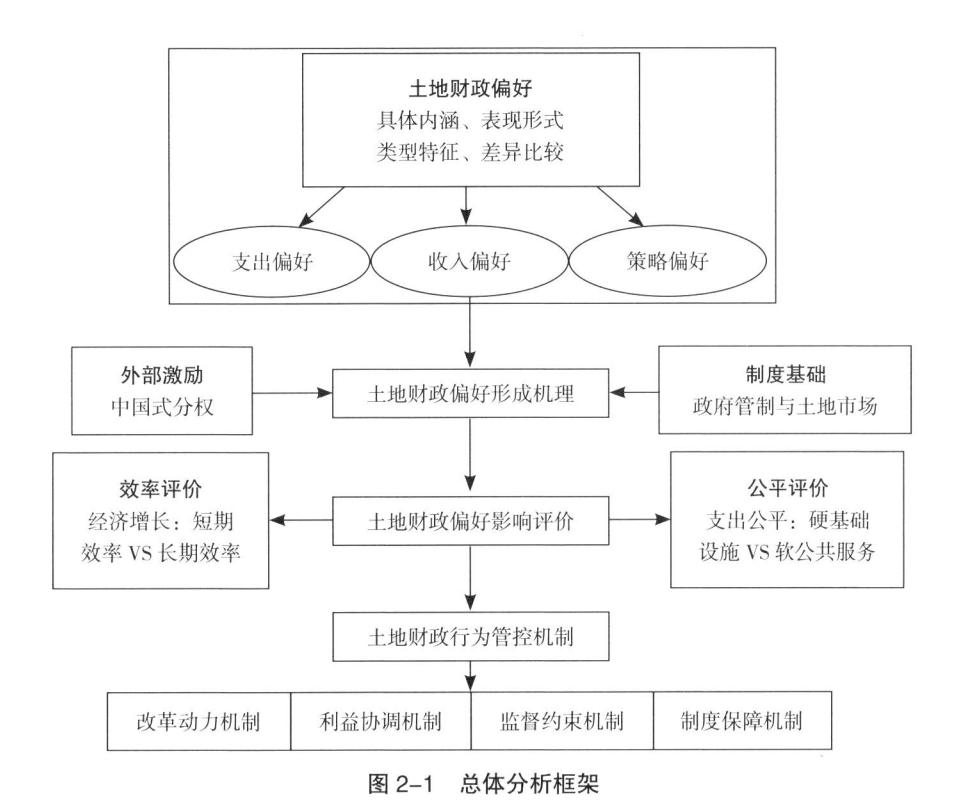

```
┌─────────────────────────────────────┐
│           土地财政偏好               │
│        具体内涵、表现形式             │
│        类型特征、差异比较             │
│    ↓         ↓          ↓           │
│ (支出偏好) (收入偏好)  (策略偏好)    │
└─────────────────────────────────────┘
                  ↓
┌──────────┐              ┌──────────┐
│ 外部激励 │→ 土地财政偏好 ←│ 制度基础 │
│中国式分权│    形成机理   │政府管制与│
│          │              │ 土地市场 │
└──────────┘              └──────────┘
                  ↓
┌──────────┐              ┌──────────┐
│ 效率评价 │← 土地财政偏好→│ 公平评价 │
│经济增长：│   影响评价    │支出公平：│
│短期效率  │              │硬基础设施│
│VS长期效率│              │VS软公共  │
│          │              │   服务   │
└──────────┘              └──────────┘
                  ↓
         土地财政行为管控机制
    ↓          ↓         ↓         ↓
改革动力机制 利益协调机制 监督约束机制 制度保障机制
```

图 2-1　总体分析框架

政偏好的形成原因。我们将中央政府与地方政府之间的相互关系（主要指经济和政治上的关系）看作是地方政府面临的外部激励，结合已有研究，将财政分权具有的经济激励作用和政治集权具有的政治激励作用纳入同一分析框架，综合分析中国式分权制度影响地方政府行为的不同作用路径。在中国式分权体系下，为了解决分税制改革对地方财政收支带来的压力以及政治集权体制带来的晋升压力，地方政府通过高价出让商住用地、低价出让工业用地以及抵押贷款融资来增加自身的预算内、预算外以及制度外收入。据此，以财政分权和政治集权相结合的中国式分权成为地方政府土地财政偏好形成的重要外部激励因素。其次，在地方政府土地财政行为面临较强的外部激励作用下，地方政府是如何通过相关制度的安排设计，来获取土地财政收入的，即地方政府土地财政偏好形成的制度基础是什么。自我国土地市场化改革以来，土地价格不断上涨，这形成了土地财政收入的基础，基于此，在城乡二元土地市场结构下，农地征收价格由政府决定，土地出让价格由市场决定，就形成了巨额的土地增值收益。而我国的土地制度安排使地方政府成为垄断土地市场供给的主体，其垄断土地市场供给的主要手段就是地方政府拥有的农地非农转用排他性权利，这对土地财政形成具有基础性作用。然而，土地财政实质上是土地收益分配问题，政府拥有的农地转用管制权只是为政府获取土地收益提供了政策依据，政府的价格管制才直接影响收益分配格局，进而对土地财政产生影响。因此，在现有市场结构下，地方政府通过合法的产权与价格管制来获取土地财政收入。此外，在我国城乡二元土地公有产权制度下形成了政府主导的土地市场，地方政府既作为"运动员"参与土地市场交易，又作为"裁判员"对土地市场运行进行监管。但由于缺乏有效的地方政府行为监管机制，导致政府过度干预土地市场，破坏土地市场秩序，甚至实施土地违法，从中获取制度外收入。当地方政府不能通过合法的土地市场满足追逐土地财政的需求时，就会萌发实施土地违法的冲动。因此，在现行的土地市场体系下，政府管制和土地违法是地方政府土地财政偏好形成的重要制度基础。

综上分析，中国式分权作为外部激励因素为地方政府追逐土地财政提供了动力和目标，我国特有的土地制度安排形成的政府管制以及引发的土地违法为地方政府提供了追逐土地财政收入的条件，三者共同促进了地方政府土地财政偏好的形成。因此，为了厘清中国式分权、政府管制和土地违法与土地财政的关系，本书将三者纳入统一分析框架来具体阐释其对土地财政的影响作用。

第二，关于地方政府土地财政偏好带来的影响，重点从效率与公平的视角进行分析。首先，从经济效率角度来看，土地财政主要是通过两条途径促进经济增长，分别是土地出让具有的收入改善效应和土地融资具有的政府债务延缓效应。但从长期来看，由于土地资源的有限性和房地产市场的宏观调控性，土地财政本身具有不可持续性和不稳定性，以及长期依赖于土地财政收入引发的系列风险，会使得地方经济增长在长期上具有收敛趋势。因此，土地财政偏好对经济发展具有短期促进和长期抑制两个方面的影响。其次，从公平的角度看，自1994年分税制改革以来，土地出让金和与土地相关的税收都属于地方政府，因此地方政府有较强的动力去优先安排能够带来土地财政收入的财政支出项目。具体来说，地方政府会增加基本建设支出，改善投资环境，促进土地和房地产价格的上涨，从而增加地方政府的土地财政收入。而土地财政与基础设施建设的捆绑，导致地区公共服务支出的不足，形成了地方政府"重硬轻软"的财政支出偏好。同时，地方政府不断追逐土地财政收入的倾向将促使其进一步增加与土地财政收入相关的支出项目，即基础设施建设投资，进而形成地方政府对硬基本建设支出的强偏好。此外，由于当前中央政府和社会公众对地方政府提供公共服务的要求和需求日益增加，地方政府将面临日益加大的财政支出责任，这将加剧地方政府的财政收支压力，进而促使地方政府更加依赖于土地财政收入，从而形成土地财政的内在强化机制。因此，从支出公平的角度看，土地财政偏好可能存在显著的负面影响。

第三，根据上述分析，总结地方政府土地财政问题的实质，主要从地方政府土地财政偏好的改革动力机制、利益协调机制、监督约束机制和制度保障机制四个方面构建地方政府土地财政行为的管控机制。首先，通过总结上述研究内容的主要结论与观点，明确管控地方政府土地财政行为的目标、思路及路径，重点改变地方政府土地财政行为面临的激励结构，主要从财税分权体制、政绩考核体系、土地收益管理以及地方政府债务管理方面入手构建改革动力机制，从制度根源上改变地方政府的短视行为。其次，以土地财政偏好公平性评价为依据，以土地收益合理共享为目标，按照兼顾效率与公平、二次分配更加注重公平的原则，明确利益协调的主客体和作用机制，充分发挥土地市场机制的收益调节功能，合理界定政府在土地收益初次分配和二次分配中的作用，构建完善的利益协调机制。然后，结合地方政府的土地财政收支行为，构建与其激励机制相配套的监督约束机制，深化改革预算制度，加强预算约束能力，强化政府权力监督机制，规范地方政府管制权运行，加强对地方土地财政行为的监管能力。最后，从土地产权、土地征收、土地规划、城乡户籍以及税收制度等方面进行制度保障机制的设计，形成完善的制度保障体系，弥补当前土地财政相关法律法规存在的问题和漏洞。

综上分析，中国式分权制度对地方政府土地财政行为具有直接的激励作用，而现行的土地市场结构下政府管制和土地违法是地方政府能够获取土地财政收入的制度基础。进一步分析土地财政与经济增长、地方财政支出之间的相互作用关系，从公平和效率的角度对地方政府土地财政偏好带来的影响进行评价，阐述土地财政偏好与经济效率之间的关系以及验证土地财政的内在强化机制理论命题,有助于我们更加全面深刻地理解地方政府依赖土地财政的内在机制以及重视土地财政偏好带来的影响结果。

在此基础上,依据该理论框架,也为全书总结土地财政问题的实质,改革土地财政问题提供了理论指导和决策依据。

第三章
地方政府土地财政偏好的总体特征

总结归纳地方政府土地财政偏好的总体特征，厘清其变化规律，是分析地方政府土地财政偏好形成及其影响的基础。本章从三个层面分析地方政府土地财政偏好的特征及其变化规律：一是土地财政收入层面，土地财政收入是地方财政收入的重要组成部分，对不同层级地方政府历年土地财政收入的规模、结构及其与地方财政收入的关系进行分析，总结地方政府对土地财政收入规模、结构的偏好特征及其在时空上的差异；二是土地财政支出层面，土地财政收入对地方财政支出具有重要的贡献，通过分析土地出让金支出及其与地方财政支出的关系，总结地方政府土地财政支出偏好；三是土地财政策略层面，针对不同的用地类型，地方政府会策略性地采取不同的出让方式使土地效益最大化，对不同层级地方政府土地财政策略的主要做法及基本特征进行分析，总结地方政府的土地财政策略选择偏好。

第一节 地方政府土地财政收入偏好

根据本书对土地财政的定义和分析，同时考虑到数据的可获性，土地财政收入主要考虑土地出让金收入和土地税收收入，其中土地税收收入是地方财政预算内收入中的房产税、城镇土地使用税、土地增值税、耕地占用税和契税五项与土地最为直接的税收类别的总和。具体选取1999—2016年全国、31个省级地区以及287个地市级的相关数据，综合分析全国层面、东中西区域层面、省级层面以及地级市层面的土地财政收入规模、结构特征及其规律。其中，土地出让金收入数据来源于各年《中国国土资源统计年鉴》，地方财政一般预算收入和支出以及各项土地税收收入等数据来源于各年《中国统计年鉴》。

一 地方政府土地财政收入总体特征

（一）地方政府土地财政收入规模

根据土地出让金收入和土地税收收入计算土地财政收入规模，具体结果见表3-1。全国土地财政规模由1999年的892.53亿元增加到了2015年的45272.28亿元，年均增长率达32.08%。其中2003年以后进入高速增长阶段，在2008年出现了小幅下降，主要是由于中央在2007年加大了对土地市场和房地产市场的调控力度，之后又进入快速增加阶段。到近几年，中央对于土地市场和房地产市场的调控力度加大，土地财政收入增长速度略微放缓，但总体规模仍处于较高水平。

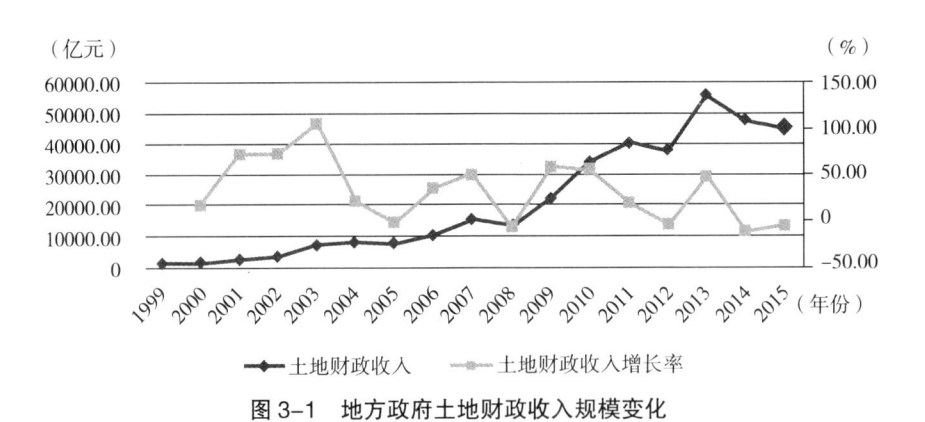

图3-1 地方政府土地财政收入规模变化

土地财政收入是地方政府财政收入的重要来源。其中，土地税收收入属于地方财政一般预算收入，土地出让金收入属于地方财政预算外的政府性基金收入。因此，本书分别分析土地税收收入和土地出让金收入与地方财政收入的关系。土地税收比重计算公式为：土地税收比重 = 土地税收收入/地方财政一般预算收入×100。由于土地出让金是地方财政预算外收入，不宜直接与地方预算内财政收入进行比较，因此采用公式为：土地出让金比重 = 土地出让金收入/（土地出让金收入 + 地方财政一般预算收入）× 100。具体计算结果见表3-1。

表 3-1　　　地方政府土地财政收入规模及其与财政收入关系　　单位：亿元、%

年份	土地财政规模		土地财政与财政收入关系	
	土地财政收入	增长率	土地税收比重	土地出让金比重
1999	892.53		6.76	8.42
2000	1044.45	17.02	7.01	8.51
2001	1796.23	71.98	6.41	14.24
2002	3092.95	72.19	7.94	22.11
2003	6321.94	104.40	9.14	35.50
2004	7619.95	20.53	10.33	35.42
2005	7474.40	-1.91	10.69	28.33
2006	10039.56	34.32	10.72	30.62
2007	14972.08	49.13	11.69	34.14
2008	13916.38	-7.05	12.76	26.37
2009	21991.86	58.03	14.76	34.51
2010	33994.32	54.58	16.08	40.34
2011	40354.50	18.71	15.66	37.94
2012	38170.28	-5.41	16.58	31.47
2013	56007.55	46.73	17.77	38.80
2014	48224.59	-13.90	18.25	31.18
2015	45272.28	-6.12	16.93	27.33
均值	20657.99	32.08	12.32	28.54

从土地税收收入占地方财政一般预算收入的比重来看，其基本保持稳定增长的态势，从1999年的6.76%上升到了2015年的16.93%，平均比重为12.32%。2001年土地税收收入出现小幅下降，而之后土地税收比重上升迅速，到2004年首次突破10%，并在以后保持稳定增长，在2014年达到了18.25%的最高水平。到2015年，土地税收比重略有下降，回落到16.93%。

从土地出让金比重来看，土地出让金收入在地方政府财政收入中的占比总体上处于较高水平，平均值达到了28.54%。1999—2003年全国土地出让金收入占地方财政收入的比重迅猛增加，从1999年的8.42%上升到2003年的35.50%。之后受国家调控政策的影响，土地出让金比重呈现波动性发展，除 2005 年、2008 年和 2015 年外，其余年份的土地出让金比重均高于 30%，2010 年达到最大值 40.34%，总体处于较高水平。

综合来看，土地税收收入占地方财政一般预算收入的比重不断上升，到 2015 年已达到 16.93%；土地出让金收入占地方财政收入的比重则一直处于较高水平，平均占比为 28.54%。可以看出，土地财政收入是地方财政收入的重要来源，地方政府对于土地财政收入具有较高的依赖性。

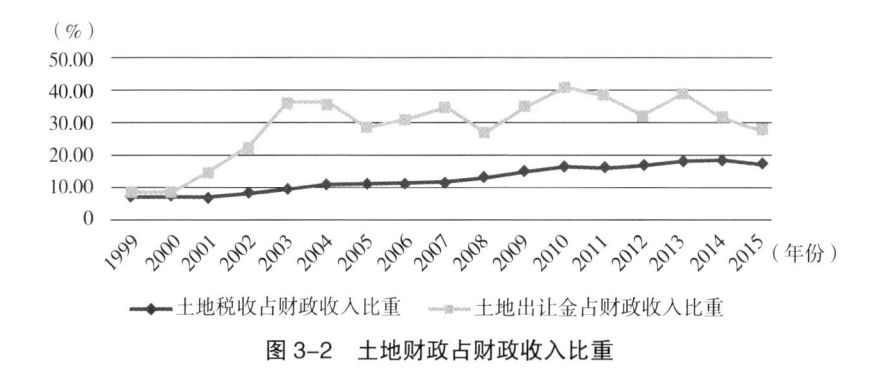

图 3-2　土地财政占财政收入比重

（二）地方政府土地财政收入结构

关于土地财政收入的来源结构，广义上来说还包括土地抵押贷款、其他非税收入、隐性收入等，限于数据可获性，主要考察土地出让金和土地税收收入在土地财政收入规模中的结构特征。

从土地税收和土地出让金收入规模来看，土地税收收入持续稳定增长，由 1999 年的 378.20 亿元增加到了 2015 年的 14051.63 亿元，年均增长率为 25.79%。最初土地税收规模较小，直到 2004 年才突破 1000 亿元，达到 1207.77 亿元，2007 年之后土地税收收入年净增规模增加，接近千亿元，说明近年来土地税收规模一直保持稳定增长的态势。土地出让金收入由 1999 年的 514.33 亿元增加到了 2015 年的 31220.65 亿元，年均增长率达 36.48%。其中，自 2001 年突破 1000 亿元之后，土地出让金收入规模逐渐增加，在 2007 年突破了万亿元规模。2008—2013 年，土地出让金收入进入快速增长阶段，到 2013 年达到最大规模 43745.29 亿元，仅在 2008 年和 2012 年受到国家宏观调控政策的影响，出现了小幅下降。2014—2015 年，土地出让金收入规模有所下降，但仍保持在 3 万亿元的水平。相比于土税收收入，土地出让金收入的规模更大、增长速度更快。

进一步分析土地财政收入规模中的构成比例，可以发现土地出让金收入远远大于土地税收收入，而且两者之间的差距在不断地扩大。从表3-2可以看出，其实在1999年和2000年，土地出让金与土地税收规模差距并不大，土地出让金占土地财政总规模的比重保持在57%左右。但2001年开始，土地出让金规模出现了超乎寻常的增长，其占土地财政总规模的比重就保持在70%以上，最高的比重达到了85.75%（2003年）。这说明地方政府存在严重依赖土地出让金的现象。由于土地出让金是一次性获取的短期收入，土地税收收入才是稳定可持续的财政收入，土地财政结构的严重失衡，将可能诱致地方政府的短视行为，进而产生诸多问题和风险。

表 3-2　　　　　　　　土地财政收入结构　　　　　　单位：亿元、%

年份	土地税收		土地出让金	
	规模	占土地财政比重	规模	占土地财政比重
1999	378.20	42.37	514.33	57.63
2000	448.87	42.98	595.58	57.02
2001	500.34	27.86	1295.89	72.14
2002	676.16	21.86	2416.79	78.14
2003	900.63	14.25	5421.31	85.75
2004	1207.77	15.85	6412.18	84.15
2005	1590.58	21.28	5883.82	78.72
2006	1961.92	19.54	8077.64	80.46
2007	2755.36	18.40	12216.72	81.60
2008	3656.58	26.28	10259.80	73.72
2009	4812.33	21.88	17179.53	78.12
2010	6529.89	19.21	27464.48	80.79
2011	8228.42	20.39	32126.08	79.61
2012	10128.00	26.53	28042.28	73.47
2013	12262.26	21.89	43745.29	78.11
2014	13847.22	28.71	34377.37	71.29
2015	14051.63	31.04	31220.65	68.96
均值	4937.42	24.73	15720.57	75.28
年均增长率	25.79		36.48	

图 3-3　土地财政收入结构

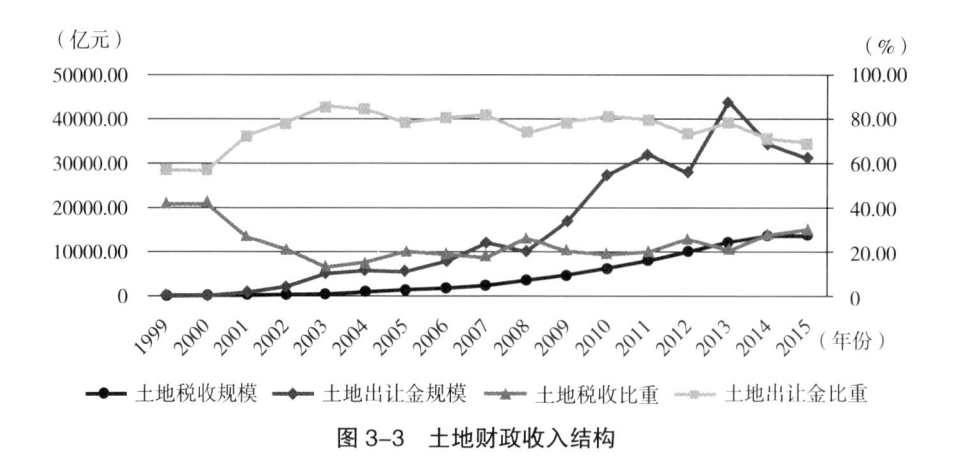

二　地方政府土地财政收入区域差异

(一) 区域层面

从三大区域①土地财政收入来看，三个区域的土地财政收入变化规律与全国总体情况一致，但东部区域土地财政收入远远高于中部和西部区域。从 1999—2015 年土地财政规模的平均值来看，东部区域达 12915.61 亿元，远远高于中部区域和西部区域，而中部与西部区域之间的土地财政规模差距不大，分别为 4194.83 亿元和 3547.51 亿元。具体来看，1999 年东部区域土地财政规模有 663.29 亿元，分别是中部区域和西部区域的 5.91 倍和 5.67 倍，占到当年全国土地财政规模的 74.32%；2015 年东部区域土地财政收入 26887.49 亿元，分别是中部区域和西部区域的 2.70 倍和 3.19 倍，占到当年全国土地财政规模的 59.39%。从土地财政规模年均增长率来看，东部区域土地财政规模年均增长率最低，为 30.89%；中部区域和西部区域土地财政规模年均增长率相差不多，分别为 36.92% 和 35.45%，均高于东部区域。说明随着中、西部区域土地财政规模的增加，区域之间的差距呈现缩小趋势。

---

① 将 31 个省级地区划分为三大区域：东部区域包括北京、天津、河北、辽宁、上海、江苏、浙江、福建、山东、广东、海南；中部区域包括山西、吉林、黑龙江、安徽、江西、河南、湖北、湖南；西部区域包括内蒙古、广西、重庆、四川、贵州、云南、西藏、陕西、甘肃、青海、宁夏、新疆。

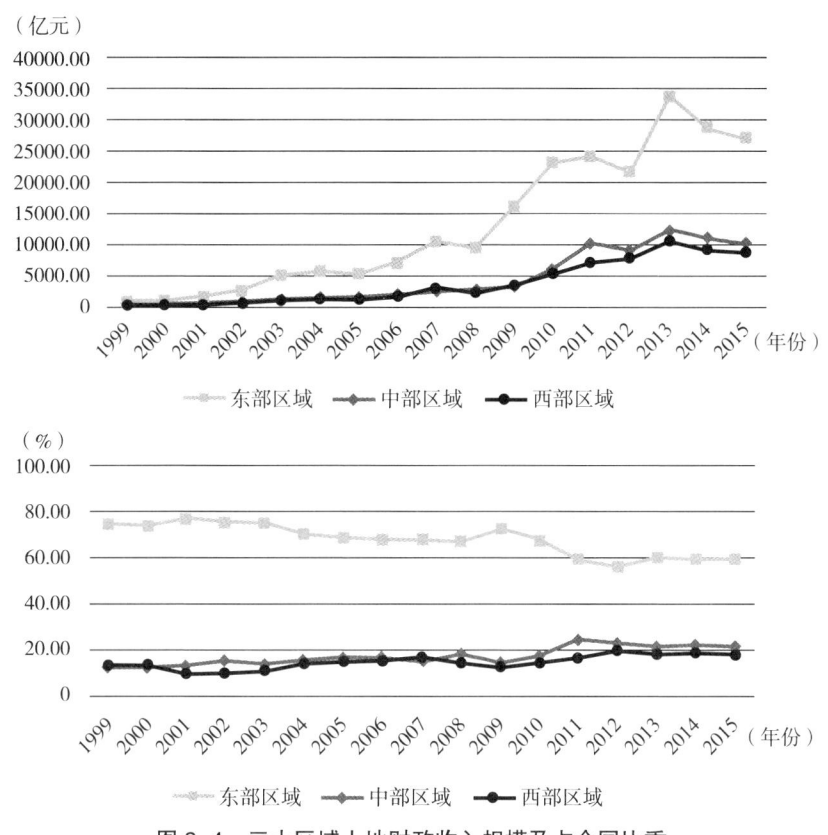

图 3-4 三大区域土地财政收入规模及占全国比重

表 3-3　　　　　三大区域土地财政收入规模差异　　　　　单位：亿元、%

年份	东部区域		中部区域		西部区域	
	土地财政收入	占全国比重	土地财政收入	占全国比重	土地财政收入	占全国比重
1999	663.29	74.32	112.17	12.57	117.07	13.12
2000	769.31	73.66	132.31	12.67	142.84	13.68
2001	1375.06	76.55	233.22	12.98	187.95	10.46
2002	2319.97	75.01	471.05	15.23	301.93	9.76
2003	4722.78	74.70	858.12	13.57	741.05	11.72
2004	5310.45	69.69	1186.31	15.57	1122.45	14.73
2005	5107.08	68.33	1219.88	16.32	1147.43	15.35
2006	6778.90	67.52	1676.54	16.70	1584.12	15.78
2007	10099.99	67.46	2377.51	15.88	2494.58	16.66
2008	9310.19	66.90	2500.74	17.97	2105.45	15.13

续表

年份	东部区域		中部区域		西部区域	
	土地财政收入	占全国比重	土地财政收入	占全国比重	土地财政收入	占全国比重
2009	15843.98	72.04	3177.71	14.45	2970.16	13.51
2010	23034.94	67.76	5872.82	17.28	5086.56	14.96
2011	23826.75	59.04	9781.88	24.24	6745.87	16.72
2012	21469.80	56.25	8895.99	23.31	7804.49	20.45
2013	33551.49	59.91	12089.19	21.58	10366.88	18.51
2014	28493.95	59.09	10770.39	22.33	8960.25	18.58
2015	26887.49	59.39	9956.21	21.99	8428.57	18.62
均值	12915.61	67.51	4194.83	17.33	3547.51	15.16
年均增长率	30.89		36.92		35.45	

从土地税收收入占地方财政一般预算收入的比重来看，东中西三个区域的变化规律与全国总体情况趋于一致，基本都保持稳定增长的态势。从1999—2015年的土地税收比重平均值来看，东部区域土地税收比重高于中部区域和西部区域，中部区域和西部区域平均值较为接近，分别为11.50%和10.76%。具体来说，东部区域土地税收比重总体上高于中部和西部区域，但差距逐渐变小，2015年中部区域和西部区域的土地税收比重均已超过东部区域。同时，中部区域的土地税收比重年均增长率达到7.21%，高于东部区域的5.74%和西部区域的6.94%，说明中部区域土地税收比重增长速度更快，而东部区域的土地税收比重增长速度最慢，这也导致了三大区域土地税收比重差距的缩小。

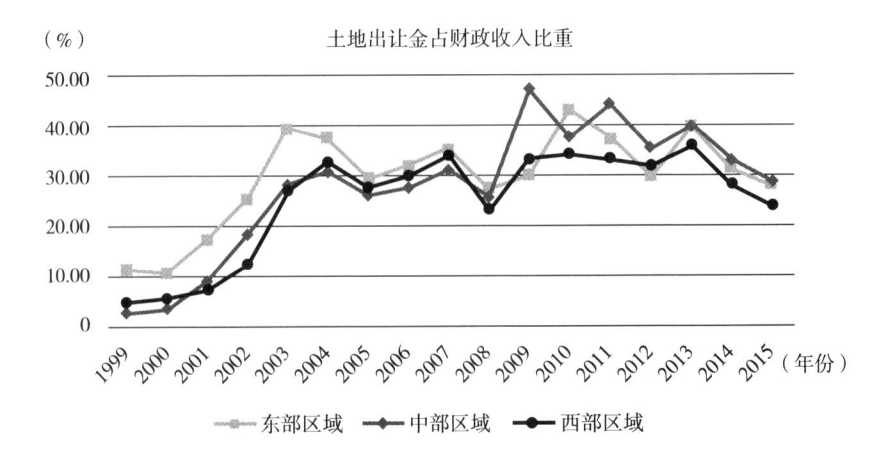

土地出让金占财政收入比重

（%）　　　　　　　　土地税收占财政收入比重

图 3-5　三大区域土地出让金和土地税收分别占财政收入比重

从土地出让金收入占地方财政收入的比重来看，东中西区域的变化趋势仍然和全国保持一致，都处于快速增长的态势。但东部区域的土地出让金比重总体上高于中部区域和西部区域，并且在较早时间就进入了高比重阶段，一般来说，中西部区域所达到的比重，东部区域在 2—3 年前就达到了。这和三个区域的经济发展水平相关，表明经济发达区域较早地发现了土地价值，并进入了经营土地的阶段，而中部和西部区域的发展相对滞后。但随着中部区域和西部区域土地出让金收入的高速发展，区域之间的差距逐渐缩小，2009 年后中部区域的土地出让金比重已逐渐超过东部区域。

表 3-4　　　　　　三大区域土地财政占财政收入比重　　　　单位：%

年份	土地税收比重			土地出让金比重		
	东部区域	中部区域	西部区域	东部区域	中部区域	西部区域
1999	7.14	6.17	6.23	11.37	2.76	4.89
2000	7.40	6.13	6.68	10.79	3.67	5.65
2001	6.61	5.86	6.30	17.26	8.86	7.54
2002	8.57	6.68	6.98	25.34	18.22	12.38
2003	10.01	7.48	7.67	39.13	28.08	27.14
2004	11.42	8.45	8.34	37.41	30.66	32.56
2005	11.62	8.96	8.97	29.28	25.80	27.31
2006	11.65	9.03	9.13	31.73	27.42	29.90

续表

年份	土地税收比重			土地出让金比重		
	东部区域	中部区域	西部区域	东部区域	中部区域	西部区域
2007	12.86	9.97	9.17	35.01	30.87	34.16
2008	13.64	11.77	10.72	27.45	25.65	23.13
2009	16.00	13.48	11.90	29.91	47.04	33.18
2010	17.16	15.94	12.77	42.84	37.52	34.14
2011	16.85	15.30	12.55	37.13	44.22	33.24
2012	17.50	16.12	14.47	29.82	35.43	31.82
2013	18.44	17.81	15.85	39.48	39.66	35.86
2014	18.53	18.28	17.43	31.61	32.91	28.07
2015	16.22	18.08	17.79	28.12	28.48	23.76
均值	13.04	11.50	10.76	29.63	27.49	24.99
年均增长率	5.74	7.21	6.94	9.17	22.02	14.97

从土地税收收入规模来看，三个区域的土地税收收入均呈持续稳定增长态势，年均增长率都在26%左右。但是，就土地税收规模来看，东部区域的土地税收收入要远远高于中部和西部区域，1999年东部区域土地税收收入为237.28亿元，占当年全国土地税收收入的62.74%，分别是中部区域和西部区域的2.78倍和3.54倍；2015年东部区域土地税收收入7879.95亿元，分别是中部区域和西部区域的2.53倍和2.57倍，占当年全国土地税收收入的56.08%。从1999—2015年土地税收收入的平均值来看，东部区域达3073.17亿元，远远高于中部区域和西部区域，中部区域和西部区域之间的土地税收收入差距不大，分别为976.59亿元和887.67亿元。

从土地出让收入规模来看，东部区域土地出让收入规模远远高于中部和西部区域，1999年东部区域土地出让金收入就有426.01亿元，分别是中部区域和西部区域的12.04倍和8.05倍，占当年全国土地出让金收入的82.83%；2015年东部区域土地出让金收入则达到19007.54亿元，分别是中部区域和西部区域的2.78倍和3.54倍，占当年全国土地出让金收入的60.88%。从1999—2015年土地出让收入的平均值来看，东部区域达9842.45亿元，远远高于中部区域和西部区域，而中部区域和西部区域之间的土地出让收入差距并不大，分别为 3218.24 亿元和 2659.84 亿元。但中部区域土地出让金收入规模的年均增长率（49.06%）远高于东部区域（34.66%）和西部区域（42.26%）。

表 3-5　　　　　　　　三大区域土地财政收入构成　　　　　　　单位：亿元

年份	土地税收规模			土地出让金规模		
	东部区域	中部区域	西部区域	东部区域	中部区域	西部区域
1999	237.28	76.80	64.12	426.01	35.38	52.95
2000	291.98	81.59	75.30	477.32	50.73	67.53
2001	330.67	87.75	81.92	1044.39	145.47	106.04
2002	467.71	108.66	99.79	1852.26	362.39	202.13
2003	636.16	137.94	126.53	4086.62	720.17	614.52
2004	852.05	190.43	165.29	4458.40	995.90	957.18
2005	1119.46	249.95	221.17	3987.63	969.94	926.26
2006	1359.20	323.32	279.40	5419.70	1353.21	1304.73
2007	1946.66	434.07	374.63	8153.33	1943.44	2119.95
2008	2467.30	636.02	553.26	6842.89	1864.72	1552.19
2009	3260.43	831.23	720.67	12583.54	2346.47	2249.50
2010	4292.88	1231.75	1005.26	18742.06	4641.07	4081.30
2011	5288.21	1582.26	1357.95	18538.54	8199.62	5387.92
2012	6261.48	2019.44	1847.08	15208.32	6876.55	5957.41
2013	7395.73	2577.36	2289.17	26155.76	9511.83	8077.71
2014	8156.66	2924.25	2766.31	20337.29	7846.14	6193.94
2015	7879.95	3109.13	3062.55	19007.54	6847.08	5366.02
均值	3073.17	976.59	887.67	9842.45	3218.24	2659.84
年均增长率	25.05	26.65	27.73	34.66	49.06	42.26

进一步分析土地财政收入规模中的构成比例，可以发现三个区域土地出让金收入远远大于土地税收收入，两者之间的差距经历了先扩大后缩小的变化过程。从表 3-6 可以看出，在 1999 年和 2000 年，三大区域的土地出让金与土地税收规模差距并不是很大，东部区域土地出让金占土地财政

总规模的比重保持在60%左右，而中部区域和西部区域的土地税收收入超过了土地出让金收入。但2001年开始，三大区域土地出让金规模迅速增长，其占土地财政总规模的比重均达到70%以上。从1999—2015年土地出让金所占比重的平均值就可看出，东部区域为76.13%，中部区域为72.23%，西部区域为72.28%。虽然近两年各区域的土地出让金收入规模有所下降，但整体仍处于较高水平，各个区域仍存在地方政府严重依赖土地出让金的现象，且东部区域依赖性更为严重。

表3-6 三大区域土地财政收入结构对比 单位：%

年份	土地税收占土地财政比重			土地出让金占土地财政比重		
	东部区域	中部区域	西部区域	东部区域	中部区域	西部区域
1999	35.77	68.46	54.77	64.23	31.54	45.23
2000	37.95	61.67	52.72	62.05	38.34	47.28
2001	24.05	37.63	43.59	75.95	62.38	56.42
2002	20.16	23.07	33.05	79.84	76.93	66.95
2003	13.47	16.07	17.07	86.53	83.92	82.93
2004	16.04	16.05	14.73	83.96	83.95	85.28
2005	21.92	20.49	19.28	78.08	79.51	80.72
2006	20.05	19.28	17.64	79.95	80.71	82.36
2007	19.27	18.26	15.02	80.73	81.74	84.98
2008	26.50	25.43	26.28	73.50	74.57	73.72
2009	20.58	26.16	24.26	79.42	73.84	75.74
2010	18.64	20.97	19.76	81.36	79.03	80.24
2011	22.19	16.18	20.13	77.81	83.82	79.87
2012	29.16	22.70	23.67	70.84	77.30	76.33
2013	22.04	21.32	22.08	77.96	78.68	77.92
2014	28.63	27.15	30.87	71.37	72.85	69.13
2015	29.31	31.23	36.34	70.69	68.77	63.66
均值	23.87	27.77	27.72	76.13	72.23	72.28

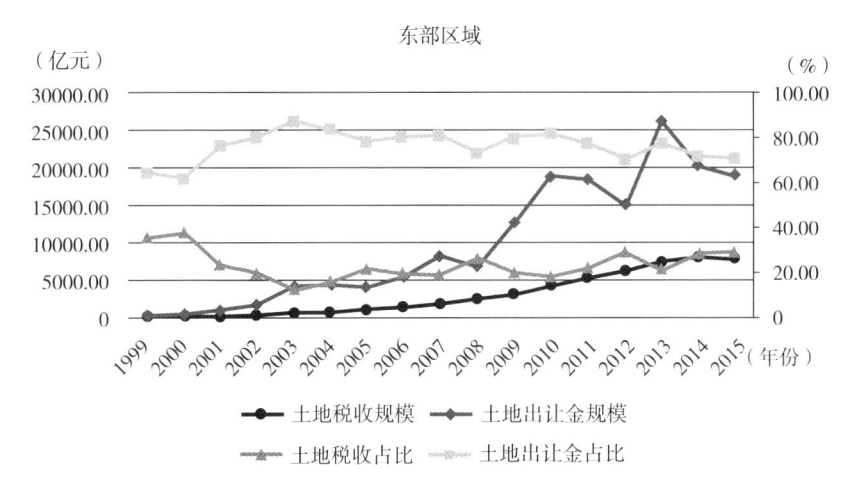

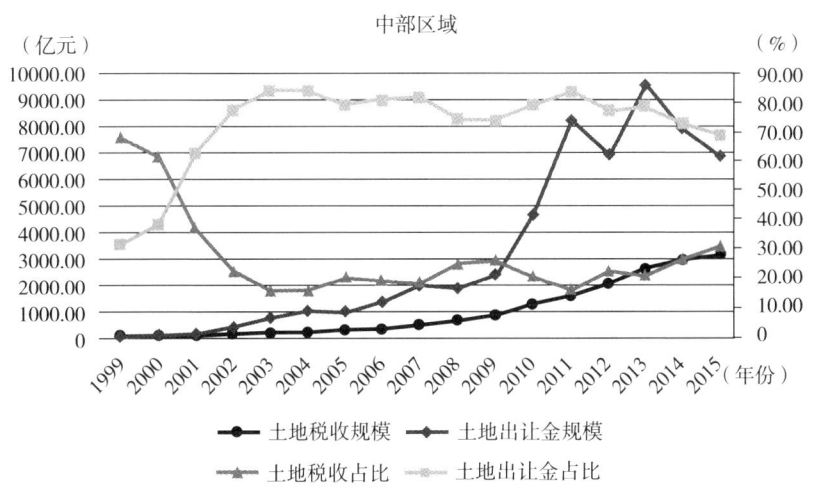

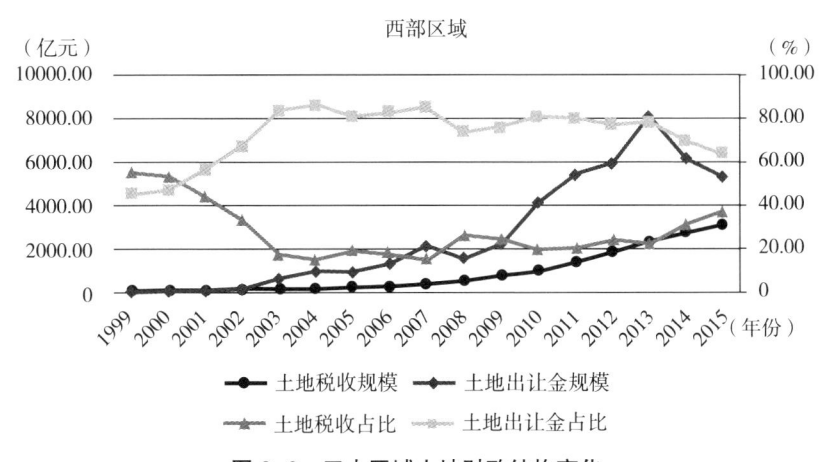

图 3-6 三大区域土地财政结构变化

（二）省级层面

从省级层面来分析土地财政规模存在的差异，发现省级地区之间的土地财政规模差异较大（见表3-7）。1999—2015年土地财政规模平均水平排在前5位的都是沿海经济发达地区，其中江苏平均水平最高，为2710.74亿元，其次是浙江1776.89亿元，两个地区的土地财政规模平均水平远远高于其他地区。而排在后5位的地区都是西部区域，西藏土地财政规模平均水平最低，仅有5.22亿元，青海也只有30.02亿元，其他三个地区的土地财政平均规模也全部低于200亿元。可见，我国东部经济发达地区和西部落后地区在土地财政收入规模上存在明显的差异。

表3-7　部分省级地区土地财政规模比较　　单位：亿元

年份	江苏	浙江	山东	广东	辽宁	新疆	甘肃	宁夏	青海	西藏
1999	66.18	53.65	38.57	193.36	40.53	5.71	5.28	1.97	0.94	0.09
2000	114.27	143.69	55.13	123.69	50.06	8.42	5.26	3.77	1.58	0.06
2001	249.76	280.85	72.37	214.86	103.23	11.84	6.43	2.60	2.01	0.06
2002	510.16	522.23	226.48	229.82	144.04	16.92	11.57	4.08	3.68	0.60
2003	1043.49	1260.26	474.04	331.99	229.90	33.66	17.65	18.64	3.09	0.73
2004	794.83	986.98	558.24	382.63	334.12	39.82	22.84	23.09	3.72	1.21
2005	1169.95	940.58	658.39	536.68	353.05	35.01	27.22	17.43	5.29	4.66
2006	1410.70	1171.34	904.59	835.13	489.85	52.13	58.31	25.47	4.57	6.01
2007	1837.94	1905.36	1124.09	1442.55	876.44	81.68	50.13	57.43	4.07	3.85
2008	1744.42	1329.77	1211.78	1075.56	849.18	86.01	69.23	40.81	7.69	8.10
2009	3185.62	2917.79	2043.41	1847.22	1256.19	99.05	80.15	76.26	52.22	1.60
2010	4572.55	4158.22	3087.70	2041.57	2397.62	187.81	159.20	107.51	53.31	6.92
2011	5460.61	1844.88	3209.11	2203.30	3810.56	204.63	320.87	150.87	66.94	7.87
2012	4907.18	1902.00	3401.74	2552.19	2695.10	323.80	169.37	127.19	54.64	6.97
2013	7319.48	4861.13	4507.67	4452.87	2955.35	454.87	294.12	215.64	86.10	9.13
2014	5745.32	3148.50	3930.92	4428.63	1996.79	371.41	261.38	141.92	97.63	18.21
2015	5950.07	2779.91	3229.38	4454.19	1039.33	353.24	314.16	141.00	62.87	12.65
均值	2710.74	1776.89	1690.21	1608.60	1154.20	139.18	110.19	67.98	30.02	5.22

注：表3-7只列出了1999—2015年平均水平排在前5位和后5位的省级地区。

从土地税收收入占地方财政一般预算收入的比重来看（见表3-8），排在前5位的省级地区都来自东部，分别是辽宁、海南、山东、浙江和福建。其中，辽宁的平均比重最高，达到了17.30%，这也是唯一超过17%的省份。而且2009年以后，辽宁土地税收收入比重就超过了20%，并保持着连续增长。海南、山东、浙江和福建四个省份1999—2015年土地税收比重平均值都处于13%—17%的水平，属于相对较高的地区。与此同时，排在后5位的地区中，只有山西属于中部地区，其他四个地区都来自西部。山西1999—2015年土地税收比重的平均值只有5.94%，仅大于西藏的0.82%，小于西部区域的青海、甘肃和新疆等地区。而普遍来说，西部区域土地税收比重都要小于东部和中部的省份。

表3-8　　　　部分省级地区土地税收占财政收入比重　　　　单位：%

年份	辽宁	海南	山东	浙江	福建	新疆	甘肃	青海	山西	西藏
1999	8.48	8.24	6.45	6.74	7.55	5.58	6.17	5.86	6.44	0.87
2000	9.76	10.61	6.96	7.56	7.89	6.22	6.40	5.25	6.39	0.19
2001	8.65	9.55	6.05	7.52	7.28	5.45	6.12	4.69	5.79	0.16
2002	10.06	9.45	7.89	10.58	8.91	5.40	6.18	5.21	6.05	0.41
2003	10.81	9.02	10.34	12.68	9.78	6.63	6.00	5.41	5.12	0.25
2004	11.45	11.08	13.21	13.98	11.38	7.04	7.18	5.48	4.37	0.20
2005	12.31	11.33	14.89	12.58	11.12	7.52	6.69	5.62	4.23	0.33
2006	13.67	13.60	14.93	12.41	11.82	7.54	6.68	4.78	3.15	0.14
2007	15.54	14.73	16.51	13.69	13.88	7.13	6.77	4.29	3.82	0.45
2008	16.86	17.06	17.67	15.30	16.01	6.77	6.72	6.12	5.69	1.17
2009	22.67	19.15	20.69	17.34	16.15	10.36	6.46	6.02	5.93	1.36
2010	23.99	20.52	19.76	19.87	18.77	9.84	6.71	5.24	5.62	0.68
2011	25.75	23.26	18.46	19.62	19.21	9.17	8.09	5.00	6.18	2.19
2012	29.60	29.23	19.77	18.58	17.17	9.91	8.40	5.94	5.96	1.24
2013	29.44	26.34	22.31	19.38	20.75	11.54	9.28	7.24	8.10	1.24
2014	27.42	28.73	23.35	19.78	20.06	12.17	10.20	9.71	9.49	1.26
2015	17.58	26.61	22.63	17.23	17.66	12.37	10.19	10.69	8.67	1.87
均值	17.30	16.97	15.40	14.40	13.85	8.27	7.31	6.03	5.94	0.82

注：表3-8只列出了1999—2015年平均水平排在前5位和后5位的省级地区。

从土地出让金收入占地方财政收入的比重来看（见表3-9），东部区域的浙江该比重最高，1999—2015年平均值达到了40.43%。其次是江苏和安徽，两个地区的平均值都在38%左右。排在第4位、第5位的四川、重庆来自西部区域，平均比重在33%左右，也处于较高水平。在排名后5位的地区中，西藏、青海、新疆和内蒙古均来自西部区域，山西来自中部区域。平均值水平最低的为西藏，仅为11.06%，其余省份之间的平均值水平相差不大，均在13%—15%。

表3-9　　部分省级地区土地出让金占财政收入比重　　单位：%

年份	浙江	江苏	安徽	四川	重庆	内蒙古	山西	新疆	青海	西藏
1999	13.13	11.41	3.45	7.61	9.52	1.56	1.27	2.37	0.77	1.08
2000	25.57	15.43	5.51	18.84	3.87	2.39	2.47	4.24	4.11	0.92
2001	32.69	27.41	12.20	10.71	8.62	4.64	3.87	6.55	5.17	0.81
2002	44.92	41.39	25.23	18.56	19.46	8.12	15.19	8.36	10.90	7.24
2003	62.36	54.59	44.23	43.24	35.64	8.70	19.81	16.40	6.93	8.01
2004	52.03	40.76	45.62	48.32	43.47	12.12	15.73	15.64	7.66	10.62
2005	43.05	43.23	39.45	45.11	38.56	15.69	11.74	10.63	9.11	27.75
2006	43.76	41.95	42.29	43.64	43.38	14.34	9.08	13.95	5.69	29.15
2007	50.45	40.17	47.63	49.80	44.78	24.89	15.17	17.66	2.81	15.75
2008	34.84	32.56	38.71	31.09	28.82	15.88	14.85	14.57	4.42	23.89
2009	54.31	44.81	41.58	37.47	37.23	19.64	17.40	13.13	34.85	3.80
2010	58.25	48.37	48.74	41.70	43.50	31.32	21.52	21.68	30.13	15.40
2011	28.02	47.09	67.46	35.77	39.22	31.04	23.09	16.13	28.11	10.86
2012	26.84	39.89	53.10	36.00	41.07	26.33	22.03	20.45	18.94	6.38
2013	52.07	48.21	52.19	41.75	50.43	23.96	27.20	22.34	23.79	7.72
2014	36.14	37.99	44.98	33.68	40.92	16.68	19.55	14.38	22.53	11.82
2015	28.86	36.69	38.18	28.17	39.99	10.08	14.27	12.41	11.38	6.85
均值	40.43	38.35	38.27	33.62	33.44	15.73	14.96	13.58	13.37	11.06

注：表3-9只列出了1999—2015年平均水平排在前5位和后5位的省级地区。

从31个省级地区的土地财政结构差异来看，各省级地区1999—2015年土地出让金收入占土地财政总规模比重的平均水平都在50%以上，表明各个省级地区土地出让金对土地财政规模都具有重要的贡献。而且有趣的现象是，尽管西藏的土地出让金收入1999—2015年的平均水平只有5.22亿元，但其在土地财政收入总规模中所占的比重位列31个省级地区之首，其平均值达到了88.23%。进一步分析排名前5的省级地区，可以发现除了江苏和浙江是沿海经济发达地区，其土地出让金收入规模本身就比较大之外，重庆和河北的土地财政规模并不高，但其土地出让金的贡献作用同样明显。从这一结果来看，无论是土地财政规模高的地区，还是土地财政规模低的地区，其土地出让金的贡献都远远大于土地税收收入的贡献，说明土地财政收入结构失衡严重。

表3-10　　　部分省级地区土地出让金占土地财政总规模比重　　　单位：%

年份	西藏	江苏	浙江	重庆	河北	新疆	海南	青海	黑龙江	内蒙古
1999	55.30	66.80	69.17	65.03	57.35	30.29	49.47	11.65	19.71	16.61
2000	82.46	71.58	81.95	64.48	58.77	41.57	4.58	45.00	25.47	21.43
2001	80.00	86.51	86.60	61.69	80.35	56.23	64.41	53.84	26.24	36.34
2002	95.26	89.10	88.52	79.26	87.64	62.83	61.79	70.06	47.23	48.57
2003	97.13	91.93	92.89	88.47	87.83	74.76	61.87	57.99	66.82	45.51
2004	98.60	84.86	88.58	89.26	87.87	72.48	58.38	60.24	66.51	56.85
2005	99.23	86.10	85.73	85.19	82.99	61.27	78.75	64.11	62.85	67.16
2006	99.66	84.86	86.25	86.80	84.37	68.25	66.46	55.77	62.24	61.49
2007	97.67	81.74	88.14	86.39	85.19	75.04	77.71	40.30	72.08	77.67
2008	96.42	75.59	77.75	77.65	78.40	71.60	83.23	43.06	63.26	60.16
2009	74.27	82.31	87.27	82.47	82.41	59.34	79.46	89.88	71.08	64.21
2010	96.39	83.58	87.54	83.27	85.04	73.77	78.46	89.16	77.11	77.33
2011	84.76	83.92	66.49	80.80	82.11	67.71	69.03	88.66	78.32	77.86
2012	84.64	79.25	66.38	81.19	79.09	72.17	63.72	79.74	67.27	70.71
2013	87.08	83.54	84.86	84.93	82.45	71.38	65.99	81.18	70.60	63.89
2014	91.43	77.12	74.10	78.38	71.86	58.00	50.29	74.97	68.99	46.57
2015	79.68	78.19	70.18	76.09	72.37	53.40	56.20	54.59	50.03	30.79
均值	88.23	81.59	81.32	79.49	79.18	62.95	62.93	62.36	58.58	54.30

注：表3-10只列出了1999—2015年平均水平排在前5位和后5位的省级地区。

(三)地市级层面

由于地市级数据较多,本书采用聚类方法来反映地市级地方政府土地财政收入的特点。主要选取三个指标:一是土地出让金规模,主要是考虑到土地出让金是土地财政的主要来源以及数据的可获性;二是土地财政依赖度,采用以下计算公式:土地出让金收入/(地方预算内财政收入+土地出让金收入)×100;三是土地财政贡献度,主要反映土地财政对地方财政收支缺口的贡献大小和地方政府的财政收支状况,具体计算公式如下:土地出让金收入/地方财政收支差额×100[①]。

借助SPSS19.0统计分析软件,对287个地级市的土地出让金总规模、土地财政依赖度、土地财政贡献率三项指标的样本数据进行系统分类。由于需要进行聚类的数据量很大,而且不止一个指标,故选择在实际应用中分类效果较好、应用也比较广泛的离差平方和法(Ward's Method),并采用欧氏距离计算类与类之间的距离。将所有的样本看成一类,然后每次缩小一类,离差平方和随之增大,此时就要选择使S增加最小的两类进行合并,直到所有的样本归为一类为止。可以简单地理解为两个地级市的土地财政状况越接近,这两个地级市就越可能先聚合成为同一类。最终将地级市划分为六类(见表3-11,限于篇幅,详细聚类城市名单见附表),并根据各个区域的指标特征,分别定义为:土地财政繁荣区、土地财政次繁荣区、土地财政发展区、土地财政萌芽区、土地财政潜力区和非典型土地财政区。

表3-11 聚类分析结果

类别	城市数量(个)	代表城市
区域Ⅰ	2	北京、南宁
区域Ⅱ	7	天津、上海、苏州、杭州、重庆、成都、银川
区域Ⅲ	21	石家庄、唐山、廊坊、淮安、镇江、泰州、宿迁、哈尔滨、湖州、泉州、烟台、济宁、威海、临沂、珠海、东莞、芜湖、南昌、贵阳、鞍山、营口

[①] 由于只有很少一部分地方政府是财政盈余,绝大多数地方政府都存在财政赤字状况,即财政支出大于财政收入。因此,为了计算和表示的方便,这里的财政收支差额用财政支出减去财政收入的差来表示。即地方财政收支差额=地方预算内财政支出-地方预算内财政收入。

续表

类别	城市数量（个）	代表城市
区域Ⅳ	226	秦皇岛、惠州、乐山等城市
区域Ⅴ	10	南京、无锡、常州、南通、宁波、青岛、广州、武汉、沈阳、大连
区域Ⅵ	21	深圳、徐州、盐城、扬州、温州、嘉兴、绍兴、金华、台州、福州、厦门、济南、潍坊、佛山、合肥、郑州、长沙、昆明、西安、长春、通化

表3-12　　　　　各区域土地财政指标情况　　　　　单位：亿元、%

类别	土地出让金规模	土地财政依赖度	土地财政贡献率
区域Ⅰ	783.34	47.70	829.64
区域Ⅱ	435.00	44.08	455.46
区域Ⅲ	79.35	53.29	406.10
区域Ⅳ	18.92	51.11	145.81
区域Ⅴ	239.68	46.43	804.46
区域Ⅵ	139.05	50.20	774.66

注：土地出让金规模为同类城市1999—2014年的均值。

1. 区域Ⅰ：土地财政繁荣区

该区域土地财政的明显特征是"双高"，土地出让金收入规模和土地财政贡献率最高。一方面，该区域1999—2014年的土地出让金平均规模达到783.34亿元，远远大于其他区域平均水平，比土地出让金规模次高的区域Ⅱ的435.00亿元高出了80%。另一方面，土地出让金对当地政府的财政缺口的弥补能力最强，达到了829.64%，可见土地财政收入是当地改善财政收支的重要手段，而且还存在巨大的财政盈余，这显著提升了政府财政收支能力。但该区域土地财政依赖度处于一般的水平，只有47.70%，说明土地出让金规模与地方财政收入的比重保持在一个较为稳定的状态，或者说土地出让金和地方财政收入的增长速率相当。这样的"双高"特征，说明该区域城市土地财政处于较高的水平，一直是地方财政的重要来源，是解决地方财政收支问题的重要手段。因此，我们将该区域定义为土地财政繁荣区，具体包括南宁和北京两个地方。从这一点来看，并不是只有东部经济发达地区的土地财政规模较大，西部地区也有土地财政规模较大的城市，说明无论城市本身财政状况如何，其追逐土地财政的偏好都较为强烈。

2. 区域Ⅱ：土地财政次繁荣区

该区域一共7个城市，包括东部的天津市、上海市、苏州市和杭州市，以及西部的重庆市、成都市和银川市。除了银川，基本都是国内排名靠前的重要城市，属于东部沿海地区和西部地区的经济发展中心。主要特征是土地财政规模较高，区域土地出让金收入规模位列第二，土地财政的贡献率一般，土地财政依赖度最小。说明该区域虽然土地财政规模较高，但地方财政收入水平较高，对土地财政依赖度反而较低。而土地财政贡献率一般，说明该区域地方财政收支缺口较大。综合来看，这些地方经济发展水平整体较高，地方财政收入和土地财政收入规模都较高，所以看起来地方财政对土地财政的依赖度不高。但该区域经济发展迅速，工业进程快，处于城市化的中期阶段，大量的城市建设、公共物品供给等都需要政府提供财政支持，对地方财政支出的需求数量和质量也更高，从而带来了较大的地方财政支出压力，在这样的背景下，该区域未来依靠土地财政的概率仍然较高。比如对于银川来说，其近年来土地出让金收入频频超过许多二线城市，早在2010年，银川的土地出让金相比之前就大涨了近10倍，成为西部城市中的一匹"黑马"。综上所述，我们将该区域定义为土地财政次繁荣区。

3. 区域Ⅲ：土地财政发展区

该区域一共有21个城市，基本属于东部地区的经济发展落后地区以及一些中西部省份的省会城市，整体经济发展水平处于中等水平，但经济发展增速较快。该区域的特征是土地财政收入规模小，土地财政贡献率一般，但是土地财政依赖度最高。该区域土地财政规模仅为79.35亿元，仅比区域Ⅳ的土地财政规模高，远远低于其他区域的平均水平。但土地财政依赖度达到了53.29%，位列六个区域之首。说明该区域地方财政收入规模不大，缺乏稳定的财政收入来源。这些城市虽然经济发展水平一般，但未来发展潜力巨大，也处于城市建设需求日益增强的阶段，未来需要的资本、劳动力、基础设施、公共服务等投入会越来越大，这将进一步加剧地方财政收支压力，导致地方财政更加依赖土地财政。而且该区域土地财政的贡献度也超过了400%，在缺乏持续的地方财政收入的情况下，未来土地财政将成为这些地方解决财政收支缺口问题的重要手段。因此，我们将该区域定义为土地财政发展区，意味着如果继续沿用当前的经济发展模式，这些城市会更加依赖土地财政，土地财政的重要作用将越来越不可替代。

4. 区域Ⅳ：土地财政萌芽区

该类型城市数量最多，共有226个，以中西部的欠发达城市为主，也包括一些东部沿海地区的经济发展较慢的城市，整体城市规模较小，大都处于城市化发展初期阶段。该区域的显著特征是土地财政收入规模最小，仅有18.92亿元，土地财政贡献率最低，只有145.81%，但是土地财政依赖度很高，达到了51.11%。由于该区域城市经济发展和城市化水平普遍处于中等偏下的水平，土地市场尚处于发展阶段，土地价格相比一、二线城市差距较大，因而土地财政收入规模较少。同时，这些城市普遍存在财政缺口，加上土地财政收入很少，因此对财政缺口的弥补能力十分有限。但值得警惕的是，尽管当前土地财政规模较小，地方财政的依赖度处于较高的水平，说明这些地方受限于经济发展水平，财政收入来源也不多。长此以往，这些城市可能会重复其他地区的土地财政发展模式，未来更加依靠土地财政来推动城市建设和经济发展，从而使得地方政府更加离不开土地资源，更加离不开土地财政。综上所述，我们将该区域定义为土地财政萌芽区，即当前土地财政规模虽然较小，但地方已经表现出了较为明显的土地财政依赖，未来追逐土地财政的动机将加大，从而更进一步进入土地财政发展区，导致未来发展过度依赖土地财政的潜在风险加大。

5. 区域Ⅴ：土地财政潜力区

该区域一共包括10个城市，除了武汉，其他城市全部位于东部，包括南京、广州、无锡等发达地区。该区域特征是土地财政收入规模处于一般水平，土地财政贡献率很高，达到了804.46%，但是土地财政依赖度较低，为46.43%，位列倒数第二。这些城市整体经济发展水平较好，但土地财政规模却一般，主要原因在于这些城市本身具有较好的财政情况，具有稳定且多元的财政收入来源，财政收支缺口很小。这是一种较为理想的财政收支状况，而且这些城市都正处于高速发展的阶段，在未来极有可能成为中国新的重要的经济中心或者区域发展的重要支撑极，存在对土地开发利用的持续稳定需求。因此，尽管这些地方财政收支状况处于较好的状态，但依然需要警惕土地财政的过高贡献率带来的负面激励。特别是随着经济发展不断增加的建设资金需求，可能会刺激地方追逐土地财政。而且当地经济条件本身较好，具备获取较高土地财政的条件。综上所述，我们将其定义为土地财政潜力区。

6. 区域Ⅵ：非典型土地财政区

该区域一共包括21个城市，包括东部的深圳、扬州、温州、嘉兴等；中部的合肥、长沙、郑州等；西部的昆明、西安等以及东北的长春等地。这些城市都具有自己的发展特色和城市发展定位。以深圳为例，据深圳土地交易中心公布的数据显示，2014年深圳共成功出让45宗土地，土地出让金达552亿元，同时期的地方一般性财政收入达2082亿元，照此计算，深圳土地财政依赖度只有20.96%，远低于同时期的北上广的土地财政依赖度。尽管北上广深都是中国最发达的城市，但是他们在土地财政方面却表现得各有差异。这个区域的城市第三产业发达，产业用地需求量较少，相对来说出让的土地数量较少。加上这些城市大多地处东部沿海，多丘陵，平原较少，可供开发并用于城市建设用地的资源本来相对较少。上述原因能够较好地解释该区域的特征，即土地财政规模一般，依赖度较大，超过了50%，贡献率较高，达到了774.66%。说明这些城市财政收支缺口不大，所以尽管这些地方的土地财政依赖度和贡献率都较高，但土地财政规模却不大。与传统的高土地出让金、高财政依赖度、高土地财政贡献率的情况存在较大差异，属于非典型土地财政区。

三 地方政府土地财政收入偏好分析

（一）地方政府土地财政收入规模偏好

1994年分税制改革之后，地方政府的财权不断减少但是事权却不减反增，1994—2015年地方财政收入占比平均仅为48.8%，而地方财政支出占比则高达75.7%，之后地方财政支出占比一直保持在85%以上，由此可见地方政府财权与事权呈现出严重不匹配的状态。为了解决地方政府财权与事权不匹配导致的巨额财政缺口问题，中央政府决定将土地出让金收入留给地方政府，并由其自由支配，除此之外还将与土地相关的城镇土地使用税、土地增值税、耕地占用税、契税和房产税等土地税收划归给地方政府。由此，自1999年以来，地方政府土地财政收入规模不断扩大，1999—2015年的平均水平达到20657.99亿元，尽管近年来受土地资源禀赋和国家调控政策影响，呈现略微下降趋势，但整体仍保持较大规模。土地财政收入是地方财政收入的重要组成部分，其中土地税收占地方财政收入（这里的地方财政收入指地方财政一般预算收入）的平均比重达到12.32%，且还在持续上涨，土地出让金占地方财政收入（由于土地出让金是预算外的收入，故这里的地方财政收入＝地方财政一般预算收入＋土地出让金）的平均比重接近30%。可以看出，地方政府对土地财政规模有持续性强烈偏好，期望以土地财政收入规模的扩大来带动地方财政收入的增加。

（二）地方政府土地财政收入结构偏好

根据上述分析，地方政府土地财政结构中，土地出让金收入占绝大部分，占土地财政收入的比重基本保持在75%左右，而土地税收收入所占比重很小，占土地财政收入的比重基本保持在25%左右。且土地税收收入属于地方财政预算收入，受到严格监督和管控，而土地出让金收入来自地方财政预算之外，监管相对松散。可以看出，地方政府在土地财政结构中，对土地出让金收入具有持续性强烈偏好，而对土地税收收入的偏好相对较弱。

（三）地方政府土地财政收入偏好的区域差异

从三大区域层面来看，东部区域土地财政收入总规模、土地税收规模及其占比、土地出让金规模及其占比的平均水平均显著高于中部和西部区域，可以看出，不管是对土地财政收入规模的偏好还是对土地财政结构的偏好，东部经济发达地区对土地财政收入和土地出让金收入的依赖现象相比中部、西部地区更加严重。但中部和西部区域土地出让金收入规模的年均增长率（分别为49.06%和42.26%）均高于东部区域（34.66%），说明随着中部区域和西部区域土地出让金收入的高速发展，区域之间的差距将逐渐缩小。从省级层面来看，尽管中、西部地区的重庆、安徽和四川土地出让金占地方财政收入的比重也较高，但整体上经济发达地区土地财政收入对地方财政收入的贡献作用更加明显，这也表明了地方政府对土地财政收入和土地出让金收入偏好程度的高低呈现由东向西逐步递减的规律。从地市级层面来看，地方政府对土地财政收入的偏好程度与当地经济发展水平具有较强的联系，东部沿海经济发达地区和西部地区经济发展中心的土地财政收入和土地出让金收入规模均较高，对其偏好程度最强；其次是东部地区的经济发展落后地区以及一些中西部省份的省会城市，整体经济发展水平处于中等水平，对土地财政的依赖度较强，属于土地财政发展阶段；再次是中西部的欠发达城市，也包括一些东部沿海地区的经济发展较慢的城市，整体城市规模较小，大都处于城市化发展初期阶段，虽然土地财政收入规模较小，但依赖度高，未来对土地财政收入的偏好将增强，处于土地财政萌芽阶段。

第二节　地方政府土地财政支出偏好

一　地方政府土地财政支出结构

土地财政收入结构中，土地税收属于地方财政一般预算收入，纳入地方财政一般预算支出，受到较为严格的监管。而土地出让金的支出则有相关规定，如《中华人民共和国城镇国有土地使用权出让和转让暂行条例》提出，政府出让土地使用权所获得土地出让金应主要用于城市建设和土地开发。《中华人民共和国城市房地产管理法》则进一步明确土地收益用于城市基础设施建设和土地开发。2006年《国务院办公厅关于规范国有土地使用权出让收支管理的通知》明确土地出让金收入应重点向新农村建设倾斜。2011年《关于加快水利改革发展的决定》中将农田水利建设纳入土地出让收益的支出范围。

目前，土地出让金的支出范围主要是征地与拆迁补偿、前期土地开发支出、城市基础设施建设支出、农村基础设施建设支出、农业土地开发支出、行政办公费用等。从表3-13可以看出，征地和拆迁补偿占土地出让总支出比例最大，年均占比46.45%，整体呈上升趋势，从2009年到2015年增长了10.98%；前期土地开发和城市基础设施建设支出也是土地出让收入的主要支出部分，年均分别占比16.44%和16.76%，前期土地开发支出占土地出让收入的比重呈上升趋势，从2009年到2015年增长了 11.77%；城市基础设施支出占土地出让金收入的比重呈下降趋势，从 2009 年到 2015 年下降了 17.21%，其他各项占比较少。

表 3-13　　　　　　土地出让部分支出占土地出让支出明细　　　　　单位：%

年份	征地和拆迁补偿	前期土地开发	城市基础设施建设	农村基础设施建设	农业土地开发	其他
2009	40.44	10.73	27.10	3.51	0.87	17.34
2010	37.92	9.31	26.92	3.80	0.53	21.52
2011	45.34	16.61	16.78	2.29	0.56	18.41
2012	50.36	18.49	10.66	1.70	0.59	18.20
2013	53.23	21.00	9.24	1.26	0.50	14.77
2014	51.42	22.5	9.89	1.11	0.48	14.60
均值	46.45	16.44	16.77	2.28	0.59	17.47

注：由于大多年份的统计数据缺失，因此表 3-13 只统计了 2009 年到 2014 年的土地财政支出相关数据。

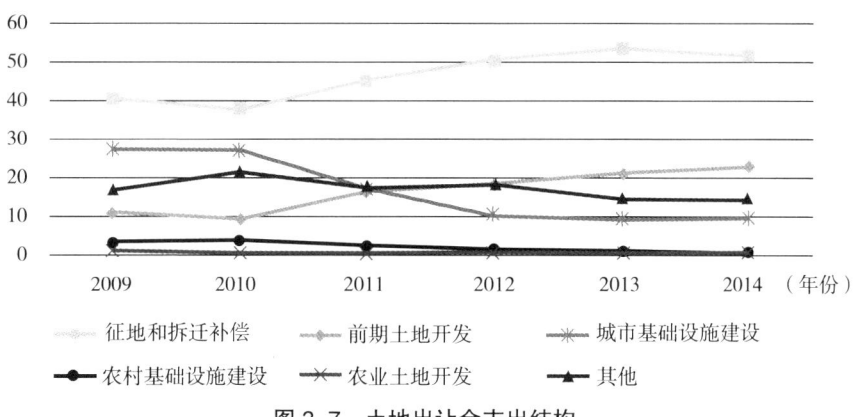

图 3-7　土地出让金支出结构

二　土地财政与地方财政支出关系

（一）全国及三大区域层面

由于土地财政收入并不是地方财政支出的构成，因此在分析两者间的关系时，可以借用比例的概念，但具体的含义是土地财政收入规模相当于地方财政支出的比重是多少，这时，该比例就可能大于 100%。本书将两者的比例关系分析出来，也意在说明土地财政规模对于地方财政支出的重要性，该比例越大，说明土地财政收入对地方财政支出的贡献作用也越大，具体计算结果见表3-14。

从土地财政收入相当于地方财政一般预算支出的比例来看，全国和东中西区域的变化趋势保持一致，土地财政收入相当于地方财政一般预算支出的比例整体呈现增长趋势，但是，自2003年之后，波动性加大，土地财政与地方财政一般预算支出的比例在35%上下波动。从三大区域土地财政收入相当于地方财政一般预算支出的比例来看，东部区域所占比例明显高于中、西部区域，但中部与西部地区之间并无明显的差距，比例关系较为接近。

表3-14　全国及三大区域土地财政收入相当于地方财政一般预算支出的比例　单位：%

年份	全国	东部区域	中部区域	西部区域
1999	9.93	14.62	4.90	5.40
2000	9.99	14.58	5.13	5.49
2001	13.68	21.14	7.27	5.49
2002	20.24	30.91	12.73	7.41
2003	36.69	53.82	20.88	17.06
2004	37.00	50.90	23.60	21.87
2005	29.71	40.00	19.89	18.35
2006	32.99	45.15	21.52	20.77
2007	39.05	53.97	24.32	25.33
2008	28.26	40.67	19.86	15.29
2009	36.03	57.34	20.07	16.89
2010	46.01	69.01	30.74	23.76
2011	43.52	57.89	40.45	24.62
2012	35.61	46.02	31.47	24.19
2013	46.77	63.82	38.25	29.15
2014	37.32	50.47	31.72	23.10
2015	30.11	39.58	25.55	19.41
均值	31.35	44.11	22.26	17.86

图 3-8　土地财政相当于地方财政一般预算支出的比例

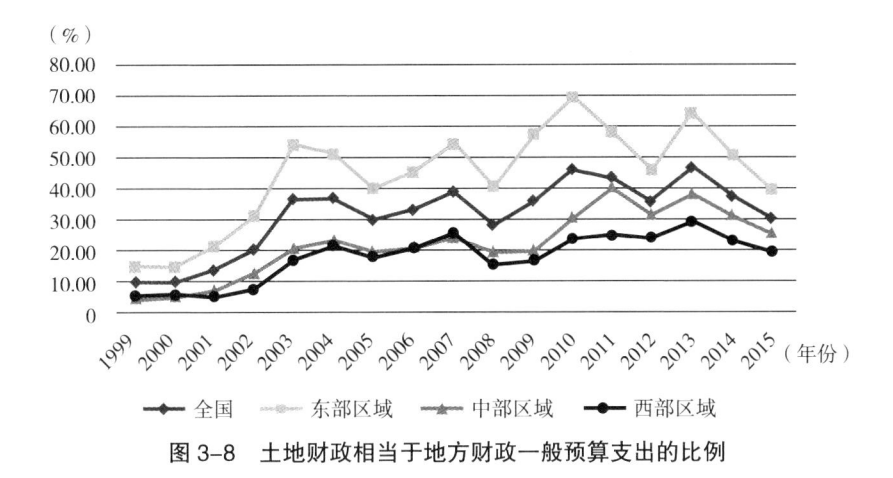

（二）省级层面

从省级层面计算土地财政收入相当于地方财政一般预算支出的比例，发现东部区域的浙江和江苏该比例最高，1999—2015年平均值分别达到了73.97%和65.02%，其中浙江该比重在2003年、2007年、2009年、2010年和2013年超过100%，最大值为140.53%。福建、天津和山东的平均水平则都处于40%—50%，而且整体波动性较大，比如天津2004年该比重超过了100%，但最低的时候只有8.74%（2000年）。这主要是由于天津土地财政收入在年度间存在较大的波动。

表 3-15　部分省级地区土地财政收入相当于地方财政一般预算支出的比例　单位：%

年份	浙江	江苏	福建	天津	山东	黑龙江	新疆	甘肃	青海	西藏
1999	15.59	13.66	10.15	13.22	7.01	4.53	3.43	3.57	1.69	0.17
2000	33.32	19.33	15.81	8.74	8.99	4.62	4.41	2.80	2.31	0.10
2001	47.02	34.23	16.95	11.40	9.60	3.96	4.50	2.73	1.98	0.06
2002	69.64	59.30	31.17	14.84	26.31	6.01	4.68	4.22	3.10	0.43
2003	140.53	99.60	43.42	72.73	46.90	10.24	9.13	5.88	2.53	0.50
2004	92.85	60.58	46.89	117.88	46.94	9.99	9.46	6.40	2.71	0.90
2005	74.32	69.91	48.61	35.57	44.90	8.74	6.75	6.34	3.12	2.51
2006	79.58	70.07	80.11	39.10	49.34	9.46	7.68	11.03	2.13	3.00
2007	105.46	71.97	88.83	64.45	49.70	11.13	10.27	7.42	1.44	1.40

续表

年份	浙江	江苏	福建	天津	山东	黑龙江	新疆	甘肃	青海	西藏
2008	60.21	53.72	32.20	54.39	44.80	10.09	8.12	7.15	2.12	2.13
2009	109.97	79.30	57.41	60.87	62.53	14.12	7.35	6.43	10.73	0.34
2010	129.63	93.05	79.91	72.45	74.49	20.51	11.05	10.84	7.17	1.26
2011	48.01	87.77	64.18	52.89	64.16	26.06	8.96	17.91	6.92	1.04
2012	45.70	69.83	51.32	34.53	57.61	16.45	11.90	8.22	4.71	0.77
2013	102.74	93.86	65.80	42.73	67.39	19.88	14.83	12.73	7.01	0.90
2014	61.02	67.81	47.15	38.76	54.77	20.70	11.19	10.28	7.25	1.54
2015	41.83	61.42	40.89	28.49	39.14	10.95	9.28	10.62	4.15	0.92
均值	73.97	65.02	48.28	44.88	44.39	12.20	8.41	7.92	4.18	1.06

注：表 3-15 只列出了 1999—2015 年平均水平排在前 5 位和后 5 位的省级地区。

另外，排名后 5 位的地区中，新疆、甘肃、青海和西藏都来自西部区域，黑龙江来自中部区域。1999—2015 年平均水平最低的是西藏，仅有 1.06%。而从总体上看，排名靠后的地区其土地财政收入对地方财政一般预算支出的贡献都较小。相对较高的黑龙江平均值也只有 12.20%，和新疆、甘肃和青海三个地区平均值水平相差不大。说明经济较为落后的西部地区土地财政收入对地方财政一般预算支出的贡献都较小，而且内部差异也不大。

三 地方政府土地财政支出偏好分析

根据上述分析，土地财政收入对地方财政支出具有重要的贡献，其中东部地区土地财政收入对地方财政支出贡献较大，中、西部地区土地财政收入相当于地方财政支出的比重小于东部地区，并且区域之间的差距有拉大的趋势。总体上呈现土地财政收入多的地区，财政支出也多的规律。可以看出，地方政府偏好于扩大土地财政收入，从而弥补地方财政支出缺口。

土地出让金支出结构中，征地和拆迁补偿、前期土地开发支出是地方政府获取增量可出让土地的必要成本性支出。除此之外，其余大部分土地财政收入则用于城市、农村的基础设施建设。虽然近年来征地成本上升，征地和拆迁补偿、前期土地开发支出比重不断增大，但其余部分土地出让金收入中，地方政府仍然偏好于对城市基础设施建设进行投资。可以看出，地方政府对城市基础设施建设投资支出具有持续性强烈偏好。

第三节 地方政府土地财政策略偏好

一 土地财政策略主要做法及基本特征

目前，地方政府常用的土地财政策略主要包括土地出让策略和土地引资策略。土地出让策略主要指的是地方政府利用其垄断土地一级供给市场的地位，不断出让土地，以获取高额土地出让金收入的行为。具体来说，出让地块的用地类型主要是商业用地和居住用地，因为这两种类型土地的出让价格较高，出让的方式主要以招拍挂为主。土地引资策略主要指的是地方政府为了吸引外来资本投资，而降低土地价格和减免土地税收，以牺牲土地价值为代价，来换取资本进入的行为。其目的主要是获取长期税收收入和促进地区经济发展。由于外来资本投资主要是以工业企业落地的形式完成，因此采取协议或者划拨的方式低价供应工业用地是压低土地价格的基本方式。因此，本书主要从土地出让类型和出让方式两个方面来分析土地财政策略，其中土地出让类型主要包括工业用地、商业用地和居住用地，土地出让方式主要包括划拨出让、协议出让和招拍挂出让。

土地出让策略方面，出让地块的用地类型主要是商业用地和居住用地，出让方式主要以招拍挂为主。从土地出让类型来看，2009—2016年商业用地和居住用地平均出让面积分别为43635.82公顷和105340.77公顷，占土地出让总面积的平均比重分别为7.63%和18.90%，共计占比超过1/4，处于较高水平，且与工业用地出让面积和占比的差距逐渐缩小。2009—2016年两类土地出让面积均呈现先增加后减小的变化趋势，而居住用地出让面积占土地出让总面积的比重则逐年减小，商业用地出让面积占土地出让总面积的比重变化趋势不大，始终保持在7%左右，但居住用地出让面积所占比重始终远高于商业用地。从土地出让方式来看，2003年实行土地出让招拍挂改革后，招拍挂出让土地面积迅速增加，到2013年达到最大值346184.62公顷,近几年招拍挂出让土地规模有所减小。从招拍挂出让土地面积占三种方式出让土地总面积的比重来看,2003年后比重迅速增加,到2008年达到最大值61%,随后逐渐减小,但目前仍保持在40%左右。

表3-16　　　　　各类用地出让面积及占比　　　　　单位:公顷、%

年份	出让总面积	工业用地		商业用地		居住用地	
		面积	占比	面积	占比	面积	占比
2009	361648.76	141486.50	39.12	27570.87	7.62	81548.19	22.55
2010	432561.42	153977.65	35.60	38905.17	8.99	115272.53	26.65
2011	593284.56	191314.49	32.25	42629.66	7.19	126452.88	21.31
2012	711281.32	207194.55	29.13	50939.34	7.16	114664.54	16.12
2013	750835.46	213520.93	28.44	67042.22	8.93	141966.62	18.91
2014	647996.14	149556.11	23.08	50216.97	7.75	104499.38	16.13
2015	540327.31	157641.65	29.18	36635.53	6.78	83782.65	15.51
2016	531180.70	123088.59	23.17	35146.77	6.62	74539.40	14.03
均值	571139.46	167222.56	30.00	43635.82	7.63	105340.77	18.90

注:各类土地出让面积起始统计时间为2009年。

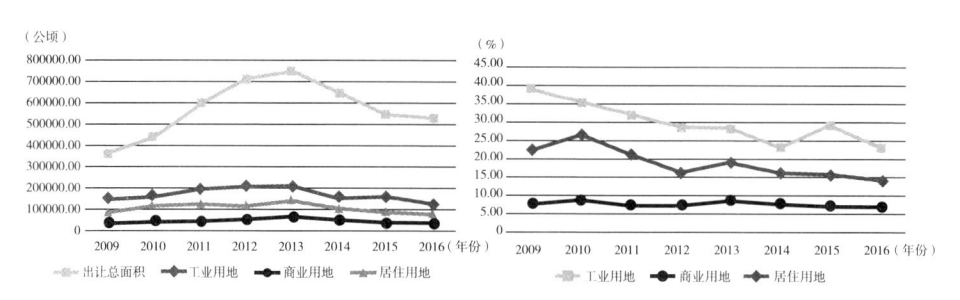

图3-9　各类用地出让面积及占比

土地引资策略方面,出让地块的用地类型主要是工业用地,出让方式主要以划拨和协议出让为主。从土地出让类型来看,2009—2016年工业用地出让面积占土地出让总面积的比重平均为30%,高于商业用地和居住用地所占比重。虽然从时间序列上看,工业用地所占比重总体呈下降趋势,但目前仍保持在较高水平，占土地出让总面积的 1/4 左右。从土地出让方式来看，1999—2016 年划拨和协议出让土地面积占三种出让方式总面积的比重平均值分别为 41.56% 和 25.96%，共计占比接近七成，占三种出让方式总面积的绝大部分，且划拨出让土地面积比重远高于协议出让面积比重。从时间序列上看，2003 年招拍挂改革后，划拨出让土地面积迅速减少，而协议出让土地面积呈现出增加趋势。2006 年 8 月，国务院颁布一项名为《国务院关于加强土地调控有关问题的通知》文件，其明确规定自 2007 年 1 月 1 日起，工业用地一律按照招标拍卖挂牌方式进行出让，并且其出让价格不得低于公布的最低价标准。因此，从 2007 年开始，协议出让土地面积迅速减少，到目前基本只占 3% 左右；而划拨出让土地面积则逐渐回温，到目前占比已接近 60%。

表 3-17　　　　　划拨、协议和招拍挂出让土地面积及占比　　　　　单位：公顷、%

年份	出让总面积	划拨		协议		招拍挂	
		面积	占比	面积	占比	面积	占比
1999	96258.75	54163.44	56.27	38365.501	39.86	3729.81	3.87
2000	126707.81	80568.59	63.59	40770.62	32.18	5368.60	4.24
2001	162090.43	73979.54	45.64	77150.85	47.60	10960.04	6.76
2002	212948.16	88052.1	41.35	104325.00	48.99	20571.06	9.66
2003	258862.08	65258.16	25.21	139433.67	53.86	54170.25	20.93
2004	243564.35	62053.99	25.48	129083.07	53.00	52427.29	21.53
2005	230209.47	64623.39	28.07	108367.68	47.07	57218.40	24.85
2006	296808.52	63790.63	21.49	161871.39	54.54	71146.50	23.97
2007	311048.55	76087.97	24.46	117662.76	37.83	117297.82	37.71
2008	228240.21	62380.55	27.33	26634.36	11.67	139225.30	61.00
2009	343101.42	122287.53	35.64	33594.25	9.79	187219.64	54.57
2010	431985.15	138267.34	32.01	34206.94	7.92	259510.87	60.07
2011	592293.75	257208.58	43.43	30116.83	5.08	304968.34	51.49
2012	709565.87	377133.53	53.15	30802.81	4.34	301629.53	42.51
2013	748079.37	373275.34	49.90	28619.41	3.83	346184.62	46.28
2014	647179.68	369833.12	57.15	20807.31	3.22	256539.25	39.64
2015	539421.78	314535.83	58.31	17555.67	3.25	207330.28	38.44

续表

年份	出让总面积	划拨		协议		招拍挂	
		面积	占比	面积	占比	面积	占比
2016	525063.61	313212.79	59.65	16891.66	3.22	194959.16	37.13
均值	372412.72	164261.80	41.56	64236.65	25.96	143914.26	32.48

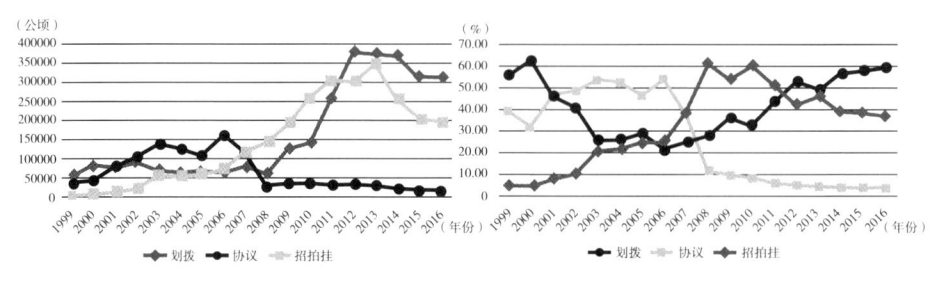

图 3-10 划拨、协议和招拍挂出让面积及占比

二 地方政府土地财政策略的区域差异

（一）三大区域层面

从土地出让类型来看，三个区域的工业用地、商业用地和居住用地出让面积总体上均呈现先增加后减小的变化趋势，且东部区域各类土地出让的面积均明显高于中部和西部区域，特别是工业用地出让面积，平均值分别是中部和西部区域的 1.55 倍和 1.40 倍。但随着时间推移，三个区域各类用地出让面积的差距逐渐缩小。

表 3-18　　　　　三大区域各类土地出让面积　　　　　单位：公顷

年份		2009	2010	2011	2012	2013	2014	2015	2016	均值
工业用地出让面积	东部区域	68695	81729	89156	84342	86906	58418	50676	46669	70824
	中部区域	37566	39700	56034	53955	59217	44183	36654	37845	45644
	西部区域	35226	32549	46124	68898	67398	46955	70312	38574	50754
商业用地出让面积	东部区域	16149	19863	20787	21621	28864	19637	14484	14148	19444
	中部区域	5239	9497	11348	13097	17696	13656	11455	9984	11497
	西部区域	6183	9545	10495	16221	20482	16924	10696	11015	12695

续表

年份		2009	2010	2011	2012	2013	2014	2015	2016	均值
居住用地出让面积	东部区域	44884	57728	60838	46793	62116	42935	34199	31747	47655
	中部区域	19082	30259	34527	33453	42041	32656	25533	22801	30044
	西部区域	17582	27286	31088	34418	37809	28908	24051	19991	27642

各类土地出让面积占土地出让总面积的比重方面，根据2009—2016年平均值，三个区域各类用地出让面积占比最大的均为工业用地，其次是居住用地，最后是商业用地；从区域来看，工业用地、商业用地和居住用地出让面积占比最大的均为东部区域，其次是中部区域，最后是西部区域。从时间序列上看，三个区域的工业用地和居住用地出让面积占比总体上均呈下降趋势，商业用地出让面积占比无明显变化趋势。具体来看，随着时间推移，中部区域各类土地出让面积比例逐渐与东部区域接近，西部区域的工业用地出让面积占比与东部区域和中部区域的差距也逐渐缩小，2015年甚至超过了东部和中部区域；但西部区域商业用地和居住用地所占比重与东部和西部区域的差距却有拉大的趋势，说明西部区域对于土地出让的类型更倾向于工业用地。

表3-19　　　　　　　　三大区域各类土地出让面积占比　　　　　　单位：%

年份		2009	2010	2011	2012	2013	2014	2015	2016	均值
工业用地占比	东部区域	40.30	40.46	34.09	34.41	31.03	27.48	28.03	23.66	32.43
	中部区域	41.65	34.75	31.50	27.09	27.11	24.84	24.97	26.14	29.76
	西部区域	34.88	27.98	29.99	25.80	26.71	18.23	33.04	20.39	27.13
商业用地占比	东部区域	9.47	9.83	7.95	8.82	10.31	9.24	8.01	7.17	8.85
	中部区域	5.81	8.31	6.38	6.58	8.10	7.68	7.80	6.90	7.19
	西部区域	6.12	8.21	6.82	6.07	8.12	6.57	5.03	5.82	6.60
居住用地占比	东部区域	26.33	28.58	23.26	19.09	22.18	20.19	18.92	16.10	21.83
	中部区域	21.16	26.49	19.41	16.79	19.24	18.36	17.40	15.75	19.32
	西部区域	17.41	23.46	20.21	12.89	14.99	11.23	11.30	10.57	15.26

三大区域工业用地出让面积

三大区域工业用地出让面积占比

三大区域商业用地出让面积

三大区域商业用地出让面积占比

三大区域居住用地出让面积

三大区域居住用地出让面积占比

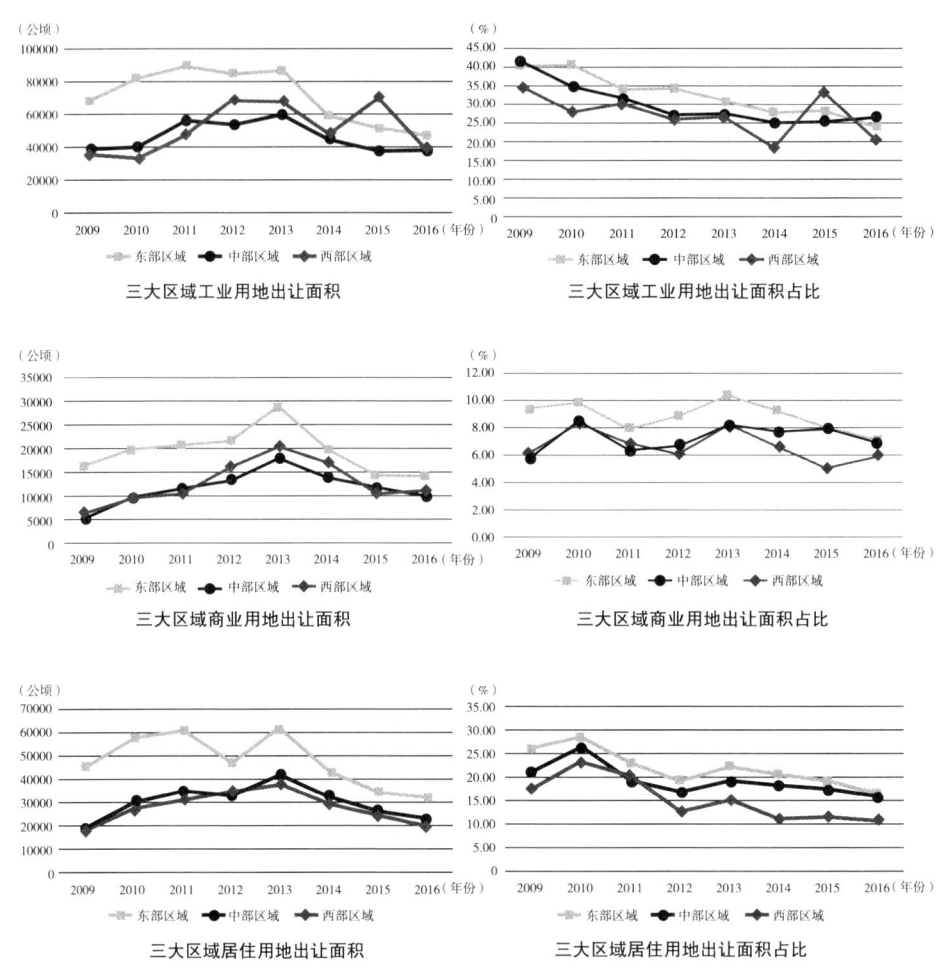

图 3-11　三大区域各类土地出让面积及占比

土地出让方式方面，从 1999—2016 年平均值来看，划拨出让土地面积最大的是西部区域，最小的是中部区域；协议出让土地面积最大的是东部区域，最小的是中部区域；招拍挂出让土地面积最大的是东部区域，最小的是西部区域。从时间序列上看，三大区域的划拨出让土地面积在 1999—2008 年规模并不大，2009—2012 年迅速增加，此时区域差异并不明显。但 2012 年后，三个区域划拨出让土地面积的差距逐渐拉大，西部区域明显高于东部和中部区域。协议出让土地面积中，2000—2008 年，东部区域的协议出让土地面积远远高于中部和西部区域，但 2008 年后，三个区域的协议出让土地面积趋于一致。招拍挂出让土地面积中，三大区域的变化趋势与全国保持一致，1999—2002年规模较小；从2003年开始迅速增加，到2013年左右达到最高水平，此时三大区域之间存在较大差距；2013年后呈下降趋势，且中部区域和西部区域的差距逐渐缩小。

表3-20　　　　三大区域划拨、协议和招拍挂出让土地面积　　　　单位：公顷

年份	划拨出让面积			协议出让面积			招拍挂出让面积		
	东部	中部	西部	东部	中部	西部	东部	中部	西部
1999	14174	18390	21600	27649	4728	9285	1279	1666	786
2000	23790	19012	37767	23368	6018	13879	2010	1730	1629
2001	20160	22899	30921	44250	12561	22624	4936	3469	2555
2002	31117	27117	29818	71897	15410	16351	8641	7281	4649
2003	26096	20846	18316	98873	21288	19273	27949	14541	11680
2004	23718	22896	15441	80246	25548	23289	24118	15531	12778
2005	23299	23473	18458	70210	18269	19619	26527	16157	14535
2006	22488	20999	20303	103689	31238	26944	35422	20646	15078
2007	34609	21203	20276	69120	26558	21984	53500	34886	28912
2008	23272	20512	18596	13251	5689	7695	70480	40246	28498
2009	37724	40440	44124	17003	5448	11143	95893	56363	34964
2010	40948	48714	48606	16531	8300	9377	121564	85936	52011
2011	85609	107227	64372	12575	7063	10479	132318	107189	65461
2012	120646	107401	149086	12607	8091	10105	131825	88864	80940
2013	119684	118951	134641	12829	6409	9381	152715	105140	88329
2014	122495	82834	164503	8594	5196	7018	110716	75540	70283
2015	97168	75999	141369	8778	4287	4491	94480	58357	54492
2016	117369	75701	120143	8408	3961	4523	90786	51844	52329
均值	54687	48590	61019	38882	12003	13748	65842	43633	34440

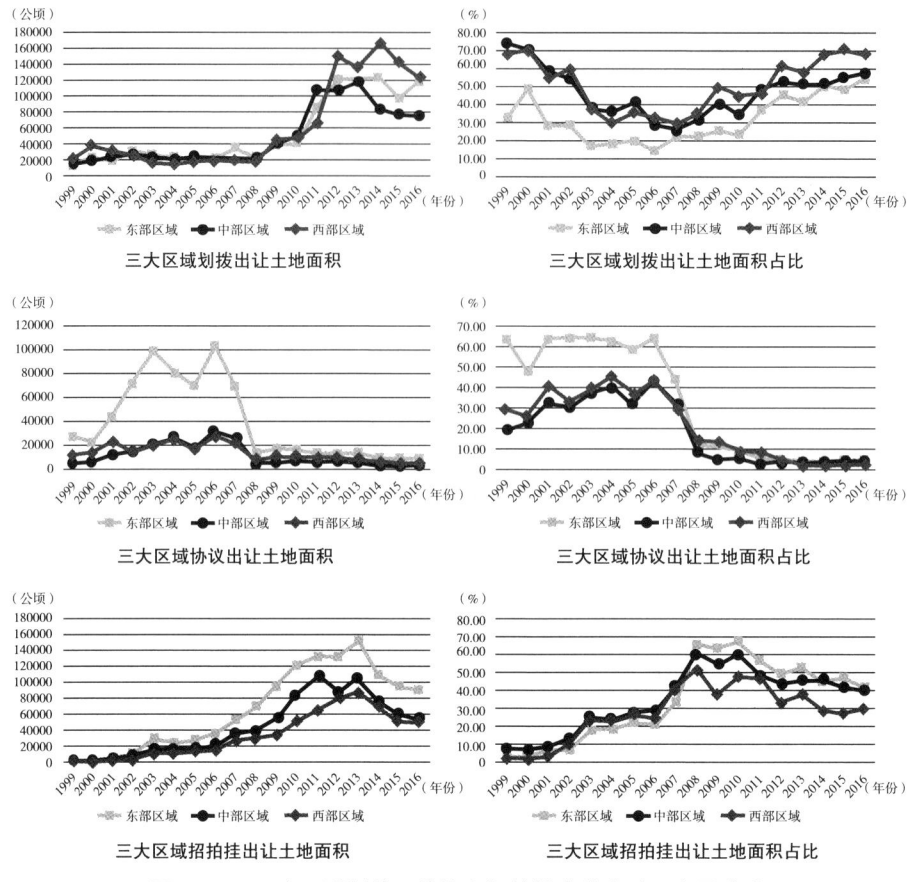

图 3-12 三大区域划拨、协议和招拍挂出让土地面积及占比

从三大区域划拨、协议和招拍挂出让土地面积占三种方式出让土地总面积的比重来看，划拨出让土地面积占比平均水平最高的是西部区域，最低的是东部区域；协议出让土地面积占比平均水平最高的是东部区域，最低的是中部区域；招拍挂出让土地面积占比平均水平最高的是东部区域，最低的是西部区域。从时间序列上看，三大区域划拨出让土地面积占比均呈"U"形变化趋势，但东部区域与中部区域的差距逐渐缩小，而西部区域与中部区域的差距却逐渐拉大。协议出让土地面积占比中，1999—2008年，东部区域的协议出让土地面积占比远远高于中部和西部区域，但2008年后，三个区域的协议出让土地面积占比趋于一致。招拍挂出让土地面积占比中，1999—2008年三大区域均呈快速增长趋势，且区域之间无明显差距；但2008年后均呈下降趋势，且三大区域差距逐渐拉开，其中东部区

域最高，西部区域最低。

表 3-21　　三大区域划拨、协议和招拍挂出让土地面积占比　　单位：%

年份	划拨出让面积占比			协议出让面积占比			招拍挂出让面积占比		
	东部	中部	西部	东部	中部	西部	东部	中部	西部
1999	32.88	74.20	68.20	64.15	19.08	29.32	2.97	6.72	2.48
2000	48.39	71.05	70.89	47.53	22.49	26.05	4.09	6.47	3.06
2001	29.07	58.82	55.12	63.81	32.27	40.33	7.12	8.91	4.55
2002	27.87	54.44	58.68	64.39	30.94	32.18	7.74	14.62	9.15
2003	17.07	36.78	37.18	64.66	37.56	39.12	18.28	25.66	23.71
2004	18.52	35.79	29.98	62.65	39.93	45.21	18.83	24.28	24.81
2005	19.41	40.54	35.08	58.49	31.55	37.29	22.10	27.90	27.63
2006	13.92	28.81	32.58	64.16	42.86	43.23	21.92	28.33	24.19
2007	22.01	25.65	28.49	43.96	32.13	30.89	34.03	42.21	40.62
2008	21.75	30.87	33.94	12.38	8.56	14.04	65.87	60.57	52.01
2009	25.05	39.55	48.90	11.29	5.33	12.35	63.67	55.12	38.75
2010	22.87	34.08	44.19	9.23	5.81	8.52	67.90	60.12	47.29
2011	37.14	48.41	45.88	5.46	3.19	7.47	57.40	48.40	46.65
2012	45.51	52.56	62.09	4.76	3.96	4.21	49.73	43.48	33.71
2013	41.96	51.61	57.95	4.50	2.78	4.04	53.54	45.61	38.02
2014	50.66	50.64	68.03	3.55	3.18	2.90	45.79	46.18	29.07
2015	48.48	54.82	70.56	4.38	3.09	2.24	47.14	42.09	27.20
2016	54.20	57.56	67.88	3.88	3.01	2.56	41.92	39.42	29.57
均值	32.04	47.01	50.87	32.96	18.21	21.22	35.00	34.78	27.91

（二）省级层面

从省级层面来看，商住用地出让面积平均占比最高的 5 个省份中，海南、北京、江苏、山东均属于东部区域，平均占比均在 35% 以上；安徽属于中部区域，平均占比在 30% 左右。商住用地出让面积平均占比最低的 5 个省份中，除福建外，广西、内蒙古、甘肃、青海均属于西部区域，平均占比在 20% 左右。

表 3-22　　　　　　部分省级地区商住用地出让面积占比　　　　　单位：%

年份	海南	北京	江苏	山东	安徽	广西	内蒙古	福建	甘肃	青海
2009	68.14	42.09	40.61	38.52	31.91	31.06	21.89	21.06	6.99	21.62
2010	54.97	49.17	38.48	39.51	37.25	35.05	36.9	24.6	26.17	32.24
2011	49.91	47.86	41.01	36.27	32.37	17.62	30.38	21.56	18.55	22.28
2012	16.95	46.61	34.65	34.1	27.19	10.78	20.1	25.48	18.88	15.99
2013	57.12	57.47	41.06	33.96	34.54	18.55	16.37	20.86	22.68	9.00
2014	54.84	52.08	37.55	38.67	31.22	17.85	19.06	16.24	21.32	22.66
2015	47.01	11.26	33.94	34.31	30.04	19.89	13.09	14.7	17.41	5.34
2016	17.67	45.02	28.4	35.38	25.23	20.66	11.5	10.77	12.71	6.04
均值	45.83	43.95	36.96	36.34	31.22	21.43	21.16	19.41	18.09	16.90

注：表 3-22 只列出了 2009—2016 年平均水平排在前 5 位和后 5 位的省级地区。

工业用地出让面积平均占比最高的 5 个省份中，河北、山东、天津属于东部区域，湖北属于中部区域，青海属于西部区域，平均占比均在 35% 以上。工业用地出让面积平均占比最低的 5 个省份中，上海和海南属于东部区域，上海的工业用地出让面积平均占比为 22.47%，海南的工业用地出让面积平均占比最低，仅为 11.23%；湖南来自中部区域，平均占比低于 20%；重庆和西藏属于西部区域，重庆的工业用地出让面积平均占比为 21.75%，西藏的工业用地出让面积平均占比低于 15%。

表 3-23　　　　　　部分省级地区工业用地出让面积占比　　　　　单位：%

年份	湖北	河北	山东	天津	青海	上海	重庆	湖南	西藏	海南
2009	47.86	59.36	40.9	53.64	22.44	24.67	19.33	29.07	6.11	9.55
2010	45.42	47.88	43.27	39.71	29.92	23.67	25.73	25.23	9.08	17.51
2011	48.99	41.09	43.89	22.88	44.93	32.02	20.46	14.47	9.08	16.62
2012	43.28	47.31	45.72	41.43	47.91	38.79	20.25	16.10	9.37	6.53
2013	34.64	26.52	38.83	45.22	27.37	23.10	19.60	19.00	17.16	14.86
2014	24.85	32.51	31.16	41.04	31.55	19.46	19.54	16.35	18.66	13.04
2015	30.19	34.24	36.81	19.65	46.38	9.36	27.01	17.31	33.59	7.06
2016	47.11	31.37	34.89	25.41	33.83	8.70	22.05	13.50	11.37	4.71
均值	40.29	40.04	39.43	36.12	35.54	22.47	21.75	18.88	14.30	11.23

注：表 3-23 只列出了 1999—2016 年平均水平排在前 5 位和后 5 位的省级地区。

从省级地区划拨和协议出让土地面积占比来看，平均水平最高的 5 个省份中，西藏、青海、新疆属于西部区域，平均水平达到 77% 以上；浙江、北京属于东部区域，平均水平在 75% 左右。平均水平最低的 5 个省份中，山西、湖南属于中部区域，平均水平在 60% 左右；河北、辽宁、上海属于东部区域，平均水平低于 60%，但除上海外，其余省份均高于 50%。

表 3-24　　　　部分省级地区划拨和协议出让土地面积占比　　　单位：%

年份	西藏	青海	新疆	浙江	北京	山西	湖南	河北	辽宁	上海
1999	100.00	98.91	98.00	99.73	99.89	98.68	96.69	89.89	89.46	99.81
2000	98.18	98.16	99.17	100.00	99.81	96.20	99.95	86.90	85.65	98.15
2001	99.30	99.08	98.71	97.35	99.56	88.99	97.01	82.17	80.08	98.81
2002	62.03	98.99	99.42	99.12	97.79	86.66	90.84	97.93	69.52	92.38
2003	79.52	82.13	92.20	98.46	96.66	65.60	82.24	65.92	51.30	63.14
2004	91.33	54.97	91.06	98.37	91.95	62.94	75.08	77.47	70.37	58.31
2005	77.38	81.06	90.55	94.11	91.64	59.72	73.77	77.04	61.60	56.93
2006	86.79	95.53	94.66	95.05	84.46	54.24	64.07	77.57	72.91	52.33
2007	90.75	57.29	79.64	81.72	85.92	50.58	59.69	53.91	44.95	24.73
2008	73.84	61.82	61.13	30.87	70.90	38.03	16.55	38.51	30.88	10.40
2009	98.94	66.08	50.53	39.31	43.39	29.97	31.30	26.89	30.28	27.24
2010	81.11	66.21	46.12	53.26	34.37	28.07	30.05	31.52	27.85	18.55
2011	81.11	77.31	46.12	48.57	44.51	57.51	30.21	31.55	23.18	24.93
2012	91.96	90.68	72.50	80.04	61.28	46.33	41.22	30.61	32.23	23.25
2013	87.76	88.87	62.07	42.19	44.44	53.07	47.75	55.70	33.20	34.32
2014	70.64	75.51	59.60	63.25	51.16	48.83	58.24	48.64	39.95	33.96
2015	68.05	90.81	77.29	61.48	90.94	61.39	47.72	41.33	44.97	33.25
2016	70.13	86.64	72.16	76.26	65.56	68.86	43.14	46.71	49.34	32.68
均值	83.82	81.67	77.27	75.51	75.23	60.87	60.31	58.90	52.10	49.07

注：表 3-24 只列出了 1999—2016 年平均水平排在前 5 位和后 5 位的省级地区。

从省级地区招拍挂出让土地面积占比来看，平均水平最高的 5 个省份中，上海、辽宁、河北均属于东部区域，平均水平在 40%—50%；湖南、山西属于中部区域，平均水平接近 40%。平均水平最低的 5 个省份中，北京、浙江属于东部区域，平均水平在 25% 左右，新疆、青海、西藏属于西部区域，平均水平在 20% 左右。

表 3-25　　　　　　部分省级地区招拍挂出让土地面积占比　　　　　单位：%

年份	上海	辽宁	河北	湖南	山西	北京	浙江	新疆	青海	西藏
1999	0.19	10.54	10.11	3.31	1.32	0.11	0.27	2.00	1.09	0.00
2000	1.85	14.35	13.10	0.05	3.80	0.19	0.00	0.83	1.84	1.82
2001	1.19	19.92	17.83	2.99	11.01	0.44	2.65	1.29	0.92	0.70
2002	7.62	30.48	2.07	9.16	13.34	2.21	0.88	0.58	1.01	37.97
2003	36.86	48.70	34.08	17.76	34.40	3.34	1.54	7.80	17.87	20.48
2004	41.69	29.63	22.53	24.92	37.06	8.05	1.63	8.94	45.03	8.67
2005	43.07	38.40	22.96	26.23	40.28	8.36	5.89	9.45	18.94	22.62
2006	47.67	27.09	22.43	35.93	45.76	15.54	4.95	5.34	4.47	13.21
2007	75.27	55.05	46.09	40.31	49.42	14.08	18.28	20.36	42.71	9.25
2008	89.60	69.12	61.49	83.45	61.97	29.10	69.13	38.87	38.18	26.16
2009	72.76	69.72	73.11	68.70	70.03	56.61	60.69	49.47	33.92	1.06
2010	81.45	72.15	68.48	69.95	71.93	65.63	46.74	53.88	33.79	18.89
2011	75.07	76.82	68.45	69.79	42.49	55.49	51.43	53.88	22.69	18.89
2012	76.75	67.77	69.39	58.78	53.67	38.72	19.96	27.50	9.32	8.04
2013	65.68	66.80	44.30	52.25	46.93	55.56	57.81	37.93	11.13	12.24
2014	66.04	60.05	51.36	41.76	51.17	48.84	36.75	40.40	24.49	29.36
2015	66.75	55.03	58.67	52.28	38.61	9.06	38.52	22.71	9.19	31.95
2016	67.32	50.66	53.29	56.86	31.14	34.44	23.74	27.84	13.36	29.87
均值	50.93	47.90	41.10	39.69	39.13	24.77	24.49	22.73	18.33	16.18

注：表 3-25 只列出了 1999—2016 年平均水平排在前 5 位和后 5 位的省级地区。

三　土地财政策略偏好分析

（一）土地出让策略偏好

土地出让策略主要指的是地方政府利用其垄断土地一级供给市场的地位，不断出让土地，以获取高额土地出让金收入的行为。在中国特殊的土地制度下，地方政府可以用成本很低的方式获取土地，并将其供应到土地市场，在买方竞争的出让市场格局下，拉高土地出让金收益，较低的征地成本与高额的土地出让金之间形成巨额增值收益，而地方政府获得了这部分收益的绝大部分，因此地方政府会积极实施土地出让策略。出让地块的用地类型主要是商业用地和居住用地，出让的方式主要以招拍挂为主。2009—2016 年商业用地和居住用地出让面积占土地出让总面积的平均比重分别为 7.63% 和 18.90%，共计占比超过 1/4，处于较高水平。2003 年实行土地出让招拍挂改革后，招拍挂出让土地面积占三种方式出让土地总面积的比重逐渐上升，平均水平达到 32.48%。说明地方政府对土地出让策略具有较强的偏好，且在土地出让策略中，对居住用地（平均占比为 18.90%）的偏好程度高于商业用地（平均占比为 7.63%）。但商业用地和居住用地出让面积、招拍挂出让土地面积在经历一段快速增长期后，从 2013 年开始均呈下降变化趋势，说明目前地方政府对土地出让策略的偏好程度逐渐减弱。

（二）土地引资策略偏好

土地引资策略主要指的是地方政府为了吸引外来资本投资，而降低土地价格和减免土地税收，以牺牲土地价值为代价，来换取资本进入的行为。土地引资策略尽管牺牲了短期的土地出让金收入，但换来了长期的税收收入，而且资本企业的进驻，还可以增加当地就业机会，促进地区经济发展，因此地方政府具有强烈实施土地引资策略的动力。且外来资本投资主要是以工业企业落地的形式完成，压低土地价格的基本方式是采取协议或者划拨的方式低价供应工业用地。2009—2016 年工业用地出让面积占土地出让总面积的比重平均为 30%，高于商业用地和居住用地所占比重。1999—2016 年划拨和协议出让土地面积占三种出让方式总面积的比重平均值分别为 41.56% 和 25.96%，共计占比接近七成，占三种出让方式总面积的绝大部分，远高于招拍挂出让土地的面积和占比。可以看出，地方政府对土地引资策略具有强烈偏好，且地方政府对土地引资策略的偏好强于对土地出让策略的偏好。此外，划拨出让土地面积的平均比重远高于协议出让土地面积的平均比重，说明地方政府对划拨出让土地方式的偏好程度总体上高于协议出让方式。

从时间序列来看，工业用地出让面积及其占比一直以来均远远高于商业用地和居住用地出让面积及其占比，划拨和协议出让土地面积及其占比之和也一直以来处于较高水平，说明地方政府对土地引资策略的强烈偏好具有持续性，只是在 2006 年前主要偏向协议出让土地方式，而在 2006 年后则主要偏向底价挂牌出让土地方式，这种方式的改变主要源于国家 2007 年调整了工业用地出让方式，规定工业用地必须通过招拍挂方式出让。

（三）土地财政策略偏好的区域差异

从三大区域层面来看，土地出让类型中，各个区域工业用地、商业用地和居住用地出让面积及其占比，划拨、协议和招拍挂出让土地面积及其占比的总体变化趋势均与全国保持一致。具体来说，东部区域各类土地特别是工业用地的出让面积及其占比均明显高于中部和西部区域，但随着时间推移，三个区域各类用地出让面积的差距逐渐缩小。土地出让方式中，2012 年前三个区域划拨出让土地面积无明显差别，但 2012 年后三个区域划拨出让土地面积的差距逐渐拉大，水平最高的是西部区域，最低的是中部区域；而划拨出让土地面积占比最高的是西部区域，最低的是东部区域。2008 年前东部区域协议出让土地面积及其占比显著高于中部和西部区域，2008 年后则无明显区域差距。招拍挂出让土地面积最大的是东部区域，最小的是西部区域；招拍挂出让土地面积占比在 2008 年前无明显区域差距，2008 年后区域差距拉大，占比最大的为东部区域，最小的为西部区域。综合来看，东部区域地方政府对土地出让策略的偏好程度强于中部和西部区域，西部区域地方政府对土地引资策略的偏好程度强于东部和中部区域。

从省级层面来看，根据平均水平排在前 5 位和后 5 位的省级地区，商住用地出让面积占比和招拍挂出让土地面积占比较高的省份大多属于东部区域，而占比较少的省份大多属于西部区域。可以看出，东部区域的省份更倾向于使用招拍挂方式高价出让商住用地，以获得高额土地出让金，即东部区域省份对土地出让策略的偏好程度是最强的，而西部区域省份对土地出让策略的偏好程度是最弱的。从工业用地出让面积占比和划拨、协议出让土地面积占比来看，平均水平较高的省份绝大部分来自东部区域和西部区域，平均水平较低的省份绝大部分来自东部区域和中部区域。可以看出，西部区域的省份比较倾向于使用划拨、协议方式低价出让工业用地招商引资，以促进当地经济发展，其对土地引资策略的偏好程度较强。东部区域省份对土地引资策略的偏好程度则存在较大的地区差异，北京、浙江、河北、山东、天津等地区的偏好程度较强，而上海、海南等地区的偏好程度则相对较弱。中部区域省份对土地引资策略的偏好也是相对较弱的。

第四节　本章小结

本章通过土地财政收支规模、结构及其与地方财政收支关系，以及土地出让类型、出让方式等指标，从土地财政收入、支出和策略三个方面分析了地方政府对土地财政偏好的基本特征，并从三大区域、省级和地市级三个层面进一步分析了地方政府对土地财政偏好的区域差异。研究结果表明：

（1）土地财政收入偏好方面，首先，地方政府对土地财政收入规模具有持续性强烈偏好。主要体现在1999年以来，地方政府土地财政收入规模不断扩大，1999—2015年的平均水平达到20657.99亿元，尽管近年来受土地资源禀赋和国家调控政策影响，呈现略微下降趋势，但整体仍保持较大规模。其次，土地财政收入结构上，地方政府对土地出让金收入具有持续性强烈偏好，而对土地税收收入的偏好相对较弱。主要体现在土地财政收入中，土地出让金收入占绝大部分（75%左右），而土地税收收入所占比重很小（25%左右）。最后，地方政府对土地财政收入的偏好存在区域差异，从东中西三大区域和省级层面来看，整体上地方政府对土地财政收入和土地出让金收入偏好程度的高低呈现由东向西逐步递减的规律；从地市级层面来看，地方政府对土地财政收入的偏好程度与地区经济发展水平有较强的联系，基本上经济发展水平越高的城市对土地财政收入的偏好程度越强。

（2）土地财政支出偏好方面，土地财政收入对地方财政支出具有重要的贡献，且从三大区域和省级层面来看，总体上东部区域土地财政收入对地方财政支出贡献大于中部和西部区域。土地出让金支出结构中，地方政府对城市基础设施建设投资支出具有持续性强烈偏好。主要体现在地方政府将土地出让金收入去除征地和拆迁补偿、前期土地开发等成本性支出外，其余部分大多用于城市基础设施建设。

（3）土地财政策略偏好方面，首先，地方政府对土地出让策略具有强烈偏好。主要体现在商业用地和居住用地出让面积占土地出让总面积的比重较大，其中2009—2016年的平均值分别为7.63%和18.90%，共计占比超过1/4。且2003年实行土地出让招拍挂改革后，招拍挂出让土地面积占比逐渐上升，平均水平达到32.48%。此外，土地出让类型中，居住用地出让面积平均占比显著高于商业用地，说明地方政府对出让居住用地的偏好程度高于商业用地。但从时间序列上看，地方政府对土地出让策略的偏好程度逐渐减弱。主要体现在2013年后商业和居住用地出让面积、招拍挂出让土地面积均呈下降变化趋势。其次，地方政府对土地引资策略具有持续性强烈偏好。主要体现在工业用地出让面积占比始终保持较高水平（平均为30%），且高于商业用地和居住用地所占比重。划拨和协议出让土地面积占三种出让方式总面积的比重一直以来也保持在较高水平，二者平均占比共计接近70%，占三种出让方式总面积的绝大部分。最后，地方政府对土地财政策略的偏好存在区域差异，从三大区域层面来看，东部区域地方政府对土地出让策略的偏好程度强于中部和西部区域，西部区域地方政府对土地引资策略的偏好程度强于东部和中部区域；从省级层面来看，西部区域省份对土地引资策略的偏好程度较强，中部区域省份对土地引资策略的偏好相对较弱，东部区域省份对土地引资策略的偏好程度则存在较大的地区差异，北京、浙江、河北、山东、天津等地区的偏好程度较强，而上海、海南等地区的偏好程度则相对较弱。

第四章
地方政府土地财政偏好的形成机制

探究地方政府土地财政偏好的形成机理,是进一步理解地方政府土地财政行为的关键,为后续的土地财政改革与转型提供重要理论依据。本章首先从总体上构建一个理论框架,重点从外部激励和制度基础两个方面来阐释地方政府土地财政偏好的形成机制。其次,具体剖析中国式分权具有的财政激励和政治激励作用,阐释政府产权管制和政府价格管制具有的不同影响作用,解析土地违法与土地财政的相互影响作用。最后,构建联立方程组模型进行实证分析,验证理论分析提出的四个研究假说。以此来总结出地方政府土地财政偏好的形成机制及其政策含义。

第一节 理论分析

一 理论框架

中央政府与地方政府之间的相互关系,对地方政府行为具有重要的影响作用(唐鹏等,2014a;帖明,2017)。中央可以通过在经济、政治、行政等方面的分权或集权,来调动或者控制地方政府的行为和反应。分权理论就是在中央与地方相互关系的基础上发展而来的。中国的分权体制对地方政府行为的影响,乃至对土地财政的影响已有学者进行了研究,他们也更多地将其看作是土地财政收入增长的激励机制。1994年分税制改革后,"地方财权层层上收、事权层层下放"的效应导致出现地方政府财权与事权不匹配的局面,地方政府财政收支压力不断增大。为了解决地方财政收支缺口问题,地方政府强烈追逐土地财政,因此分税制改革被认为是地方政府获取土地财政的主要经济激励（孙秀林、周飞舟，2013；罗必良，2010；曹广忠等，2007；周飞舟，2006）。但众多研究发现，分税制改革只是导致地方政府追逐土地财政收入的重要原因之一，政治集权体制下地方之间展开的经济绩效竞争和以 GDP 为主的官员晋升考核机制为地方政府官员获取土地财政提供了强烈的动力（吴群、李永乐，2010；周黎安，2007；周黎安等，2005）。在现行的分税制及官员晋升考核体制下，土地是各地政府参与区域经济竞争的重要政策工具，如果说分税制改革是地方政府追逐土地财政收入的财政激励，那么政治集权体制下以 GDP 为主的晋升考核机制则为地方政府追逐土地财政提供了政治上的激励，两者共同促进了地方政府土地财政偏好的形成。因此以财政分权和政治集权为核心的中国式分权制度为地方政府获取最大化的土地财政收入提供了目标以及外部激励。本书将财政分权和政治集权制度纳入同一分析框架，分析财政分权引致的地方财政收支压力和政治集权引致的 GDP 竞争对土地财政具有的影响作用，明晰地方政府选择土地财政面临的外部激励来源。

如果说中国式分权为地方政府追逐土地财政收入提供了外部激励，那我国一系列的土地制度就为地方政府获取土地财政提供了制度基础。一方面，自我国土地市场化改革以来，土地交易市场发育逐渐成熟，土地价格不断上涨，这形成了土地财政收入的基础。而我国土地制度安排的重要特征是地方政府垄断土地市场供给，对土地市场影响巨大，这种垄断地位来源于地方政府拥有的农地非农转用排他性权利，这种产权管制安排对土地财政形成也具有基础性作用。基于此，在城乡二元土地市场结构下，农地征收价格由政府决定，土地出让价格由市场决定，就形成了巨额的土地增值收益。因此，有学者认为政府对农地产权的管制事实上形成了政府垄断城市土地供应的格局，是当前土地财政产生的最重要的制度根源（郭家虎，2016）。可以说没有农地产权管制，即使存在财政分权和政治集权，土地也无法成为政府集聚财富的工具，就不会存在土地财政（张广根，2014）。所以为了追逐地方财政收入最大化，地方政府存在过度使用征地政策、维护征地制度安排的偏好（钱忠好，2015）。然而，上述观点还仅停留在理论层面，缺乏实证研究。而且不同管制内容对土地财政的影响机理还有待深入细化，特别是与政府产权管制密切相关的价格管制，主要是政府制定征地补偿标准，从而与市场竞价的出让机制形成差异，带来的影响最为直接（许德林，2011）。那么两种不同管制具有怎样的差异影响，特别是很多其他国家都实施农转非产权管制，而并没有出现类似中国的土地财政问题，又该如何理解？另一方面，在我国城乡二元土地公有产权制度下形成了以政府主导的土地市场，因此地方政府既作为"运动员"参与土地市场交易，又作为"裁判员"对土地市场运行进行监管。但由于缺乏有效的地方政府行为监管机制，导致政府过度干预土地市场，破坏土地市场秩序，甚至实施土地违法，从中获取制度外收入。当地方政府不能通过合法的土地市场满足追逐土地财政的需求时，就会萌发实施土地违法的冲动。而关于土地违法与土地财政的关系，已有研究都证实土地财政会导致土地违法行为增加，具体表现为地方政府为了获取土地财政收入，不仅直接参与土地违法，而且默许、纵容甚至配合企事业单位的土地违法行为（龙开胜，2013；张莉等，2011；梁若冰，2009；张青，2009）。同时，土地违法与土地财政之间也存在某种长期均衡关系，即两者互为因果关系（管莹，2013）。遗憾的是，这些论文并没有理论阐释土地违法与土地财政之间的影响机理，仅仅是进行了数据分析。因此，以土地市场为基础，政府对土地市场的管制以及土地违法行为是形成土地财政偏好的重要制度基础。

综上所述，中国式分权作为外部激励因素为地方政府追逐土地财政提供了动力，我国特有的土地制度安排形成的政府管制以及引发的土地违法为地方政府提供了追逐土地财政收入的条件，这些共同促进了地方政府土地财政偏好的形成。因此，本书重点从中国式分权、政府管制和土地违法三个方面阐释土地财政的形成机理，回答土地财政偏好面临的外部激励和形成的制度基础（理论框架图见图4-1）。

二 中国式分权与土地财政

中国式分权是财政分权和政治集权紧密结合的制度安排，对我国经济发展、地方政府行为具有重要的影响作用，也是地方政府追逐土地财政收入的外部制度激励。其中，1994年的分税制改革是我国现行财政分权体制形成的重要标志。此次改革的重点是针对不同税种收入在中央与地方政府之间的分成进行了重新划分，事实上形成了财权上移的格局，导致地方财政收支压力加大，这促使地方政府从"援助之手"转变为"攫取之手"，更加倾向于获取预算外收入和制度外收入（王文剑、覃成林，2008；陈抗

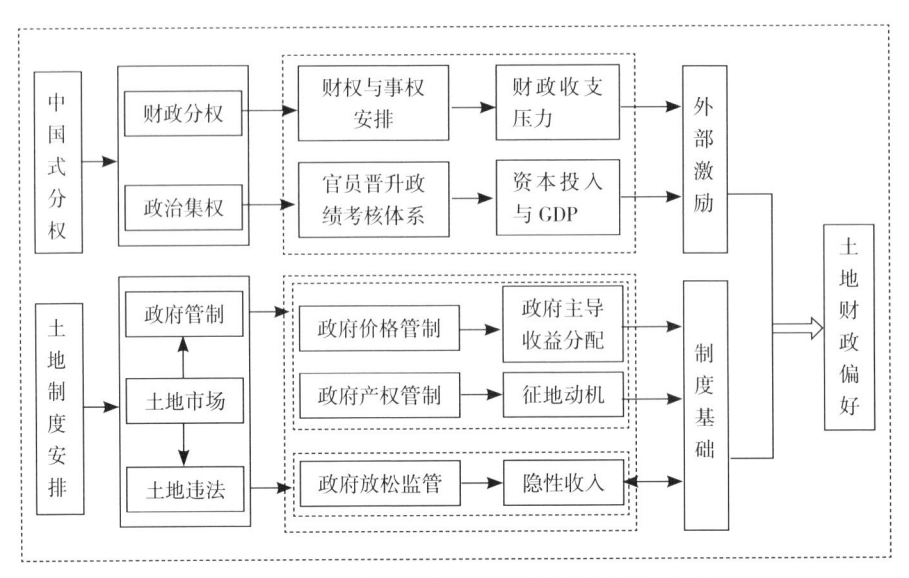

图 4-1 地方政府土地财政偏好形成机制的理论框架

等，2002）。其中，从 1994 年起不再上缴中央财政的土地出让金收入，成为地方政府预算外收入的主要来源。由此，为了解决分税制改革对地方财政收支带来的压力，地方政府开始不断追逐土地出让收入。一方面，地方政府通过直接高价出让商住用地来获取巨额的土地出让金以增加土地财政收入，而实施高价出让商住用地策略又可以带动房地产业和建筑业等相关产业发展，由此间接产生的相关税收收入，成为地方财政预算内的支柱性收入。另一方面，地方政府通过土地抵押贷款融资来进一步助推"土地财政"不断膨胀。因此，财政分权体制导致的财政压力是地方政府不断追逐土地财政的重要驱动因素。

在我国的政治集权体制下，中央政府（上一级政府）通过以 GDP 为主的政绩考核体系来控制地方政府（下一级政府）官员的升迁，地方政府官员为了在晋升竞标赛中获得胜利，就努力发展地区经济（徐现祥、王贤彬，2010；刘瑞明、白永秀，2010）。而由于中国经济增长主要是靠投资驱动的（舒元、徐现祥，2002），地方政府就想尽办法去吸引更多的资本进入，包括采取税收优惠、低价供应土地甚至违法供地、扭曲政府支出结构、改善基础设施和放松环境规制标准等手段（杨海生等，2008；郭庆旺、贾俊雪，2006；Wu et al., 2014；Tung and Cho，2001）。其中低价出让工业用地，吸引外来资本和企业进入，成为地方政府的优先选择。虽然地方政府牺牲了短期的土地出让金收入，但外来资本的引进不仅可以推进地区经济发展，还会产生长期的税收收入，从另一个方面增加了地方财政收入。除了以较低的工业用地价格吸引企业入驻外，地方政府还倾向通过改善基础设施来吸引外来资本进入，而基础设施建设又需要花费大量的资金，导致地方政府更有动机去获取更多的土地财政收入。因此，政治集权体制下，以经济绩效考核为主的政绩考核体制也成为地方政府追逐土地财政收入的重要驱动因素。

地方政府的财政收入主要包括预算内收入、预算外收入和制度外收入。其中，预算内收入主要由营业税、企业所得税、增值税等各种税收组成，行政事业性收费收入、国有资本经营收入以及国有资产有偿使用收入等非税收入较少。地方政府的预算内收入受到《中华人民共和国预算法》等法律法规的严格限制和监督。地方政府要想获取预算内收入，一方面，可以严格征收土地相关税收；另一方面，可以提供土地税收优惠，以吸引企业进入，发展房地产相关产业，获取长期的税收收入。预算外收入的课征由国务院及相关部委发布的文件规定，受到中央管制，但预算外收入是分散管理的，资金的分配与使用在各级政府的各个不同机构和组织中进行（陈抗等，2002）。因此，中央对预算外收入的管理松散，也进一步激励了地方政府实施土地出让策略，以增加自身可支配的财政收入。

由此分析发现，分税制改革造成的地方政府财政收支压力加大，迫使地方政府通过不断追逐土地财政来弥补财政收支缺口，其中高价出让商住用地以及利用土地进行抵押贷款融资是地方政府获取土地财政收入的主要方式。政治集权体制下以经济绩效考核为主的政绩考核体系，赋予了地方政府发展地区经济的强烈动机，而低价出让工业用地和改善基础设施投资能够吸引外来资本进入，不仅可以促进经济发展，还可以产生长期的税收收入。综上分析，中国式分权制度具有强烈的财政激励和政治激励，在这种激励作用下，土地要素成为地方政府谋取自身发展的政策手段，地方政府通过土地出让策略和土地引资策略获取了预算外的土地出让收入和预算内的长期税基收入。由此提出以下理论假说：

假说 4-1　以财政分权和政治集权相结合的中国式分权是地方政府土地财政偏好形成的重要外部激励因素。

三 政府管制与土地财政

在我国特有的城乡二元土地产权结构背景下,政府通过规划管控、用途管制、农地非农开发的限制等事实上形成了地方政府是土地经营的一级开发盈利主体的格局,政府主导的土地市场制度特征明显(杨其静、彭艳琼,2015;何代欣,2013;曹飞,2013)。其中,地方政府主要通过产权管制和价格管制来影响土地财政收入。

(一)政府产权管制对土地财政收入的影响

当前,土地财政收入的来源主要是增量土地开发环节,地方政府通过规划管控、用途管制、征地制度等一系列政策措施,严格控制审批建设占用耕地,事实上拥有农地非农转用的排他性权利,从而形成产权管制状态,其直接表现就是政府是城市土地开发建设的唯一合法供地主体,同时也是能够合法征收土地的唯一主体。增量土地开发环节的垄断供给、需求竞争格局就被认为是形成土地财政的关键。诚然,产权管制为地方政府获取土地收益提供了产权依据,但农用地转用的产权限制本身并不直接产生土地财政。因为产权只有通过市场交易产生增值时,才会涉及价值在不同主体间的分配问题,从而产生土地财政。事实上,土地财政只是反映了土地增值收益分配结果,而产权并不是决定收益分配的唯一依据。此外,政府拥有的农地非农转用管制权为政府获取土地收益提供了政策依据,而且约束地方政府管制权的监督机制存在缺失,特别是征地范围、程序、补偿标准等制度存在的问题,无法有效约束地方政府的征地动机和土地出让行为,导致政府过度使用或者随意使用征地权的问题。因此,政府的产权管制本身并不直接导致土地财政,而是现行土地收益分配机制,诱使政府过度使用农地转用管制权,进而对土地财政收入产生影响。因此,提出以下理论假说:

假说4-2 政府拥有的农地转用管制权只是政府获取土地财政收入的权利依据,并不是产生土地财政的根源。

(二)政府价格管制对土地财政收入的影响

土地财政可以理解为一种土地收益分配结果,即政府获取的土地收益部分,那么土地收益如何分配、相关的收益分配政策就对土地财政收入规模具有直接的影响。当前政府主导的土地收益分配机制最突出的特征就是政府主导收益分配政策并占据绝大部分土地收益份额,如此收益分配格局事实上造成了政府对级差地租的绝对垄断,导致地方财政对土地出让收入的依赖日益严重(张青、胡凯,2009)。也就是说土地财政实质上是土地收益分配问题,政府的价格管制直接影响收益分配格局,进而对土地财政产生影响。其管制具体表现在对农地征收环节的补偿安置政策、宅基地退出环节有关拆迁复垦新居建设的补偿政策以及相应的社会保障配套政策和保障水平等都是由地方政府部门主导和制定(陶然、汪晖,2010;诸培新、唐鹏,2013)。而且即便是政府在不断改善对农民的补偿政策,但村集体、农户、企业组织等其他有关利益主体仍然缺乏有效的利益表达机制,地方政府始终承担着土地收益分配政策的强制供给角色。在这种政府定价机制下,地方政府存在以较低的补偿成本来换取高额的土地出让价格的强烈动机,而且这种行为缺乏有效的监督约束机制,因此,提出以下理论假说:

假说4-3 政府的价格管制,主导了土地收益分配格局,是形成土地财政的根本原因。

四 土地违法与土地财政

地方政府除了能够通过合法的政府管制渠道获取土地财政,还能通过土地违法来获取隐性收入。这是由于在我国的土地市场结构中有一个主要的特征就是地方政府在土地市场中具有双重角色,这样的双重身份导致政府的土地经营职能和管理职能无法有效区分。这种制度安排本身存在的"地方政府监督地方政府"悖论,就使得地方政府土地出让行为面临较少的监督和约束。因此,在土地收益的驱动下,地方政府不仅通过土地市场的合法渠道(不断地征收土地,并进行出让等)获取收益,甚至直接实施违法行为或者默认其他主体的违法行为,来获取寻租空间和制度外的隐性收入。因此,我国的土地制度安排就成为地方政府获取合法与非法土地财政收入的制度基础。

近年来,随着中国工业化、城镇化进程的不断加快,不仅引致了大规模的建设用地需求,也导致了大量的土地违法行为产生(Chen et al.,2015)。土地违法主要包括买卖和非法转让、破坏耕地、未经批准占地、非法批地和低价出让土地五项主要内容,其中未经批准占地是主要的违法类型，占到全部土地违法案件的 80% 左右（梁若冰，2009），而且我国土地违法案件的一个突出特点就是土地违法行为多由地方政府主导（张绍阳等，2017）。此外，土地违法行为在近些年的发展中日益严重，不仅土地违法的总体规模在不断扩大，而且空间蔓延趋势明显，在长三角和华北平原等局部地区表现出一定的集聚态势（陈志刚等，2010），因此管控和治理土地违法行为依然任重而道远。

地方政府实施土地违法的原因有很多，其中土地财政就是一个很重要的原因，其主要表现在：一是土地违法开辟了土地隐性市场，政府可以采取违规征地、以租代征、违规出让土地等方式，获得额外隐性收入。二是土地违法不仅缩短了土地的开发周期，还加快了企业落地速度、工程建设进度，这对地方的经济发展和地区财政收入具有明显的正向作用。三是政府可以选择放松对土地违法行为的查处力度，对其他主体的土地违法行为采取默许甚至纵容的态度，从而寻求利益。因为土地违法为地方政府的腐败和寻租活动提供了巨大的空间，增加了政府官员的隐性收入，在利益的诱惑下，政企合谋现象也屡见不鲜。四是各地普遍存在建设用地指标不足的问题，为了满足当地招商引资和产业发展需要，不得已实施土地违法，但其产业发展又带动了地方土地财政收入。可见，地方政府有极强的动力实施土地违法，以增加自身土地财政收入。而土地违法对土地财政收入的影响具体表现在两个方面：一方面是土地违法会不会直接带来土地财政，会不会受到土地违法查处力度的重要影响。如果土地违法面临的查处风险较低、查处惩罚力度较小，地方政府实施土地违法是有利可图的；如果土地违法面临较高的查处风险，并且惩罚措施较严，已经导致违法成本远大于违法收益，那么违法就是得不偿失的。另一方面是自 2006 年国家建立土地督察制度以来，土地违法已经成为各地分配建设用地指标的一个选项，即某地如果土地违法行为较多，其能够分配到的建设用地指标就要减少。这也是国土部门通过指标分配的手段和方式来监督和防止土地违法行为。基于这两个方面的影响，土地违法可能并不直接带来土地财政。因此，提出以下理论假说：

假说 4-4　强烈的土地财政动机驱使地方政府实施土地违法，以增加土地收益。但受到土地违法查处风险的影响，土地违法可能并不直接带来土地财政收入的增加。

第二节 实证分析

一 模型构建

由于土地违法与土地财政之间是相互影响的,因此构建联立方程组进行分析。计量模型如下:

$$LF_{it}=\alpha_1+\alpha_2 LVA_{it}+\alpha_3 X_{it}+\alpha_4 D_{it}+\varepsilon_{it}$$

$$LVA_{it}=\beta_1+\beta_2 LF_{it}+\beta_3 X_{it}+\beta_4 D_{it}+\sigma_{it}$$

式中,LF_{it} 是土地财政收入指标,LVA_{it} 是土地违法行为指标。下标 i 和 t 分别表示第 i 个省份和第 t 年。X_{it} 是一组控制变量,D_{it} 是一组虚拟变量,ε_{it} 和 σ_{it} 是残差项。

根据变量选取部分的说明,本书分别估计了十个模型,以此检验指标影响的稳定性和有效性。其中模型1至模型3主要是对土地纯收益两个指标(PIN、RNI)进行了不同组合,以区分两个指标对土地财政和土地违法的差异影响。模型4和模型5则分别用土地违法比重(RLVA)指标和土地违法件数(LVN)指标来替换土地违法涉及面积(LVA)指标。模型6主要选用反映政策调控强度的虚拟变量(DUM)来代替各年的政策虚拟变量,模型7选用了土地违法查处的数量指标(RCN)来替代面积指标(RCA),模型8选用土地违法查处的收回土地(ALW)来替代土地违法查处的罚没款(AF),模型9加入了土地纯收益的滞后项(L.RNI 和 L.PNI)进行分析,模型10则加入了土地违法查处变量的滞后项(L.RCA 和 L.AF)进行分析。

由于联立方程组内生变量的相互影响作用,为了保证估计结果的有效性和一致性,本书采用 Nelson 和 Olson(1980)的三阶段最小二乘法进行估计,该估计方法同时消除了方程之间随机干扰项带来的影响。从各个模型估计结果来看,各变量的估计系数大小、影响方向和显著性水平基本趋于一致,说明模型估计结果可信,具有较强的稳健性。具体模型估计结果见表4-1与表4-2。

二 变量选取与说明

（一）内生变量

联立方程的内生变量主要是土地财政指标和土地违法指标的选择，其中土地财政规模（LF）是土地出让收入和土地税收的加总。土地违法指标主要选用本年发现违法涉及的土地面积（LVA）来衡量。同时选用本年发现违法案件件数（LVN）和各省级地区土地违法比重（RLVA）两个指标进行稳健性分析。

（二）外生变量

联立方程组的外生变量中，选取财政分权、政治集权两个变量反映中国式分权，产权管制和价格管制两个变量反映政府管制，而土地市场化改革、地方政府行为监管机制、土地出让面积以及产业发展等是一组控制变量，目的是识别各因素对土地财政和土地违法具有的不同影响作用。在财政分权方面，自分税制改革后，造成地方财政压力增大，基于财政收入最大化的目标，财政收入约束和财政收支压力是地方政府展开财政竞争的重要激励来源，其对地方政府选择土地财政具有重要影响。因此，本书选取地方政府预算内财政收入（GBR）和地方政府预算内财政收支比例（RGF）[①]两个指标来反映地方政府面临的财政收支约束。一般地方政府财政收支压力越大，其土地财政偏好和土地违法动机越强烈，因此预期这两个指标对土地财政收入和土地违法具有负向作用。在政治集权方面，政治集权体制导致地方政府之间展开激烈的资本竞争，而地方政府的招商引资一定程度能够反映地方政府之间的资本竞争强度，竞争强度越大，地方实施土地财政的激励越强，具体选取外商投资总额（FDI）指标来反映地方政府之间的资本竞争强度，预期该指标对土地财政具有正向作用。

关于政府管制对土地财政的影响，主要考虑产权管制和价格管制两个方面。在产权管制方面，土地征收是政府拥有的垄断权利，对农用地的征收能够较好地反映政府产权管制，因此选用省级政府土地征收中涉及农

---

① 地方预算内财政收支比例＝地方预算内财政收入除以地方预算内财政支出，该指标为负向指标，比例越大，表示财政收支压力越小。

用地的面积（PLA）。该指标反映农地过度非农化的倾向，指标越大，这种倾向越严重，政府管制权过度使用的可能性更大，政府获取的土地财政收入规模也就相应增加。因此预期该指标对土地财政具有正向影响。在政府价格管制方面，选取土地出让纯收益来衡量，土地出让纯收益是指政府从土地出让中取得的纯收益，即土地成交价款扣除政府支付的土地取得成本（包括征地拆迁等费用）和土地开发成本后的余额（陈多长等，2014），该指标能够反映土地从征收到出让整个环节的收益分配格局。因此，借鉴唐鹏（2014）对土地出让纯收益的计算方法，分别构建了土地纯收益比重（RNI）指标和单位土地纯收益（PNI）指标，前者反映政府追逐土地纯收益总额的偏好，后者反映土地出让收益的规模效应。土地纯收益两个指标数值越大，政府获取的土地纯收益越多，政府的价格管制就越明显，因此预期两个指标具有正向影响。同时，模型中加入土地纯收益的滞后变量（L.RNI 和 L.PNI）来考察土地纯收益的滞后影响效应。

在其他控制变量中，土地市场化改革极大地显化了土地价值，对土地财政具有重要影响。本书借鉴唐鹏等（2010）的研究，基于土地市场交易方式综合评价了各地区的土地一级市场发育程度（LPM）[①]。

关于地方政府行为的监管机制，主要考虑建设用地审批制度、土地违法行为查处情况和相关政策调控三个方面。关于建设用地的审批制度，选取国务院审批建设用地面积占全部审批用地面积的比重（RLA），反映将建设用地审批权上收对下级政府土地出让行为的约束作用。有关土地违法查处情况的指标，本书选取土地违法立案案件涉及土地面积中历年隐漏案件的比重（RCA）和土地违法查处结果的罚没款（AF）来反映土地违法查处情况，对隐漏案件的重新立案查处和对违法行为采取的罚款措施，代表了土地违法查处力度，这两个指标都是正向指标，数值越大，说明土地违法查处力度越大，从而对土地违法行为的遏制效应越明显。因此预期该指标具有负向影响作用。同时，加入两个指标的滞后变量（L.RCA 和 L.AF）来检验土地违法查处的滞后影响作用。此外，还选用土地违法查处的另一种惩罚措施收回土地（ALW）指标和本年立案案件中历年隐漏案件数量的比

---

① 本书的土地一级市场计算方法稍有差别，土地一级市场指的是各交易方式占土地一级市场总供应宗数的比重，权重则与其设置一致。由于 2008 年以后土地二级市场交易数据缺失，因此本书暂不纳入分析。

重（RCN）指标来进行稳健性分析。最后，有关政策调控的影响，根据政策出台的年份，分别设置2004年（D04）、2006年（D06）、2007年（D07）、2010年（D10）和2011年（D11）五个虚拟变量[①]。此外，本书借鉴龙开胜、陈利根（2011）和唐鹏（2014）设置政策虚拟变量的方法，设置了能够反映整体政策调控强度的虚拟变量DUM[②]。

除了上述控制变量，土地财政方程主要还引入了土地出让面积来进行识别，具体选取土地出让面积（LGA）指标来反映地方政府之间的资本竞争强度，预期该指标对土地财政具有正向作用。土地违法方程主要考虑第二产业发展带来的影响，因为现在的80%的土地违法案件中，都是未经批准占地类的违法行为，这类违法频繁发生的主要原因是地方政府要发展第二产业，尤其是工业。因此，选取工业增加值占GDP的比重（RI）来反映这种影响，预期该指标与土地违法呈正相关。

三　数据来源

考虑到数据的可获性和连续性，本书选择2003—2014年全国30个省级地区的面板数据进行分析（西藏和港澳台地区未纳入分析）。其中土地市场交易等相关数据来源于各年《中国国土资源统计年鉴》；地方财政、土地税收和外商投资等数据来自各年《中国财政年鉴》和《中国统计年鉴》。

[①] 虚拟变量的设置方法都是对相应年份之后赋值为1，之前为0。主要反映的政策措施包括：2004年出台的政策主要有《国务院关于将部分土地出让金用于农业土地开发有关问题的通知》《国务院关于深化改革严格土地管理的决定》和财政部、国土资源部关于印发《用于农业土地开发的土地出让金收入管理办法》的通知。2006年主要是建立了国家土地督察制度，并发布《国务院办公厅关于规范国有土地使用权出让收支管理的通知》。2007年主要是规定工业建设项目用地一律按照招拍挂方式供应，这一规定减少了工业用地协议出让比例，促使全国各地工业用地价格上涨。2010年财政部、国家发展改革委、住房城乡建设部发布《关于保障性安居工程资金使用管理有关问题的通知》。2011年发布《财政部、教育部关于从土地出让收益中计提教育资金有关事项的通知》，财政部、水利部印发《关于从土地出让收益中计提农田水利建设资金有关事项的通知》等。

[②] 根据各年份出台政策的频度和力度，具体将2003年取值为1，2004—2005年取值为2，2006年取值为3，2007—2009年取值为4，2010年取值为5，2011年及以后取值为7。

四 模型估计与结果分析

（一）中国式分权对土地财政的影响结果分析

从中国式分权对土地财政的影响看，虽然预算内的地方财政收入指标对土地财政收入的影响作用不显著，但财政收支比例指标对土地财政收入具有显著的负向影响，表明由财政分权造成的地方政府财政收支压力会促使政府不断地追逐土地财政收入。同时，外商投资指标对土地财政具有显著的正向影响作用，表明在政治集权体制背景下，地方政府为了在GDP锦标赛中获胜，会努力地吸引外来资本，进而获取长期的预算内税基收入。结果证实了理论假说4-1，中国式分权制度是地方政府获取土地财政收入的重要外部激励因素。

（二）政府管制对土地财政的影响结果分析

从政府产权管制的回归结果来看，土地征收农用地面积指标对土地财政收入的影响并不显著。可能的原因包括两个方面：一是本书试图用土地征收面积指标反映政府过度使用管制权的倾向，但政府管制本身的合理范围和界限并无法有效甄别。二是现实中地方政府获取土地财政主要是大规模出让土地，征收农用地只是出让土地的前提，因此土地出让面积对土地财政具有更为显著的影响作用。而结合土地收益分配的显著影响来看，政府拥有农地非农转用的管制权本身并不会直接带来土地财政收入，其只是为地方政府获取土地财政提供了权利依据。该结果验证了理论假说4-2。

出让收益分配结果很好地反映了政府价格管制结果，从模型结果来看，单位土地纯收益指标对土地财政收入具有显著的正向作用，而对土地违法不具有显著的影响（模型2）。纯收益比重指标的影响结果则刚好相反，其对土地违法具有显著的正向作用，而对土地财政的影响并不显著（模型3）。实证结果的差异表明地方政府对土地纯收益的单位效益和规模效益的侧重点存在差异。其中，地方政府土地财政偏好主要表现为对土地纯收益规模效益的追求，即不关心单次土地出让所获得的纯收益比重，更关心土地纯收益总额，主要依靠大规模的土地出让来实现。土地违法追求的则是单次交易中土地纯收益的比重。主要的原因在于土地违法面临查处的风险，一般土地违法规模较大、频次较高，受到处罚的风险就越大。因此，土地违法更多地依靠低频率、小规模交易，从而更关心单次交易的纯收益比重。模型9加入了土地纯收益的滞后项指标，结果发现并不存在显著的滞后影响。说明土地财政和土地违法都更注重当期的即时的短期收益，土地违法尤为如此。

综上所述，土地纯收益对土地财政和土地违法都具有显著的正向作用，表明政府的价格管制形成的土地收益分配格局和政府主导机制是形成土地财政的根本原因，验证了理论假说4-3。

（三）土地违法与土地财政的影响结果分析

从土地违法对土地财政的影响来看，土地违法指标对土地财政收入具有显著的负向作用，表明土地违法查处风险带来的影响作用明显，特别是近年来土地执法、土地督察越来越严格，土地违法也与地方建设指标相挂钩，增加了土地违法的成本，加上反腐高压态势，土地违法的隐性收入空间越来越小，导致其对土地财政不具有正向促进作用。同时，土地财政对土地违法指标都具有显著的正向影响，与其他学者的研究结论相同。结果证实了理论假说4-4，土地财政是地方政府实施土地违法的重要激励，但土地违法受到查处风险的影响，对土地财政不具有正向激励作用。

（四）其他控制变量对土地财政的影响结果分析

在方程1和方程2的主要控制变量和识别变量中，模型结果基本与理论预期一致，不再一一解释。在地方政府行为监管指标中，建设用地审批权指标不存在显著的影响，说明国家通过上收建设用地审批权来加强监管，没有起到预期的作用，无法有效地抑制地方土地财政行为。土地违法查处也没有有效抑制土地违法，而且这种事后的土地查处惩罚机制还可能造成与预期相反的制度结果，反映土地违法查处力度的两个指标对土地违法具有显著的正向影响。只有当土地违法查处机制形成一种稳定的高压态势，才会产生长期震慑作用，土地违法查处的滞后变量具有显著负向作用，能够抑制土地违法行为。土地收益管理政策方面，2010年和2011年的政策对土地财政具有显著的正向影响，对土地违法具有显著的负向影响，说明加强土地出让金收支管理规定并没有降低地方政府获取土地财政

第四章 地方政府土地财政偏好的形成机制

表4-1 联立方程组模型估计结果1

		模型 1		模型 2		模型 3		模型 4		模型 5	
		LF	LVA	LF	LVA	LF	LVA	LF	RLVA	LF	LVN
内生变量	土地违法面积(LVA)	-0.06*** (-3.10)		-0.06*** (-2.90)		-0.07*** (-3.40)					
	土地违法比重(RLVA)							-25.02* (-1.74)			
	土地违法件数(LVN)									0.03 (1.45)	
	土地财政(LF)		0.85** (2.04)		0.83** (1.98)		0.92** (2.17)		0.00* (1.68)		0.14 (0.25)
财政分权	预算内财政收入		-0.38 (-1.13)		-0.36 (-1.06)		-0.46 (-1.35)		0.00 (0.01)		0.37 (0.81)
	财政收支比例	0.51 (0.26)	-15.07* (-1.72)	0.47 (0.24)	-17.64* (-1.88)	5.08*** (2.77)	-13.34 (-1.52)	0.08 (0.04)	-0.04*** (-3.45)	-0.94 (-0.42)	-15.48 (-1.29)
政治集权	外商投资	0.35*** (11.97)	0.01 (0.83)	0.35*** (12.01)	0.00 (0.59)	0.34*** (11.13)	0.01 (0.82)	0.36*** (12.23)	0.00 (0.26)	0.37*** (11.69)	
产权管制	土地征收中农用地面积	0.00 (-0.98)		0.00 (-1.01)		0.00 (-0.93)		0.00 (-1.28)		-0.00* (-1.76)	0.02* (1.93)
价格管制	单位纯收益	0.25*** (5.05)		0.25*** (5.07)	0.07 (0.29)			0.26*** (5.13)		0.27*** (5.07)	
	纯收益比重		10.69* (1.72)			1.21 (0.84)	11.23* (1.79)		0.01* (1.67)		
其他控制变量	土地出让市场化改革	4.47** (2.15)	-15.05 (-1.49)	4.50** (2.17)	-13.35 (-1.33)	3.54* (1.65)	-15.78 (-1.56)	5.01** (2.40)	0.00 (-0.26)	5.38** (2.46)	-29.54*** (-3.49)
											-13.58 (-0.98)

续表

		模型 1		模型 2		模型 3		模型 4		模型 5	
		LF	LVA	LF	LVA	LF	LVA	LF	RLVA	LF	LVN
地方政府行为监管机制	国务院审批用地比重	1.88 (1.42)	-0.51 (-0.09)	1.86 (1.40)	0.07 (0.01)	2.69** (1.96)	-0.44 (-0.07)	1.95 (1.43)	0.01 (0.76)	0.99 (0.69)	16.90** (2.09)
	隐漏案件涉及面积立案比重		12.88*** (2.99)		11.92*** (2.79)		12.79*** (2.96)		0.02*** (4.17)		1.70 (0.29)
	土地违法查处结果：罚没款		0.10*** (10.39)		0.11*** (10.41)		0.10*** (10.28)		0.00*** (10.54)		0.13*** (9.69)
	2004年虚拟变量	43.73 (0.44)	-306.40 (-0.68)	44.12 (0.44)	-301.14 (-0.67)	43.68 (0.42)	-296.06 (-0.66)	65.01 (0.64)	0.32 (0.52)	113.94 (1.01)	-2838.67*** (-4.62)
	2006年虚拟变量	-52.99 (-0.51)	364.85 (0.80)	-56.04 (-0.54)	371.07 (0.81)	-32.93 (-0.31)	374.54 (0.82)	-106.24 (-1.03)	-0.71 (-1.14)	-132.58 (-1.23)	455.53 (0.73)
	2007年虚拟变量	58.86 (0.60)	-605.21 (-1.39)	61.46 (0.62)	-631.36 (-1.44)	94.34 (0.93)	-588.02 (-1.35)	105.26 (1.07)	-0.02 (-0.04)	131.82 (1.29)	-883.05 (-1.48)
	2010年虚拟变量	146.56 (1.48)	-1094.58** (-2.44)	148.89 (1.51)	-921.92** (-2.07)	249.94** (2.42)	-1103.15** (-2.46)	187.75* (1.90)	-0.88 (-1.44)	223.13** (2.18)	-596.63 (-0.97)
	2011年虚拟变量	285.28*** (3.11)	80.92 (0.17)	286.97*** (3.13)	-311.45 (-0.71)	237.26** (2.18)	135.16 (0.28)	280.61*** (3.00)	-0.89 (-1.35)	311.15*** (3.27)	-1352.72** (-2.03)
	土地出让面积	0.08*** (15.27)		0.07*** (15.18)		0.07*** (14.03)		0.07*** (14.49)		0.07*** (13.10)	
	工业增加值比重		34.59** (2.36)		31.73* (1.95)		33.82** (2.31)		0.05** (2.36)		-2.59 (-0.13)

注：***、**、* 分别表示统计检验显著性水平 1%、5%、10%；括号内为 t 检验值；常数项省去；下同。

表 4-2　联立方程组模型估计结果 Ⅱ

		模型 6		模型 7		模型 8		模型 9		模型 10	
		LF	LVA	LF	LVA	LF	LVA	LF	LVA	LF	LVA
内生变量	土地违法面积 (LVA)	-0.07*** (-3.52)		-0.07*** (-3.17)		-0.05** (-2.34)		-0.05*** (-2.66)		-0.05** (-2.51)	
	土地财政 (LF)		0.85** (2.08)		0.79* (1.90)		1.20*** (2.67)		0.41 (1.13)		0.41 (1.11)
	预算内财政收入		-0.43 (-1.29)		-0.41 (-1.22)		-0.56 (-1.56)		-0.02 (-0.05)		-0.02 (-0.06)
财政分权	财政收支比例	0.67 (0.34)	-12.79 (-1.48)	0.56 (0.28)	-10.32 (-1.14)	0.73 (0.37)	-10.69 (-1.16)	1.44 (0.69)	-20.95** (-2.56)	1.18 (0.58)	-17.03** (-2.09)
政治集权	外商投资	0.35*** (11.65)		0.35*** (11.88)		0.35*** (11.89)		0.34*** (11.30)		0.35*** (11.46)	
产权管制	土地征收中农用地面积	0.00 (-0.43)	0.00 (0.28)	0.00 (-0.96)	0.01 (0.83)	0.00 (-1.11)	0.01 (1.18)	0.00 (-0.86)	0.01 (1.26)	0.00 (-0.88)	0.01 (1.38)
	单位纯收益	0.24*** (4.99)		0.25*** (5.03)		0.25*** (5.09)		0.28*** (3.75)		0.26*** (5.06)	
	单位纯收益滞后项							-0.04 (-0.46)			
价格管制	纯收益比重		6.76 (1.22)		8.59 (1.39)		8.92 (1.35)		1.21 (0.15)		7.30 (1.26)
	纯收益比重滞后项								8.70 (1.34)		
其他控制变量											
土地出让市场化改革	土地一级市场	3.83* (1.88)	-16.83* (-1.70)	4.44** (2.14)	-15.39 (-1.52)	4.45** (2.15)	-11.74 (-1.07)	3.96* (1.82)	-12.39 (-1.33)	4.02* (1.84)	-14.22 (-1.54)
地方政府行为监管机制	国务院审批用地比重	2.02 (1.52)	-0.60 (-0.10)	1.90 (1.43)	0.52 (0.09)	1.85 (1.39)	3.09 (0.49)	1.70 (1.18)	-1.30 (-0.23)	1.61 (1.12)	-0.87 (-0.16)

续表

		模型 6		模型 7		模型 8		模型 9		模型 10	
		LF	LVA	LF	LVA	LF	LVA	LF	LVA	LF	LVA
	隐瞒案件涉及面积比重		11.95*** (2.84)				19.38*** (4.30)		12.45*** (3.16)		16.75*** (3.93)
	隐瞒案件涉及面积立案滞后项										−10.83** (−2.51)
	隐瞒案件数立案比重				5.39 (1.05)						
	土地违法查处结果：收回土地				※		2.69*** (8.50)				
	土地违法查处结果：罚没款		0.11*** (10.73)		0.11*** (10.67)				0.11*** (11.82)		0.11*** (10.83)
	土地违法查处罚没款滞后项										−0.01 (−1.14)
地方政府行为监管机制	2004年虚拟变量			43.45 (0.43)	−410.96 (−0.92)	46.65 (0.47)	−109.43 (−0.23)				
	2006年虚拟变量			−50.21 (−0.48)	387.77 (0.85)	−63.64 (−0.61)	449.96 (0.92)	−66.66 (−0.63)	364.59 (0.90)	−72.19 (−0.69)	327.35 (0.81)
	2007年虚拟变量			56.43 (0.57)	−496.73 (−1.14)	71.01 (0.72)	−643.52 (−1.37)	79.24 (0.79)	−609.15 (−1.56)	84.18 (0.84)	−514.41 (−1.31)
	2010年虚拟变量			143.77 (1.45)	−946.62** (−2.12)	158.48 (1.61)	−1018.94** (−2.10)	149.10 (1.49)	−917.74** (−2.28)	149.56 (1.50)	−1012.63** (−2.51)
	2011年虚拟变量			284.29*** (3.10)	147.98 (0.30)	288.38*** (3.15)	−80.70 (−0.15)	290.37*** (3.10)	−243.00 (−0.53)	286.00*** (3.08)	8.06 (0.02)
	政策调控强度	95.20*** (6.15)	−296.29*** (−3.58)								
	土地出让面积	0.08*** (15.55)		0.08*** (15.23)		0.07*** (14.84)		0.08*** (15.53)		0.08*** (15.60)	
	工业增加值比重		35.24** (2.44)		32.21** (2.18)		50.07*** (3.27)		25.63* (1.88)		24.51* (1.80)

的热情，但一定程度上抑制了土地违法行为。综上所述，不论是旨在加强事前管理的建设用地审批约束，还是注重事后管理的土地违法查处惩罚手段，抑或是有关土地收益管理的政策调控措施对地方政府土地财政偏好的抑制作用都不大。

第三节 本章小结

本章从外部激励和制度基础两个层面解释了地方政府土地财政偏好的形成机制，其中外部激励来源主要是以财政分权和政治集权相结合的中国式分权制度，制度基础是以政府主导土地市场为核心的制度安排，重点从政府管制和土地违法两个方面去考察。具体在构建理论分析框架的基础上，详细阐释了中国式分权、政府产权管制、价格管制和土地违法对土地财政偏好形成的影响机理，并提出了四个理论假说，然后利用2003—2014年省级面板数据进行实证检验，同时考虑到不同指标带来的影响和模型的稳健性，分别构建了十个联立方程组模型进行分析。模型估计结果显示：中国式分权对土地财政的激励作用非常明显，其中财政收支比例指标对土地财政有显著的负向影响，外商投资指标对土地财政具有明显的正向影响；政府产权管制指标对土地财政影响不显著，价格管制指标对土地财政具有显著影响；土地违法指标对土地财政具有显著的负向作用，土地财政对土地违法指标具有显著的正向影响。实证结果验证了论文提出的四个理论假说，即：①中国式分权制度产生的财政激励和政治激励是地方政府土地财政收入偏好形成的重要外部激励因素。②政府对农转非的产权管制只是政府获取土地财政收入的权利依据，不是土地财政产生的根源。③政府的价格管制主导了土地收益分配格局是形成土地财政的关键。④土地财政动机对土地违法有较强的激励作用，会促使地方政府实施土地违法，以增加土地收益。但土地违法并不必然带来土地财政收入的增加，因为土地违法存在被查处的风险。

上述研究揭示了土地财政偏好形成的路径和原理，一方面，财政分权制度引致的地方财政压力以及政治集权制度导致的官员晋升压力是地方政府追逐土地财政收入的重要外部激励因素。另一方面，在我国现行土地制度安排下，形成的以政府为主导的市场格局，使得政府实际上成为了土地市场供应的垄断者，拥有排他性的权利，这项权利使地方政府可以通过合法的政府产权管制来获取可以出让的土地，再通过价格管制使地方政府主导收益分配格局，进而获取高额土地收益。因此，政府价格管制是土地财政形成的根本原因。此外，当合法的土地市场渠道不能满足地方政府获取土地财政的需求时，地方政府在土地市场中既是运动员又是裁判员的双重角色使其可以通过实施土地违法来获取制度外的隐性收入。因此，在我国现行的土地制度安排下，政府管制和土地违法是地方政府获取土地财政收入的重要制度基础。

分税制改革后，财政收入约束和财政收支压力的加大使地方政府追逐土地财政收入的动机更加强烈，政治集权下官员绩效考核体制促使地方政府展开资本竞争，也成为地方政府获取土地财政收入的重要激励来源。因此，要想消除政府过度依赖土地财政的现象，就要从根源上消除地方政府获取土地财政的外部制度激励。具体来说，首先，需要改革中央政府和地方政府之间关于财权和事权的责任和义务，引入中央政府或者社会公众等其他主体，改革对地方政府的激励结构和加强对地方政府行为的监管。其次，中央政府在财政收入能力得到提高的情况下，应加强自身在社会公共服务方面的供给职能，与地方政府进行相应的职能分配，提高整个社会公共服务的供给水平、质量和效率，进而减少地方政府的财政收支压力。此外，还需要改革完善针对地方政府官员的政绩考核机制，弱化 GDP 增速指标，以经济增长质量考核代替经济增长数量的考核，减少 GDP 增速指标的考核权重，从而促使地方政府展开"良性竞争"，减少对土地财政的依赖。

土地财政现象实质上是农地征收到供给出让环节的增值收益分配结果，政府管制的核心在于政府决定并主导了土地增值收益分配机制，政府决定了农地征收环节给予村集体、农户等主体的补偿、安置政策，又在土地出让环节垄断供给获得高额市场竞价收益。因此，应当注意到政府产权管制和价格管制具有的不同作用。在未来的改革方向上，不应该将焦点放在产权管制问题上，而且产权管制采用的数量控制、规划管控、用途管制手段在控制城市外延扩张、严格土地利用等方面确实发挥了一定积极作用。价格管制反映的收益分配机制才是引发诸多社会矛盾的根源。那么土地财政实质上反映的收益分配问题，是不是只要提高农民等其他有关利益主体的收益份额，减少政府所获收益的份额就可以了？事实上并不是这么简单。这里必须反思土地收益分配过程政府和市场的运行机制和边界到底在哪里，如何构建完善市场主导的收益分配机制，应该是下一步制度改革的重点和方向。

在土地违法与土地财政的关系中，虽然土地违法并不必然带来土地财政的增加，但土地财政依然对土地违法有较强的激励，只要地方政府存在土地财政动机，土地违法就有蔓延的可能，特别是在土地违法查处力度不足时，各地都会发现土地违法带来的好处，从而导致土地违法在空间和规模上的快速扩散，这不仅影响整个土地市场运行机制的绩效和土地市场制度的改革与完善，也直接加大了土地违法治理难度，影响地方政府的执法监察工作，造成政府"自己"检查处罚"自己"的困局。而且土地违法查处力度的增加，包括采用收回土地、罚款等惩罚措施，都无法有效抑制土地违法行为的增加，这需要反思土地违法查处的实际效果。因此，减少政府对土地市场的干预，提高市场透明程度，坚决打击隐性交易和权力寻租，加强土地违法查处力度，增加土地违法成本是破解地方政府实施土地违法行为，获取额外收益的有效渠道。

从其他变量的影响作用来看，面对日益增加的财政收支压力，地方政府更加依赖通过垄断土地一级市场实施土地财政策略，因此，继续推进土地市场化改革，减少地方政府对土地市场的干预，有助于抑制地方政府的土地财政偏好。另外，2002年和2003年实施的所得税分成改革进一步加剧了地方财政收支压力，也是激励地方政府选择土地财政的重要因素。而2004年、2010年中央政府出台的一系列政策措施对抑制地方政府的土地财政行为起到了一定的作用。因此，如何保持政策效果的持续性，构建一套完备合理的政策体系尤为重要。

第五章
地方政府土地财政偏好的影响评价

地方政府形成的土地财政偏好和依赖为经济社会带来了多方面的影响，如土地收益分配、城镇化进程、基础设施建设、经济增长、城乡统筹发展、土地市场制度改革等。而这些影响都可以归纳为效率和公平的问题，故本研究重点从效率和公平的视角分析土地财政偏好带来的影响。本章从总体上构建了一个理论框架，梳理了地方政府土地财政偏好和效率、公平的逻辑关系。发现地方政府土地财政偏好对效率的影响可以通过经济效率来定量评价，而对公平的影响主要体现在社会公平尤其是地方财政支出公平方面。因此，在进行理论分析后，进一步选取了量化指标和统计数据，运用经济计量模型对地方政府土地财政偏好和经济增长、财政支出的关系进行了实证研究，以验证地方政府土地财政偏好在效率、公平方面带来的影响。另外，根据理论分析框架和实证验证结果，对地方政府土地财政偏好和效率、公平之间的关系进行了总结，并阐释了其蕴含的政策含义及带来的启示。

第一节　影响评价：效率与公平的理论框架

地方政府获取土地财政收入的前提是土地能够产生收益，不同的收益分配政策决定了土地财政收入规模。因此，地方政府有较强的动机提高土地收益，并获取较高的收益分配份额。为了实现这一目标，地方政府就会通过一系列的制度安排，包括政府管制、土地征收、土地市场、收益管理等多个方面，来影响土地财政。而土地的资源特性和资产特性会影响土地收益的产生和规模，使得从土地资源的特点出发，分析其资源配置和收益分配中产生的效率与公平问题成为构建理论框架的首要基础。具体从土地资源的稀缺性、公共性和资产专用性等特点，分析其对土地资源配置效率、收益分配公平的影响。其次，土地财政是地方政府围绕土地资源所进行的一系列收益分配、支出等活动，其中蕴含了大量的效率与公平问题。结合土地财政偏好的三种具体形式，分别解析不同土地财政偏好产生的效率与公平问题，明确效率与公平问题在不同类型土地财政偏好中的差异。再次，在中国式分权的经济、政治激励以及现行土地制度安排下，地方政府对土地财政产生了特定的收入、支出和策略偏好，并诱致地方政府行为偏向，从而导致土地财政效率与公平的偏差。通过阐释制度安排、土地财政偏好与效率、公平的偏差之间的逻辑关系，探究影响土地财政偏好效率与公平的制度要素，为进一步改革设计提供参考依据。最后，立足于效率与公平的辩证统一关系，客观分析土地财政和效率、公平的关系，提出地方政府在土地财政偏好下，追求经济效率时要兼顾公平，实现社会公平时也要兼顾效率。进而回答地方政府土地财政偏好在效率与公平方面带来的核心影响以及如何实现效率与公平的统一，为实证研究奠定基础（总体框架见图5-1）。

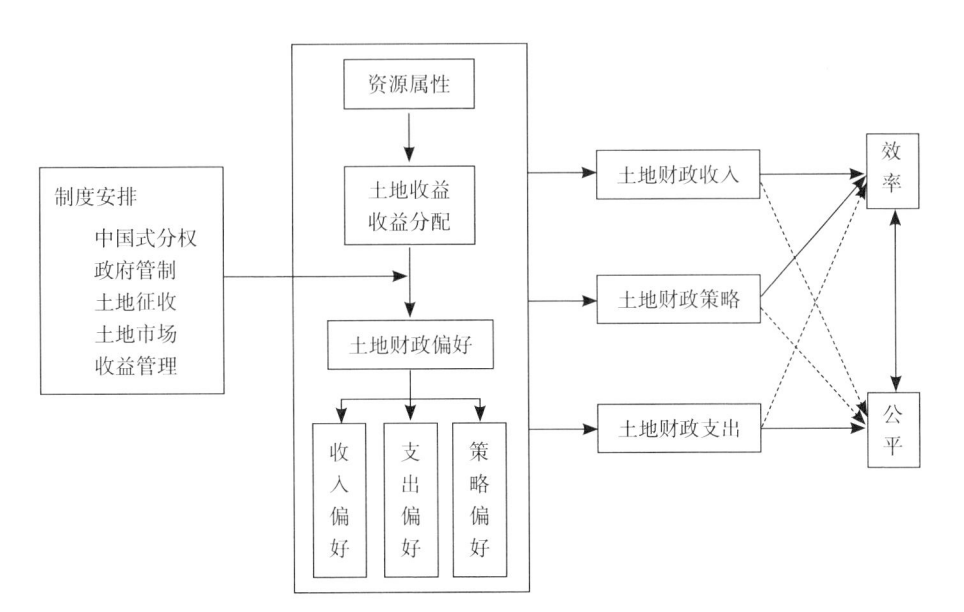

图 5-1 土地财政偏好影响评价的效率与公平理论框架

一 土地资源与效率、公平目标

土地资源具有稀缺性和资产专用性的特点，决定了其配置效率的目标。一方面，土地既是一种稀缺的自然资源，也是一种有限的经济社会资源，因此必须要对其在各种可能的用途上进行合理的分配组合，使其得到最优化的使用，以获得最优化的经济社会效益，更好地满足人类需要（段国旭等，2005）。另一方面，土地还可以作为一种资产，具有资产专用性的特点。资产专用性是指一种资产只能用在特定用途上，很难用在其他用途上，因为一旦改变用途，将会付出高昂的交易费用（威廉姆森，2002）。支撑社会经济发展的建设用地资源的资产专用性主要来源于三方面因素：一是用途专用，建设用地的特性之一是不可移动且要改变其用途转化为农用地一般不可能，就算能够物质改变也将会付出巨大的代价，因为我国严格的用途管制制度就使得用途转换需要面临较为复杂的审批程序环节；二是权利专属，建设用地使用权是完整的用益物权，受到法律严格保护，非因合法缘由并经合法程序不能改变土地使用权人，权利专属程度高；三是交易对象稀少，土地出让的标的物由于其特殊属性使其本身蕴含巨大的价值，再加上开发周期较长，一般用地单位或者个人难以承受，这就使得建设用地出让的潜在交易对象比较稀少（龙开胜、石晓平，2018）。因此，考虑到土地资源的资产专用性，土地在确定用途、进行开发利用时要实现其收益的最大化。

土地资源也是一种公共资源，决定了其在全社会分配公平的目标。经济学上的公共资源是一种属于社会的可以被公用的物品，具有利用上的非排他性和竞争性。土地是既稀缺又宝贵的自然资源，在我国土地的社会主义公有制框架下，国有土地是由全体社会成员共同享有的生产资料，是一种公有资产，土地所有权也是由全体社会成员所共同拥有的，因此，理论上土地资源是不应该具有排他性的，全体社会成员均有权利用该资源。我国土地公有制与资源的公共属性决定了土地资源配置必须考虑全体社会成员的利益，公平是其基本要义。但是，土地名义上的全民所有，并不意味着全体社会成员都可以共用土地资源，否则就会导致土地资源快速退化和枯竭，从而造成"公地悲剧"的严重后果（Hardin，1968）。因此，公平在土地资源中的含义必须要做出明确的限定，即公平不是全体社会成员"共用"土地资源,而是全体社会成员基于土地所有权"公有"对土地权利衍生之"收益"的"共享"(龙开胜、石晓平,2018)。狭义的"收益"主要依附于土地等实物的所有权,指的是由公共资源直接产生的收益,如矿产资源收益、城市土地收益、国有资本收益等(张东,2012)。但随着新财产权理论的不断发展,税收优惠、补贴、政府采购、转移支付、社会保障等政府公共支出产生的新型收益也被囊括在收益的范围内。这些收益应属全民所有,而收益分配公正涉及民生发展,关乎公民基本权利,维系经济发展、社会稳定与国家治理,其蕴含着丰富的公平正义理论。

二 土地财政与效率、公平问题

土地财政是地方政府围绕土地财源所进行的一系列收益分配、支出等活动,其中蕴含了大量的效率与公平问题。本节从土地财政收入、土地财政支出和土地财政策略三个方面分析其中蕴含的效率与公平问题。

(一)土地财政收入与效率、公平

土地财政收入主要包括土地出让收入、土地税收收入、土地融资收入以及与土地相关的其他收入,是地方财政收入的重要来源,对城镇化效率、经济效率和环境效率的提升具有重要作用。一方面,土地财政收入的主要来源之一是土地"低征高卖"的价格剪刀差,低廉的征地成本和较高的农转用收益预期刺激地方政府不断扩大建设用地范围,促进城镇化率的快速发展(刘凌飞、吕丹,2013)。另一方面,土地财政收入特别是土地出让收入和土地融资收入,扩大了地方政府财政自主空间,增加了地方政府可支配的财政资源和财政调控能力,使地方政府能够支撑对城市基础设施建设等大规模的投资,不仅为城镇化发展积累了原始资本,且有效推动了我国经济的增长。此外,除土地征收外,地方政府还可以通过土地整治、建设用地增减挂钩、城中村改造等制度获取建设用地指标,用于城市发展建设或进行指标交易,既增加地方政府财政收入,提高城市经济发展效率,又带来基础设施和人居环境的改善,促进了环境保护效率的提高。

地方政府在追求土地财政收入过程中,涉及土地收益分配公平和代际公平等问题。一方面,土地征收的前提是要对被征地农民进行公平的补偿,并对土地产生的增值收益进行合理的分配,保障失地农民的权益不受损，并确保群体间收益分配的公平性。通过"增减挂钩"方式实现的土地增值还涉及一个非常重要的问题即城乡之间的收益分配公平问题。首先是建设用地指标转让价格是否是合法合理的，出让土地的偏远地区农民能否从该增减挂钩的项目中获得公平合理的收益；其次是城乡建设用地"增减挂钩"使城市不仅获得更多的建设用地指标，而且也能获得更多的土地增值收益。土地增值收益是土地资源优化后的结果，也应当由参与资源优化的各方主体共同分享，参与各方主要包括"一城两乡"，即建设用地指标的受让方（城市）、建设用地指标的出让方（偏远农村）以及土地被征收方（近郊农村）（姜和忠，2011）。另一方面，地方政府在获取土地财政收入时还要考虑到代际间的公平。从经济学的角度看，代际公平等价于跨代收入相等，资源的代际公平是指资源在代与代之间进行公平分配与使用（王玉波、唐莹，2011）。在现行土地制度下，地方政府事实上代行土地的所有权和对土地的管理权，可以轻松地进入土地市场。在财政收支面临巨额缺口压力下，地方政府便有强烈的动机利用其土地管理者的身份获取最大化的收益、实现最大化的目标，以政府职能替代市场职能。而土地出让金是一次性收取了未来若干年的土地收益总和，且土地资源是有限的，因此当届政府对土地财政收入的追求势必影响到下届地方政府土地资源的公平利用（王玉波、唐莹，2011）。

（二）土地财政支出与效率、公平

土地财政支出可以促进城市、农村建设，提高经济发展效率，且土地财政支出对地方财政支出具有重要贡献，能够增加地方政府公共支出的规模，影响其支出效率。一方面，土地财政的支出，特别是土地出让金的支出，国家相关法律已经提出了明确要求，如《中华人民共和国城镇国有土地使用权出让和转让暂行条例》提出，政府出让土地使用权所获得土地出让金应主要用于城市建设和土地开发；《中华人民共和国城市房地产管理法》进一步明确土地收益用于城市基础设施建设和土地开发；2006年《国务院办公厅关于规范国有土地使用权出让收支管理的通知》明确土地出让收入应重点向新农村建设倾斜；2011年《关于加快水利改革发展的决定》中将农田水利建设纳入土地出让收益的支出范围。土地出让金在城市、农村建设中的支出，极大地促进了基础设施的完善，为经济的快速增长提供了条件。另一方面，土地财政收入对地方财政支出具有重要贡献，是地方政府提供公共产品及服务的主要财政来源。根据庇古的理论，国民收入总量越大，社会经济福利就越大，增加公共服务的量便可增进社会福利（马桑，2012）。土地财政扩大了地方财政公共支出规模，弥补了预算内财政资源的不足，促进了预算内公共服务类公共品投入水平（陈永正、董忻璐，2015），能够提升地方公共支出效率。

土地财政支出要保证土地征收的成本性支出，保障农民的权益和公平，同时，土地财政收入是维系地方财政公共支出的重要来源，而财政公共支出结构对社会公平具有深远影响。一方面，按照国家对土地财政支出，特别是土地出让金支出的政策要求，土地出让金支出应大部分用于征地与拆迁补偿、前期土地开发支出等土地征收成本性支出，以切实保障被征地农民的权益和公平，如2013年和2014年征地和拆迁补偿、前期土地开发费用之和占土地出让金支出的比例分别为74.23%和73.92%，占据土地出让金支出的绝大部分。另一方面，地方财政公共支出是实现社会公平和社会稳定的重要手段。不同的财政支出类型对社会公平的作用力度是有所区别的，比如财政对教育和医疗保健支出是针对起点公平情况而言的，政府为每一个社会成员都提供了平等的教育条件和医疗条件；农产品属于个人私有产品，农产品市场是一个充满竞争性的市场，但生产农产品是需要具备一定的前提条件，世界大多数政府都对本地区的农业采取了一系列的保护和扶持政策，尤其是在城乡差距比较大的中国，财政支农支出能够缩短城乡之间发展的差距，其对解决全社会公平公正问题起到了重要的作用；社会救济支出是一种典型的国家为了保障低收入者生活所必需的支出，而兴建具有公共福利性质的基础设施、开展社会公共服务以及举办各种福利事业支出，不仅能够保障每一个社会成员得到合法利益，也能够使低收入者的实际收入效应增加（金双华，2006）。因此，财政支出的结构对社会公平具有显著的影响。

（三）土地财政策略与效率、公平

土地财政策略主要包括土地出让策略和土地引资策略，其中土地出让策略能够实现土地资源配置和经济增长的短期效率；土地引资策略能够实现土地资源配置和经济增长的长期效率。一方面，土地出让市场化改革后，土地市场普遍采取招标、拍卖、挂牌的方式供地，这种"价高者得"的供给机制使土地收益得以最大化，实现了土地资源的有效配置。同时，土地出让收入极大地改善了地方财政收入，支撑地方财政对经济建设的投资，显著促进了地区经济的增长。但由于土地出让金为一次性付清，是对未来若干年的土地收益的提前预支，因此对经济效率的影响是短期的、即时性的，不具有可持续性。另一方面，地方政府实施土地引资策略，即以低地价或零地价出让土地、减免返还土地出让金等优惠政策进行招商引资（匡家在，2009），这实际上损失了土地资源配置和经济发展的短期效率，但随着产业的发展以及其产生的长期的税收收入，其实现的是土地资源配置和经济发展的长期效率。而且，伴随产业结构与技术结构的不断升级，地方政府可以依据当地实际情况，引进与地区发展相契合的产业，可以更加有效地促进地区经济发展（林毅夫等，1994）。

土地出让涉及土地供给结构，影响地方政府对弱势群体的救助性公平；地方政府间的引资竞争涉及资本在区域间的分布和流动，影响竞争的公平性和区域发展的公平性。一方面，地方政府具有社会救助的职能，且作为土地市场唯一供给主体，地方政府可以增加经济适用房、公租房等保障性住房供给以及其他福利性用地供给，缓解低收入人群的住房难问题，提高低收入者的相对收入水平，实现社会公平和稳定。另一方面，地方政府为了吸引更多资本和企业入驻，通常会利用自身对土地资源的垄断权，以土地优惠政策为工具，与其他地区展开激烈的空间竞争（王丽娟、毛程连，2012）。而一旦土地财政竞争加剧，由于经济社会发展、土地资源禀赋及土地财政情况存在较大的区域差异（林超、张占录，2015），很容易产生地区间的恶性竞争、低质量竞争，而诱致不公平的竞争环境。同时，由于地区差异和地区竞争导致的资本流动，很容易造成地区间发展的不平衡。

三 制度安排、土地财政偏好与效率、公平偏差

根据前文第四章和第三章的内容，中国式分权下的经济激励、政治集权下的政治激励，现行土地制度安排下的政府产权管制、政府价格管制以及地方政府"双重角色"下的监管和约束机制缺失，导致地方政府为了实现自身利益最大化，有强烈发展经济的需求，并形成土地财政的强烈偏

好，具体包括土地财政收入偏好、支出偏好和策略偏好。而地方政府对经济发展和土地财政的偏好使其行为产生扭曲，从而造成经济社会发展效率和公平的偏差。

（一）制度安排、土地财政收入偏好与效率、公平

在土地财政收入方面，地方政府对土地财政收入规模和土地出让金具有强烈偏好。在主要通过"低征高卖"获取巨额土地收益的情况下，地方政府通常会忽视公平的问题，在政府的产权管制和价格管制下，往往对失地农民进行低价补偿，甚至截留、挪用对失地农民的补偿资金，出现违法行为。同时，地方政府在土地增值收益分配中占主导地位，攫取绝大部分土地增值收益，而导致农民等主体获取的增值收益分配比例较小（匡家在，2009）。而且，在统筹城乡建设用地的"增减挂钩"模式中，由于尚未建立起完善且公平的土地市场交易平台，导致土地出让收益分配存在诸多不合理的现象，也更容易受行政干预因素的影响。在此背景下，建设用地指标转让费普遍偏低，偏远地区农民福利也严重受损，建设用地指标出让方（通常是经济相对欠发达的偏远地区或城市远郊）获得收益要远远小于指标受让方（通常是经济相对发达的地区或中心城区）（姜和忠、徐卫星，2011）。此外，在以GDP为核心的政治考核机制中，地方政府官员为了自身的晋升目标，在利用土地资源、追求土地财政收入的过程中通常难以兼顾代际（届）公平，不同届地方政府对土地财政都表现出严重的路径依赖。同时，上届政府在土地财政问题上已经达成了一致的共识，力求通过依靠土地来实现地区经济发展或者个人晋升发展，在这样的背景下，上届政府不愿意新的制度产生来打破现在的利益链条，所以不同届政府在土地出让政策上很难有新的改变出现。现任各届地方政府依靠出让大规模的土地来补充地方财政收入，而土地出让金实际上是一次性预收了未来若干年的土地收益总和，这其实造成了目前收入与将来财政支出的不公平现象。从土地出让数额上来讲，目前由于城市化进程加快，建设用地指标本身处于一个很紧张的状态，为了满足政府获取最大化收益的目的，开始大量征用土地。而在我国严格的耕地保护制度和用途管制制度下，可供出让的土地数量是非常有限的，现阶段征用的农地数量过多，以后征用的数量势必就要减少，其实质上是对未来各届政府所能获取到的最大利益的剥夺，这种做

法使得各届政府无法实现收益均衡共享，不具有可持续性（王玉波、唐莹，2011）。再者，当届政府利用土地资源和土地出让预期收益进行大量融资，为下届政府带来了巨大的偿债压力，也会导致地方政府代际（届）间的不公平。

（二）制度安排、土地财政支出偏好与效率、公平

地方政府的职能决定了其不能一味追求经济发展，同时还要根据当地居民的需求，增加公共产品和公共服务的供给，提高社会福利，实现社会公平。但在分税制改革下，地方政府承担了大部分的社会公共产品支出，却面临财权层层上移，财权与事权的不匹配使其面临着巨大的财政缺口。尽管中央政府通过税收返还以及转移支付的方式减轻地方政府财政收支压力，但是这种方式对于地方政府来说是"杯水车薪"，很多地方政府仍然面临巨大的财政压力（阎坤、张立承，2003）。在财政支出规模难以满足的条件下，面对分税制引致的地方财政压力以及各地区之间展开的激烈政绩竞争压力，地方政府逐渐形成了对土地财政支出和地方财政公共支出结构的偏好，从而使得地方政府行为出现了扭曲（丁从明、陈仲常，2008）。在土地出让金支出方面，在扣除征地和拆迁补偿、前期土地开发等成本性支出以后，地方政府更愿意将土地出让金收入的剩余部分用于城市基础设施建设，以改善城市投资环境，进而吸引更多产业和资本进入，最终实现经济的快速增长。在地方财政公共支出方面，地方政府则优先确保那些能够带来更多政绩、对政治前途影响更大的高速公路、轨道交通、车站等经济性公共品供给（Li and Zhou, 2005），而对于那些外溢性较大、回报周期又长的医疗、卫生、教育、文化等非经济性公共品的投入兴趣则比较低（李勇刚等，2013），从而影响社会福利水平的提高。

（三）制度安排、土地财政策略偏好与效率、公平

地方政府对土地出让策略和土地引资策略均有强烈偏好。在土地出让方面，地方政府侧重于追求土地出让的价格和土地出让的数量、面积，以追求土地出让收入的最大化，在短期内迅速弥补地方财政收支的缺口。在这种偏好下，一方面，地方政府忽略了提高地方财政长期稳定收入来源的能力，不利于经济发展的长期稳定性和可持续性；另一方面，地方政府也

忽略了土地出让结构的合理性，特别是忽略了经济适用房、公租房等保障性住房的供给配额，而不利于对社会弱势群体的救助性保障，导致社会群体间不公平现象更加严峻。土地引资方面，地方政府偏好于利用土地优惠政策，引进产业和资本，带动地区产业发展和长期税基收入，从而带动地区经济发展。在"政治锦标赛"背景下，地方官员会围绕着经济增长、产业和资本进入进行激烈的政治竞争，主要通过廉价甚至违规出让工业用地（杨其静、彭艳琼，2015；梁若冰、韩文博，2011；张莉等，2011；梁若冰，2009），这虽然有助于经济增长，但也对地区的资源配置效率产生了负面影响（周黎安等，2013）；而且还造成了地方政府间的恶性竞争、低质量竞争和不公平竞争，不利于经济社会发展整体环境和氛围的建设。同时，由于地区间的经济社会环境、土地资源禀赋等存在差异，不同地区对土地财政策略的偏好也存在不同，如东部区域地方政府对土地出让策略的偏好程度强于中部和西部区域，西部区域地方政府对土地引资策略的偏好程度强于东部和中部区域，从而导致地区间发展的不平衡。

四 土地财政偏好与效率、公平统一

公平与效率是人类社会发展基本的矛盾统一体，是我国社会主义市场经济下分配制度所追求的两大价值目标。所谓效率，实际上是指投入与产出或成本与收益之间的对比关系，简言之就是指投入与产出的比率。所谓公平，主要是指一定社会中人们对于利益或权利而进行的合理性划分，简单地说就是公正平等，但这里的公平并不是代表平均主义（邵红伟，2017），其更多地体现在机会均等和规则均等两个方面，即每个成员都有平等的机会参与竞争，以及每个成员在工作、活动中遵循同样的标准和规则。效率与公平是辩证统一的关系，一方面，公平是提高效率的前提和保证，只有合理公正地分配各种收益才能让劳动者有更大的积极性去进行新的创造；另一方面，效率是实现公平的条件和基础，效率低下就会直接影响社会生产力的发展以及社会财富的增长，在社会基础都还不牢靠的时候，没有条件与能力去保障社会的公平，也更加谈不上改善社会成员的经济条件，也就直接导致社会的平均主义和普遍贫困。通俗地讲，公平与效率之间的关系就是效率是公平的基础，即公平的最终实现要以效率的最大化提高为基础；公平又是提高效率的重要条件，公平合

理的收入分配，能够有效地调动社会各方面的生产、工作积极性，进而提高社会生产的效率。所以，效率与公平互相依存、互为前提、互相促进、互相制约，二者是交互同向发展的关系（吴宣恭，2007），过分强调哪一方面都是片面的，故而要效率和公平并重，实现两者的统一（卫兴华，2007）。

任何有效的资源配置机制都必须同时兼顾效率和公平，而各个国家由于所处的发展阶段不一致，其所制定的政策也有所差异。对于发展中国家来说，经济发展是各级政府的首要任务，因此注重资源配置的效率成为这些国家财政政策制定的方针；而对于发达国家来说，经济发展已经处于一个比较高的水平，财富的迅速积累使得政府在管理中的角色发生了转变，税收管理和财政转移性支出以及制度完善的社会保障体系成为政府管理的首要任务。

追求效率与公平的统一是我国社会主义发展进程中的内在要求和根本遵循。人类社会的理想状态是既具有较高的效率以创造更多的物质财富，同时又能够实现财富的公平分配以体现人与人之间合理的社会关系（郭威等，2018）。一方面，我国是最大的发展中国家，经济发展仍然是首要目标，且在以 GDP 为核心的政治晋升考核机制的激励下，地方政府也有发展经济的强烈动力，并在我国特殊的制度环境下形成了对土地财政的特殊偏好，形成了"以地促发展"的经济增长模式。但在经济发展过程中也要兼顾公平，要特别注重土地收益分配的公平，包括群体间公平、区域间公平以及代际间公平。另一方面，中央政府十分强调社会公平的实现，如党的十八届三中全会所颁发的《中共中央关于全面深化改革若干重大问题的决定》文件指出，"以促进社会公平正义、增进人民福祉为出发点和落脚点"，"紧紧围绕更好保障和改善民生、促进社会公平正义深化社会体制改革"，社会公平正逐渐体现在财税制度、资源配置等多个方面（梁东黎，2014），不同的财政支出类型对社会公平具有不同的影响（金双华，2006），因而要注重财政支出结构的合理性。但同时，也要兼顾财政支出的效率，使财政投入的公共产品和公共服务产出最大化；并且，保证财政支出的规模是实现财政支出公平的前提。

综上所述，土地资源的稀缺性、公共性和资产专用性等特点决定了其资源配置效率、收益分配公平的目标，在地方政府获取土地财政的过程中蕴含了一系列的效率与公平问题，这些问题也受到中国式分权的经济、政治激励以及现行土地制度安排等方面的影响。因此在给定的制度安排环境下，阐释地方政府对土地财政产生的收入、支出和策略的偏好，并进一步指出地方政府土地财政偏好导致的效率与公平偏差问题，为最终构建效率与公平相互统一的目标架构，管控地方政府土地财政行为提供了支撑。

第二节 效率评价：土地财政对经济增长的影响

根据前文分析，地方政府土地财政偏好对效率的影响可以用经济效率指标来反映，故选取经济增长来进行土地财政偏好影响的效率评价。首先建立土地财政影响经济增长的理论框架，其次从两个层面进行实证分析：一是利用省级层面的数据，运用空间计量模型，从整体上分析土地财政影响经济增长的结果和空间效应；二是利用地市级层面的数据，运用门槛回归模型，验证土地财政影响经济增长的非线性关系，并进一步实证检验土地财政影响经济增长的具体路径。

一 影响机理与研究假说

图 5-2 给出了具体的理论分析框架。其中获取土地财政的主要方式是"土地出让"和"土地融资"，通过不同的土地出让策略选择能够增加地方财政收入、投资公共产品支出、吸引外来资本进入以及调整产业结构，以此推动地区经济增长。而土地抵押融资贷款不仅增加了地方政府当期投资的资金，也获得了可观的未来收益，缓解了地方进行大量投资的资金压力，从而有利于经济增长。但长期上土地财政对经济增长具有约束作用，一方面，土地财政对经济增长具有公共物品和产业结构门槛效应；另一方面，依靠增量土地开发的土地财政受到土地资源禀赋的限制，依赖土地财政促进经济增长的模式不具有可持续性；此外，地方债务与土地财政密切相关，随着土地财政的不可持续，地方政府将面临偿债危机和信用风险，可能会对经济增长产生抑制作用。在空间效应方面，则主要表现为地方政府间的土地财政竞争对地区经济增长产生影响。

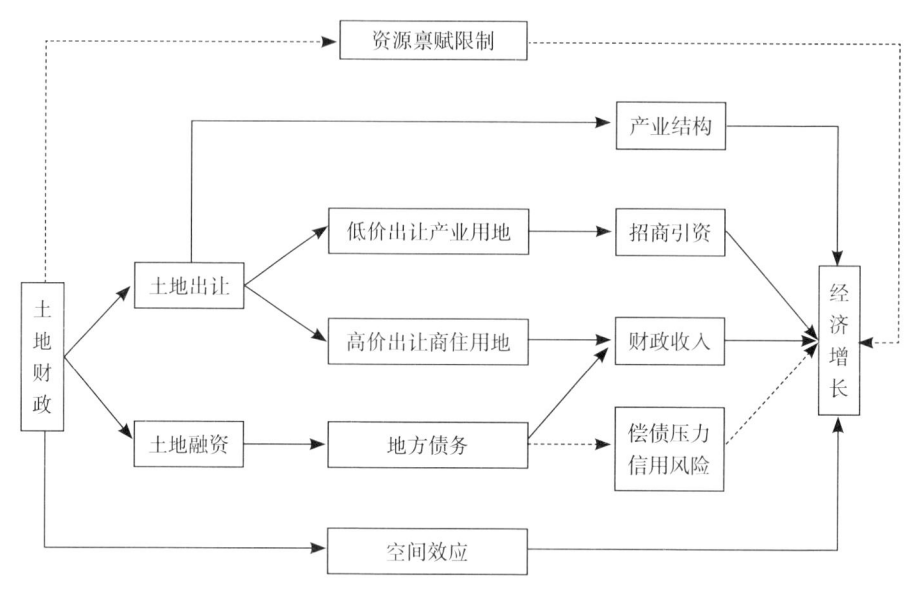

图 5-2 土地财政影响经济增长的作用机理

（一）土地财政具有的收入改善效应有利于经济增长

一方面，地方政府出让城市建设用地获取大量资金，改善了地方财政压力。地方政府在土地市场上针对不同类型用地采取不同的出让价格策略（陶然等，2018）。一是高价出让商住用地，以增加预算外收入，为城镇化和工业化积累原始资金。由于居住用地难以产生持续性收入，对财政收入的贡献是一次性的，故地方政府往往采取"高价"策略，通过"低征高卖"取得高额差额利润，增加地方财政可支配收入。当地方政府财政能力改善之后，地方政府的公共产品支出，特别是城市基础设施的投资建设力度将大大增加，这不仅能够带动建筑业、房地产业等直接关联产业的快速发展，提振地方经济（王贤彬等，2014）；而且也改善了投资环境，有利于吸引更多的资本入驻，促进地区产业繁荣，从而推动地区经济增长。二是低价出让产业用地，以实现招商引资，进而促进地区经济发展。由于产业用地能够产生持续的税收现金流，故地方政府往往会采取"低价优惠"策略，降低企业进入门槛，以吸引更多资本投入，促进地区经济发展。除了不同的土地出让价格策略，地方政府也可以通过调控土地出让用地类型来实现产业结构调整（夏方舟等，2014）。对地方政府来说，要快速发展经济，会优先发展房地产业和建筑业等高利润产业，使其在产业结构中的比重上升，以此带来高额营业税、企业所得税等地方税收；且随着周边建设用地增多，必将带来周边其他项目的投入增长，进而带动整个区域经济增长（陈志勇、陈莉莉，2011）。

另一方面，土地融资能够缓解地方债务压力，有利于经济增长。政府投资是推动经济增长的重要动力，在地方政府财政收支压力日益增加的背景下，地方政府必须依靠债券、贷款等方式进行融资。而具有重要资产属性的土地资源为地方政府提供了担保，地方政府事实上享有土地所有权，垄断土地供给，为地方政府的土地储备和抵押贷款提供了制度便利（刘守英、蒋省三，2005）。同时，地方政府通过融资平台向银行进行抵押贷款，不仅能够提供土地作为抵押品，其本身也具有更高的信用等级，即政府破产或者政府无法偿还贷款的风险较小（胡援成、张文君，2012）。而且即便地方政府暂时无法偿还贷款，银行也认为有中央政府进行兜底（牛霖琳等，2016）。因此，土地融资成为地方政府发展经济的重要手段。在具体操作层面，地方政府主要通过大量储备土地进行抵押贷款以及以未来土地出让收益为担保发行城投债等方式来获得融资资金（王玉波，2013b；齐讴歌、白永秀，2016），为地区经济发展积累原始资本。即依靠政府信用获取的土地融资缓解了地方政府财政压力，而且依靠未来的土地出让收入，将地方政府的短期财政压力转变为长期债务压力，为经济发展提供了坚实的资金保障和时间窗口。

（二）土地财政对经济增长具有公共物品和产业结构门槛效应

尽管土地出让带来的收入改善效应和土地融资带来的政府债务延缓效应增加了地方政府可支配收入，使其有更大财力投资公共物品供给，改善城市投资环境，并调整产业结构，对经济增长具有正向促进作用。但土地财政的负面效应也逐渐显现，对经济增长产生抑制作用，比如随着土地财政规模急剧膨胀，土地财政收入的增长显著提高经济性公共物品供给，抑制非经济性公共物品供给，长此以往会形成畸形公共支出结构；同时，为持续获取高额土地财政收入，地方政府无序引进低效工业企业和房地产企业，城市过度扩张、房价上涨、环境污染等问题日渐加剧，产业结构升级困难。基于此，本研究认为土地财政对经济增长可能存在公共物品和产结构门槛效应。

一方面，当地方公共物品供给水平较低时，地方政府对基础设施等公共物品的投资具有乘数效应，加大对城市的供水、供电、供气、交通运输等市政公用设施的投资，带动建筑业、房地产业等关联产业的发展，促进经济的增长；并优化投资环境和居住环境，使得企业和人口集聚，规模经济效应渐显。当地方公共物品供给水平较高时，地方公共物品供给水平基本已达到饱和，而地方政府在政绩晋升的压力和高度自由裁量权激励下，并没有改变在公共物品供给方面的行为逻辑，也就是土地财政收入增加意味着地方政府具有强烈动机投资短周期、高回报的经济性公共物品，尤其是投资重复的基础设施、新城区和开发区建设，一度成为地方政府官员的"形象工程"和"政绩工程"，长此以往会形成"重基础设施、轻人力资本投资和公共服务"的公共支出结构（李勇刚、王猛，2015），不利于经济健康发展。此外，受到财政分权和标尺竞争的影响，区域间公共物品供给并非相互独立，某一地区基础设施等公共物品的发展在一定程度上降低了与相邻地区之间的运输成本和交易费用（Cohen and Paul，2004），进而实现区域间经济共赢；同时，跨地区交通基础设施的迅速发展会进一步扩大东部沿海地区对中西部地区劳动力资源的"虹吸"效应，区域间经济增长差距扩大。

另一方面，当产业结构水平较低时，随着城市化的不断推进，大量的农村人口涌入城市，大量的商住用地被开发建设，农村人口流入和房地产商的资本流入在短期使得生产资料的需求增加，相关商服业也被带动，对地方的产业发展也起着正向积极作用；地方政府通常以无偿划拨或者低价出让工业用地，甚至出台出让土地在企业上市时才定价、"零地价"供地等特殊的土地政策（蒋省三等，2007），很大程度上降低了工业企业的生产成本（中国经济增长前沿课题组等，2011），外来资本进入和工业企业聚集产生经济集聚效应，不仅能增加当地就业机会（李勇刚、王猛，2015），还能推动地方经济转型的进程。当产业结构水平较高时，第一、第二产业已逐步向第三产业转变，然而，为持续获取高收入的土地财政，地方政府果断采取发展高回报、短周期的本地房地产等土地相关行业策略，导致以房价为主要形式的城市拥挤成本上升（赵祥、谭锐，2016），对用地需求较大的制造业产生负面影响；同时，地方间工业用地出让竞争造成土地资源浪费（梁若冰、韩文博，2016），低效率低成本企业持续挤出高效率高科技企业，产业畸形发展。此外，受到劳动力迁移、投资转移和技术溢出等因素影响，产业结构调整可能存在很强的空间联动性。在产业调整过程中，落后的产业转移到邻近地区，而邻近地区承接的产业却是相对其自身的"高级"产业，从而促进邻近地区发展，进而实现区域间的经济共赢；同时，受到历史条件和空间发展战略的影响，产业结构本身存在由东至西层次逐渐降低的空间差异规律（杨上广等，2004），其中东中部的土地出让结构配置受到劳动力、资本和技术的要素约束，产业结构逐渐由"工业化"转向"服务化"，经济增速明显放缓；而西部地区受到劳动力质量较低、资本稀缺等制约，产业结构水平整体较低，一旦其利用区域内优势资源逐步发展地区优势产业，对经济增长的促进作用就会持续增强。

（三）土地资源禀赋限制了土地财政的持续获取，对经济增长具有长期约束作用

当前土地财政的获取建立在增量土地开发的基础之上，具有严重的不确定性和不可持续性风险，也对经济增长产生了抑制作用。一方面，土地是稀缺资源，房地产业是一次性税源，随着土地资源的日益稀缺，地方政府土地财政来源将受到影响，进而对经济增长形成制约。而且，地方政府对土地财政依赖性不断增强，容易被房地产市场绑架，一旦房地产市场和土地市场"降温"，地方政府财政压力将骤然上升，甚至可能引发财政危机（周彬，2013；薛翠翠等，2013），进而影响地方经济增长（于长革，2012）。再者，地方政府为获取更多土地出让收入，大量征收农村土地，还容易引发一系列社会、经济问题，如破坏耕地、政府腐败、城市化水平虚高等（夏方舟等，2014；叶林等，2016），从而抑制经济增长。另一方面，地方政府依靠土地融资增加财政收入，用于基础设施建设和公共支出，以吸引投资，短期内能够促进经济增长，但长期来看，土地融资也为地方政府积累了大量债务（何杨、满燕云，2012）。由于基础设施建设周期长，现金流收入低，再加上与土地融资高度相关的土地出让收入具有不可持续性，地方政府事实上面临巨大的偿债压力。偿债能力也会影响政府信用，一旦风险继续增加，将对地方经济增长产生约束作用。

（四）土地财政影响经济增长的空间效应

由于中国是政治集权国家，地方官员面临着以 GDP 为核心的考核指标和激烈的晋升锦标赛，导致地方政府之间的"竞争效应"明显（陶然等，2009；陈建军、周维正，2016；薛慧光等，2013）。为在竞争中胜出，地方官员会积极主动加速发展本地区经济并扩大财政收入。一方面，地方政府竞相利用土地财政收入增加公共产品投入、基础设施和房地产建设等，改善地区经济、社会环境，吸引人口流入，这种竞争将导致人口在区域间的流动加速，从而影响地区人力资本要素，影响经济增长。另一方面，为了吸引更多资本进入，地方政府通常会采取"土地引资"策略（陈建军、周围正，2016；唐鹏等，2014a），这诱致地方政府利用自身对土地资源的垄断权，以土地优惠政策为工具与其他地区展开激烈的空间竞争（王丽娟、毛程连，2012），从而影响资本在区域间的流动和分散，进而对地区经济增长产生影响。而一旦土地财政竞争加剧，产生恶性竞争、低质量竞争，将对整体经济增长产生负向影响。

综上所述，提出如下研究假说：

假说一：土地财政具有的收入改善效应短期内对经济增长具有正向促进作用。

假说二：土地财政影响经济增长的作用路径主要是通过基础设施等公共物品投资或产业结构调整来实现，但存在公共物品和产业结构门槛效应，使其促进作用收敛。

假说三：长期来看，土地资源稀缺性限制了土地财政的持续获取，会对经济增长产生抑制作用。

假说四：土地财政对经济增长存在显著的空间影响，并且地方政府间的土地财政可能存在逐底竞争效应，从而不利于地区经济增长。

二 实证分析：省级层面

（一）模型构建

考虑到土地财政影响经济增长存在空间效应，选用空间杜宾模型（SDM）进行实证分析。主要原因在于空间杜宾模型不仅包括被解释变量的空间滞后变量，还包括解释变量的空间滞后变量，符合本书研究目的。其模型具体定义为：

$$EG = \alpha w \cdot EG + \beta_1 w \cdot LF + \beta_2 w \cdot LF^2 + \gamma_1 LF + \gamma_2 LF^2 + \sum_{k=1}^{n} \delta_k Z_k + \varepsilon$$

其中，EG 表示经济增长；LF 和 LF^2 为核心解释变量，分别是土地财政及其二次项；Z 为控制变量，反映影响经济增长的其他因素。w 为空间权重值，$w \cdot EG$、$w \cdot LF$ 和 $w \cdot LF^2$ 分别表示经济增长、土地财政及其二次项的空间滞后项，ε 表示残差项。

空间权重 w 采用地理距离权重，即各地区经纬度差额的平方根值倒数，具体公式为：

$$w_{ij} = \frac{1}{\sqrt{(X_i - X_j)^2 + (Y_i - Y_j)^2}}$$

式中，X_i、X_j 与 Y_i、Y_j 分别表示各地区经纬度。

（二）变量选取与说明

1. 被解释变量

选用地区人均 GDP 指标来反映地区经济增长情况（EG）。为了验证经济增长的空间相互影响，模型中加入 $w \cdot EG$ 指标。

2. 关键解释变量

关键解释变量为土地财政（LF）及其二次项（LF^2）。由于广义土地财政量化困难，特别是土地融资数据缺乏，且现阶段地方政府土地财政来源以土地出让金为主，故本文选取土地出让金作为土地财政衡量指标。此外，加入土地财政二次项（LF^2）变量，以分析其对经济增长的长期影响。同样地，为了验证土地财政对经济增长的空间影响，加入 $w \cdot LF$ 和 $w \cdot LF^2$ 两个指标。

3. 控制变量

根据经济学原理，经济增长的源泉包括土地、资本、劳动和技术进步四类基本要素。本研究的关键解释变量为土地财政，反映了土地生产要素，故选取其他三类要素作为控制变量。其中，资本（CAP）要素选取外商投资总额来表征；劳动力（LAB）要素选用城镇总就业人数来衡量；技术进步（TEC）则从专利情况来考虑，专利权能够反映拥有自主知识产权的科技和设计成果情况，故用国内专利申请授权量与受理量的比值来反映科学技术发展和进步。

为消除异方差的干扰，在实证之前对地区人均GDP、土地出让金和外商投资额进行了自然对数处理。变量具体说明和描述如表5-1所示。

表5-1　　　　　　　　　变量选取与定义

	变量	指标及含义	平均值	标准差	预期影响
被解释变量	经济增长（EG）	人均GDP自然对数	9.892	0.848	
关键解释变量	土地财政（LF）	土地出让金自然对数	4.945	2.122	+/-
	土地财政二次项（LF^2）	土地出让金自然对数的平方	28.946	18.218	−
其他控制变量	资本（CAP）	外商投资额（亿美元）	5.477	1.639	+
	劳动（LAB）	城镇总就业人数（万人）	135.695	129.875	+
	技术进步（TEC）	国内专利申请授权量与受理量的比值（%）	57.1	14.2	+

（三）数据来源

运用1999—2016年31个省级地区的面板数据进行实证分析。其中，各地区人均GDP=地区GDP总额/地区总人口数，地区GDP总额和总人口数均来源于各年《中国统计年鉴》；土地出让金数据来源于各年《中国国土资源年鉴》；外商投资额、城镇总就业人数、国内专利申请授权量和受理量等数据均来源于各年《中国统计年鉴》。

（四）模型估计及结果分析

在进行空间计量之前，需要对三个主要变量——经济增长（EG）、土地财政（LF）及其二次项（LF^2），进行空间自相关检验。具体方法为计算全局Moran's I指数（计算结果见表5-2）。其中，I值为Moran's I指数值，介于−1和1之间，I>0时表示主体存在空间正相关，即"高—高"集聚和"低—低"集聚；I=0表示不存在空间相关性；I<0则表示存在空间负相关，即"高—低"集聚和"低—高"集聚。Z值表示标准差的倍数，反映数据集的离散程度。P值为观察结果具有总体代表性的犯错概率，反映估计结果的显著性水平，通常认为0.05的P值是可接受错误的边界水平。结果显

示,从 1999 年到 2016 年三者全局 Moran's I 指数均为正,且除 1999 年土地财政二次项（LF^2）的 Moran's I 指数在 5% 置信水平上显著外,其他年份各变量 Moran's I 指数均在 1% 水平上高度显著,说明三者均存在显著空间正相关,即在地理空间上呈现出"高—高"集聚和"低—低"集聚的态势。检验结果进一步确认了在技术上适合采用空间计量经济模型进行回归分析。

表 5-2　　　　　　　　　　Moran's I 指数检验

年份	经济增长（EG）			土地财政（LF）			土地财政二次项（LF^2）		
	I 值	Z 值	P 值	I 值	Z 值	P 值	I 值	Z 值	P 值
1999	0.141	4.657	0.000	0.092	3.371	0.000	0.020	1.448	0.074
2000	0.147	4.800	0.000	0.076	2.939	0.002	0.060	2.479	0.007
2001	0.148	4.856	0.000	0.123	4.259	0.000	0.114	3.912	0.000
2002	0.148	4.839	0.000	0.152	4.909	0.000	0.158	5.060	0.000
2003	0.152	4.927	0.000	0.146	4.797	0.000	0.165	5.253	0.000
2004	0.158	5.106	0.000	0.144	4.740	0.000	0.166	5.205	0.000
2005	0.166	5.289	0.000	0.161	5.150	0.000	0.172	5.410	0.000
2006	0.166	5.285	0.000	0.134	4.478	0.000	0.145	4.703	0.000
2007	0.160	5.109	0.000	0.114	4.020	0.000	0.119	4.008	0.000
2008	0.157	5.034	0.000	0.140	4.698	0.000	0.157	5.017	0.000
2009	0.158	5.033	0.000	0.130	4.588	0.000	0.158	5.074	0.000
2010	0.158	5.039	0.000	0.130	4.474	0.000	0.141	4.631	0.000
2011	0.152	4.883	0.000	0.117	4.174	0.000	0.133	4.431	0.000
2012	0.149	4.786	0.000	0.101	3.777	0.000	0.111	3.871	0.000
2013	0.145	4.677	0.000	0.110	4.018	0.000	0.122	4.148	0.000
2014	0.134	4.404	0.000	0.137	4.600	0.000	0.146	4.759	0.000
2015	0.126	4.192	0.000	0.141	4.692	0.000	0.152	4.887	0.000
2016	0.120	4.025	0.000	0.175	5.516	0.000	0.186	5.770	0.000

利用 Stata 软件进行模型估计,具体结果如表 5-3 所示。R^2 是判断模型拟合优度的重要指标,R^2 值越接近 1,表明模型拟合度越好。从回归结果可以看出,固定效应模型和随机效应模型的 R^2 值分别为 0.946 和 0.949,拟合效果较好,且模型结果基本相同。

1. 土地财政影响经济增长的结果分析

模型回归结果显示，土地财政（LF）系数为正，且在1%置信水平上显著，而土地财政二次项（LF^2）系数为负，且在5%置信水平上显著，表明短期内土地财政对经济增长具有显著的正向促进作用，而土地财政受限于土地资源禀赋限制，长期来看会对经济增长产生负向影响，表明土地财政对经济增长的影响呈倒"U"形变化。该结果验证了假说1，说明地方政府利用土地出让和土地融资积累工业化原始资金、吸引产业集聚，一定程度上带动了地区经济的快速增长。但随着土地资源稀缺性的增加，土地财政对经济增长的弊端也逐渐凸显。如加剧了经济建设与耕地保护之间的矛盾，且随着"限购""限价"等政策施行，房地产市场和土地市场持续"降温"，土地财政收入有减少的风险，以土地财政促进经济增长的发展模式不可持续。

2. 土地财政影响经济增长的空间效应结果分析

土地财政空间滞后项（w·LF）系数为负，且在1%水平上显著，表明土地财政对经济增长存在负向空间效应，即地区经济增长受到其他地区土地财政的负向影响。原因可能是地区间存在激烈的空间竞争：一是人口竞争，各地方政府竞相利用土地财政增加财政收入和支出进行城市建设、吸引人口流入，导致人口在区域间的流动加速，从而影响地区人力资本要素，经济增长减速；二是资本竞争，地方政府竞相以土地优惠政策为工具吸引资本，导致资本在区域间的流动和分散，进而影响经济发展增速。土地财政二次项的滞后项（w·LF^2）系数在统计上不显著，表明土地财政对经济增长的空间影响主要是短期影响。此外，经济增长的滞后项（w·EG）系数为正，且在1%水平上显著，说明地区经济发展具有显著的正向空间相关性。原因可能是地区经济发展存在一定的"溢出效应"，基础设施的辐射和贸易往来的增加将诱致邻近地区经济共同发展。综上所述，假说二得到验证。

表5-3　　　　　　　　　　　空间回归结果

变量	回归结果	
	固定效应	随机效应
LF	0.218（11.40）***	0.220（10.98）***

续表

变量	回归结果	
	固定效应	随机效应
LF^2	−0.004（−2.20）**	−0.005（−2.32）**
CAP	0.196（3.23）***	0.208（3.33）***
LAB	0.0004（1.68）*	0.0005（1.80）*
TEC	0.028（0.33）	0.015（0.18）
w·LF	−3.923（−2.67）***	−4.633（−3.26）***
w·LF^2	−0.057（−0.31）	0.119（0.70）
w·EG	21.737（10.17）***	19.255（7.12）***
R^2	0.946	0.949
观测值	558	558
Log 值	306.049	166.158

注：括号内数值为 z 值，表示标准差的倍数，反映数据集的离散程度；***、**、* 分别表示统计检验显著性水平 1%、5%、10%。

3. 控制变量对经济增长的影响结果分析

控制变量中，对经济增长影响较大的因素有资本（CAP）和劳动（LAB），回归系数均为正，分别在 1% 和 10% 置信水平上显著，说明资本投入和劳动力增加对经济增长具有显著的促进作用。技术（TEC）变量的系数亦为正，但在统计上不显著。从变量描述统计来看，国内专利申请授权量与受理量比值的平均值为 57.1%，说明申请专利权的产品或技术中存在大量无效部分，我国的科学技术发展总体水平还有待提升。

三 实证分析：地市级层面

（一）模型构建

由前文分析可知，土地财政通过公共物品供给或产业结构调整对经济增长的影响存在非线性作用，本书研究土地财政对经济增长的影响时，纳入条件变量——公共物品或产业结构，即在不同公共物品供给或产业结构水平下土地财政对经济增长的影响。门槛效应是指根据某个参数（门槛变量）的不同取值范围，对样本的观察值进行分组，不同组别中的经济变量之间具有不同的计量关系。因此本书采用面板门槛（Threshold）模型进行分析，将地方公共物品 lnUIC 和产业结构 Str3_2 纳入模型中，分别以这两个变量为门槛变量建立如下两个面板门槛模型：

公共物品供给模型：以公共物品为门槛变量，分析不同公共物品水平下土地财政对经济增长的影响：

$$\ln PGDP_{ij}=\alpha_0+\theta_1 \ln LF \times I(\ln UIC \leq y)+\theta_2 \ln LF \times I(\ln UIC>y)+\alpha_3 x_{ij}+\varepsilon_{ij}$$

产业结构调整模型：以产业结构为门槛变量，分析不同产业结构水平下土地财政对经济增长的影响：

$$\ln PGDP_{ij}=\alpha_0+\theta_1 \ln LF \times I(\ln Str \leq y)+\theta_2 \ln LF \times I(\ln Str>y)+\alpha_3 x_{ij}+\varepsilon_{ij}$$

其中，$i=1,2,3,\cdots,N$；$j=1,2,3,\cdots,T$。i 代表城市，j 代表时间，$I(\cdot)$ 为示性函数，y 为待估计门槛值，x_{ij} 表示为一组对经济增长有显著影响的控制变量；ε_{ij} 代表随机扰动项。

（二）变量选取及说明

1. 被解释变量

为准确表示城市的经济增长，分别取各地级市人均 GDP 的自然对数得到被解释变量，命名为 lnPGDP。

2. 关键解释变量

根据本文的研究目标，设定土地财政水平、地方公共设施、产业结构为关键解释变量。取各城市的土地出让收入和土地相关税收之和的自然对数，命名为 lnLF，表示地方政府的土地财政水平；取地区已铺道路面积（千公顷）的自然对数，命名 lnUIC，表示地方公共物品水平；取第三产业增加值与第二产业增加值的比重，命名为 Str3_2，表示产业结构。

3. 控制变量

综合目前关于经济增长的宏观计量研究成果（黄晗、冯烽，2011；胡欣然、雷良海，2014；周彬、周彩，2018），选取若干对经济增长具有重要影响的变量进入面板门槛模型。为准确表示城市的消费力，用商品零售价格指数(基于 1978 年不变价计算得出)计算出各城市真实社会消费品零售总额，取其自然对数，命名为 lnRETAIL。同样也将使用固定资产投资价格指数计算出真实的固定资产投资，取其自然对数，命名为 lnCAP。用每年的财政教育支出的自然对数表示教育水平，命名为 lnEDU。用每年的财政科技支出的自然对数表示科技水平,命名为 lnSCI。

表 5-4　　　　　　　　　　变量的选取指标说明表

变量属性	变量类型	变量名称	变量定义
被解释变量	经济增长	lnPGDP	人均 GDP 的自然对数
关键解释变量	土地财政水平	lnLF	土地出让金收入的自然对数
	公共物品	lnUIC	地区已铺道路面积(千公顷)的自然对数
	产业结构	Str3_2	第三产业增加值与第二产业增加值的比重
控制变量	社会消费品零售总额	lnRETAIL	社会消费品零售总额的自然对数
	固定资产投资	lnCAP	固定资产投资的自然对数
	教育水平	lnEDU	财政教育支出的自然对数
	科技水平	lnSCI	财政科技支出的自然对数

(三)数据来源

土地财政的行为主体主要是市一级的地方政府,各个地级市经济状况与土地财政各有不同,采用省级数据和大中城市数据则容易忽略此差异,无法反映我国其他发展水平的城市状况。因此,本书选取的样本为 2004—2016 年全国东、中、西部地区的 282 个地级市。数据主要来源于《中国国土资源统计年鉴》、《中国统计年鉴》、《中国城市统计年鉴》、和各个城市国民经济和社会发展统计公报。各变量统计描述如表 5-5 所示。

表 5-5　　　　　　　　　　各变量描述性统计结果

变量	样本量	均值	标准差	最小值	最大值
lnPGDP	3666	10.149	0.769	7.662	12.456
lnLF	3666	12.334	1.539	4.716	18.708
lnUIC	3666	6.714	0.981	4.544	9.592
Str3_2	3666	0.827	0.398	0.094	4.111
lnCAP	3666	15.449	1.119	12.267	18.282
lnRETAIL	3666	14.851	1.120	11.367	18.282
lnEDU	3666	12.060	1.351	11.379	15.238
lnSCI	3666	9.103	1.746	7.947	15.211

(四)模型估计及结果分析

1. 门槛效应检验

在做门槛回归前,为避免伪回归现象,采用同质 LLC 和异质 IPS 单位根检验方法检验变量是否为平稳序列。对部分存在单位根的变量进行一阶差分后,均是平稳序列。检验公共物品和产业结构水平是否存在门槛值,使土地财政和经济增长之间的关系发生结构性变化。因此对公共物品供给模型和产业结构调整模型的单一门槛、双重门槛进行显著性检验,检验结果如表5-6所示。公共物品供给模型和产业结构调整模型的全国以及东中西部地区均在1%的显著水平上通过双重门槛检验,本书选择双重门槛模型分析不同公共物品和产业结构水平下土地财政对经济增长的影响。

表 5-6　　　　　　　　门槛效应检验结果

模型	区域	门槛类型	门槛值		F 值	P 值	95% 的置信区间	
公共物品供给模型(lnUIC)	全国	单一门槛	5.479		68.951***	0.000	5.478	5.479
		双重门槛	5.479	8.007	43.305***	0.000	7.898	8.043
	东部地区	单一门槛	5.924		26.754***	0.000	5.925	5.957
		双重门槛	5.925	8.556	17.217***	0.000	8.426	8.621
	中部地区	单一门槛	7.853		29.852***	0.000	7.798	7.799
		双重门槛	7.364	7.853	10.159***	0.001	7.201	7.608
	西部地区	单一门槛	6.016		22.328***	0.000	5.954	6.292
		双重门槛	5.095	6.016	14.543***	0.000	5.095	5.249
产业结构调整模型(Str3_2)	全国	单一门槛	0.624		132.452	0.000	0.583	0.635
		双重门槛	0.624	0.947	64.702	0.000	0.937	1.083
	东部地区	单一门槛	0.608		39.152***	0.000	0.600	0.633
		双重门槛	0.608	1.110	21.368***	0.000	1.060	1.127
	中部地区	单一门槛	0.584		62.153***	0.000	0.561	0.607
		双重门槛	0.584	1.049	46.554***	0.000	1.049	1.061
	西部地区	单一门槛	0.676		29.298***	0.000	0.650	0.689
		双重门槛	0.338	0.676	20.037***	0.000	0.337	0.338

注：*** 表示 $p<0.01$，** 表示 $p<0.05$，* 表示 $p<0.1$。

2. 门槛回归结果与分析

对公共物品供给模型进行面板门槛回归，估计结果见表 5-7。全国及东中西部地区地级市土地财政均能显著影响经济增长，其影响程度大小受制于公共物品供给水平。公共物品供给模型中全国地级市土地财政的回归系数均在 1% 的水平上显著，当全国地级市的公共物品门槛变量越过第一门槛值 5.479 和第二门槛值 8.007 后，土地财政对经济增长的贡献随公共物品供给水平提高而大幅降低。公共物品供给水平低时，地方政府官员更易在政治晋升的驱动下将大部分土地财政投入到公路、铁路等经济性公共物品中（李勇刚、王猛，2015），经济快速上升；当公共物品水平较高时，地方政府持续对经济性公共物品投资以获取土地财政收入，而忽视了教育、医疗、社保等非经济性公共物品的投资，公共物品供给结构畸形化（汤玉刚等，2016），进而表现为全国地级市的经济增长对公共物品供给敏感性不够。具体来讲，西部地区较东中部地区的土地财政更能显著影响经济增长。当西部地区分别跨过公共物品的第一门槛值 5.095 和第二门槛值 6.016 后，土地财政对经济增长的促进作用远高于东中部地区，可能的原因是西部地区本身公共物品供给欠缺，一旦国家政策倾向西部，例如西部大开发战略，政府对公共物品的投入就能明显减缓人才和资本外流，西部地区经济规模大幅度提高。总之，土地财政对经济增长具有明显的公共物品门槛效应。现阶段全国地级市已达到公共物品投资门槛，长期上应平衡经济性和非经济性公共物品投资，以寻求最优投资效率；区域差异上，相较于东中部地区，可着重加强对西部地区公共物品的投资，扭转人才和资本外流现象，以促进西部地区经济持续增长。

表 5-7　　公共物品供给模型回归结果

变量	全国	东部	中部	西部
lnCAP	0.150^{***}	0.160^{***}	0.149^{***}	0.168^{***}
lnRETAIL	0.477^{***}	0.401^{***}	0.442^{***}	0.425^{***}
lnSCI	0.012^{***}	0.015^{***}	0.005	0.014^{***}
lnEDU	0.059^{***}	0.066^{***}	0.073^{***}	0.083^{***}
lnLF（Ⅰ）	0.048^{***}	0.035^{**}	0.045^{***}	0.037^{***}

续表

变量	全国	东部	中部	西部
lnLF（Ⅱ）	0.041***	0.045***	0.040***	0.045***
lnLF（Ⅲ）	0.036***	0.036***	0.029***	0.053***

注：*** 表示 $p<0.01$，** 表示 $p<0.05$，* 表示 $p<0.1$。

对产业结构调整模型进行面板门槛回归，估计结果见表5-8。全国及东中西部地区地级市土地财政能显著影响经济增长，在不同产业结构水平下促进作用呈现差异化。产业结构调整模型中全国地级市土地财政的回归系数均在1%的水平上显著，当全国地级市的产业结构门槛变量分别越过第二门槛值0.947后，土地财政对经济增长的贡献显著降低。当产业结构水平低时，由于全国着力加强供给侧结构性改革特别是对房地产市场过热现象的干预，土地供应计划调整，传统资源、钢铁、煤炭和金属等重工业以及建筑产业比重不断下降，而纺织、装备制造和电子信息等高附加值和高技术产业增长态势明显，第二产业结构逐渐优化；在高速城市化的背景下地方政府不断加大对商住用地的供给，使得第三产业形成规模效应，推动地区经济增长。当产业结构水平高时，地方政府为持续获取土地财政收入，大规模释放房地产业、商业服务业等方面的土地资源，消费性服务业大大超过研发、科学研究和综合技术等生产性服务业，产业结构虚高，使得经济增长放缓。另外，西部地区的土地财政较之东中部地区，更能影响地区经济增长。可以明显看到西部地区产业结构在跨越第一门槛值0.338和第二门槛值0.676后，对经济增长的影响依旧比东中部地区的影响大，可能是西部地区可通过土地财政以不断引入外来资本和外来产业，特别是在承接东部和中部的产业转移基础上，依托自身优势资源发展特色产业，从而迎来更快的经济增长。总之，土地财政对经济增长具有明显的产业结构门槛效应。无论是在东部、中部还是西部地区，都应加大对产业结构的调整力度，有效引导房地产业持续健康发展，注重第三产业技术创新力的激发与转换，进而实现产业结构升级与经济增长良性互动，同时，在西部地区更需着重加强对西部的优势产业建设，以更快缩小区域间经济差距。

表 5-8　　　　　　　　　产业结构调整模型回归结果

变量	全国	东部	中部	西部
lnCAP	0.166***	0.150***	0.141***	0.162***
lnRETAIL	0.436***	0.443***	0.491***	0.469***
lnSCI	0.011***	0.021***	0.003	0.014**
lnEDU	0.064***	0.063***	0.056***	0.076***
lnLF（Ⅰ）	0.039***	0.045***	0.039***	0.069***
lnLF（Ⅱ）	0.049***	0.039***	0.031***	0.052***
lnLF（Ⅲ）	0.042***	0.033***	0.023***	0.044***

注：*** 表示 p<0.01，** 表示 p<0.05，* 表示 p<0.1。

分析结果表明，土地财政通过公共物品供给、产业结构两条路径作用于经济增长，并且存在明显的门槛效应。当公共物品供给水平较低时，土地财政支出重点倾向于经济性公共物品供给以发展地方经济，土地财政促进经济增长；当公共物品供给水平较高时，地方政府持续供给经济性公共物品，公共物品供给结构畸形化，土地财政对经济增长促进作用明显收敛。当产业结构水平较低时，工业用地和商住用地大量供给激发地区经济活力；当产业结构水平较高时，地方政府大规模释放房地产业、商业服务业等方面的土地资源，产业结构虚高，土地财政对经济增长促进作用明显收敛。区域差异上，西部地区较东中部地区土地财政在公共物品和产业结构门槛下对经济增长促进作用更强，说明现阶段以公共物品投资和特色优势产业发展为主的新时代西部大开发战略有助于扭转人才和资本外流现象，进而缩小与东中部地区间的经济差距。这对于如何优化公共物品供给结构和产业结构、缩小区域间经济差异提供了新视角，也为将土地财政、公共物品与产业结构有机结合提供了明确的政策建议。

第三节　公平评价：土地财政对地方财政支出结构的影响

基于影响评价的理论框架，主要分析土地财政偏好对地方财政支出结构的影响，反映土地财政偏好带来的公平问题。首先在理论上探讨地方政府土地财政收入与财政支出偏好之间的内在逻辑关系，提出土地财政行为的内在强化机制理论命题。同时，考虑了预算内土地税收收入和预算外土地出让收入在预算管理体制、受监管程度等方面的差异,分别分析了两者与地方财政支出偏好的不同影响机制,发现预算外的土地出让收入存在更为明显的内在强化机制。其后,构建了联立方程组模型,进行实证检验,进而为理解地方政府的土地财政行为提供一个新的视角。

一 理论分析与研究假说

(一)分析框架

我国中央政府与地方政府之间的关系以分税制和自上而下的绩效考核制度为特征。1994年,分税制改革使中央政府的财政收入逐渐增加,但同时也导致地方财政收入的不断减少,而且地方财政支出非但没有减少反而增加,进而给地方政府的财政收支带来了巨大的压力。同时,由于基于GDP的绩效考核体系是中央政府控制地方政府的主要手段,所以为了突出政绩,地方政府就会优先发展地方经济。这一制度背景就对地方政府的财政支出偏好产生了重要影响(陶然等,2007;傅勇、张晏,2007)。这也是本书分析框架建立的制度背景,由此重点阐释土地财政收入与地方财政支出安排的内在强化机制如图5-3所示。

影响地方财政支出安排的因素很多,包括财政收入的初始禀赋、地方政府各部门的发展目标、中央与地方的收入分配情况等。由于地方政府拥有的可支配财政收入资源越多,其财政支出能力越强。因此,财政收入最大化和经济发展就成为地方政府的中心目标。当地方政府在决定财政支出时,往往会考虑所在辖区的偏好,例如,一个仁慈型地方政府会选择最优的公共支出结构使辖区内居民和企业的福利最大化,而一个自利型地方政府会选择追逐自身收入和利益最大化(Edwards and Keen,1996;Keen and Marchand,1997;Rauscher,1998)。特别是当地方政府承担了提供公共产品的成本,如果此时地方政府只能得到部分有限收益,那么就会选择将更多的财政支出用于满足自己的私人利益(Hatfield,2013)。

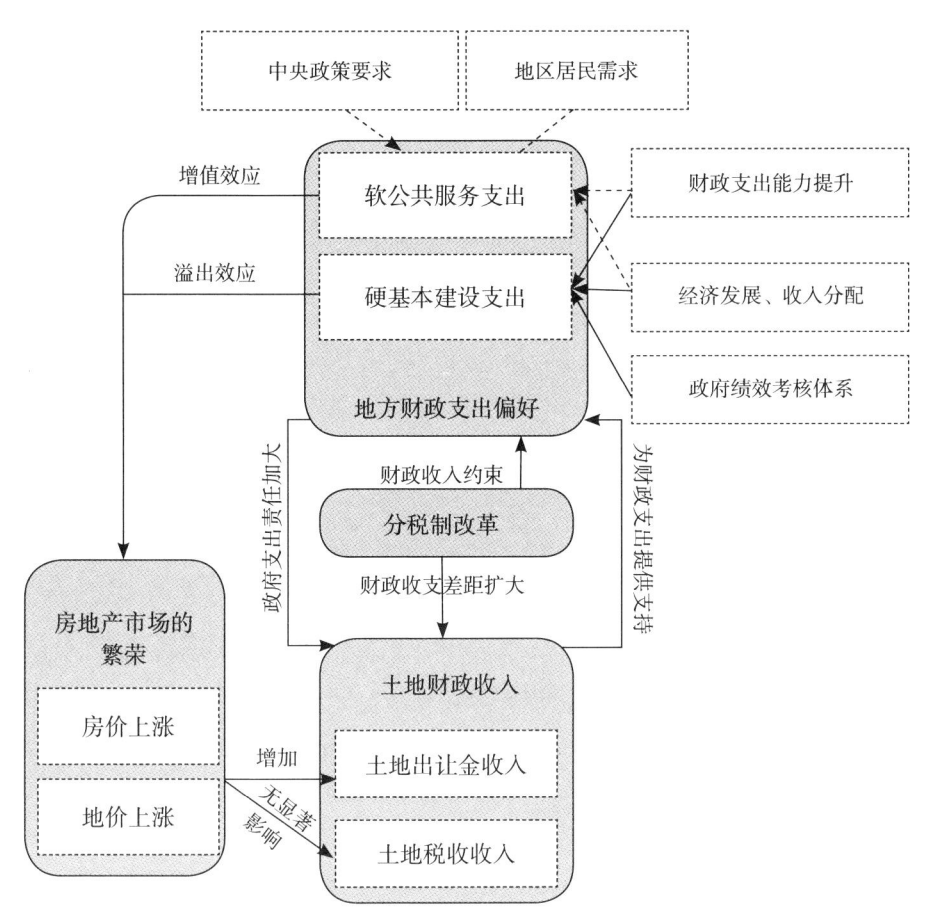

图 5-3　土地财政收入与地方财政支出的内在强化机制

（二）土地财政收入对地方财政支出的影响分析

从收入分配的角度来看，自 1994 年分税制改革以来，土地出让金和与土地相关的税收都属于地方政府，因此地方政府就有更强的动力去优先安排能够带来土地财政收入的财政支出项目（周飞舟等，2013；黄国龙等，2013）。具体来说，地方政府会增加基本建设支出，改善投资环境，促进土地和房地产价格的上涨，从而增加地方政府的土地财政收入（Guo and Shi，2018；Huang and Du，2018）。在地方财政收入总量固定的情况下，随着基本建设支出的规模和比重的扩大，教育科技、社会保障、医疗卫生等公共服务方面的支出规模和比重自然就会减少。此外，与公共服务支出相比，基本建设支出对地方经济增长的贡献也更大。因此，我们认为，由于地方政府追求以土地为基础的财政收入，他们的财政支出偏好更倾向于"基本建设等硬件上，而非公共服务等软件上"。

随着土地财政收入的快速增长，显著改善了地方财政收入水平，地方政府支出能力也得到了极大提升。那么地方政府在满足基本建设的同时，是否会增加软公共服务方面的支出规模和比重呢？一方面，在公共服务需求快速增长的背景下，中央政府从2004年开始出台了一系列文件[①]，对土地出让收益的使用和用途进行了限制，还要求地方政府将日益增长的土地出让收益用于农业、水利、教育、保障房建设等公共服务的改善上；另一方面，依据对地方政府理性人的假设，预期地方政府不会显著增加公共服务方面的支出，但由于中央政府决定着地方政府官员的晋升通道，不排除地方政府官员为了迎合中央政府的政策要求，而象征性地或者适度地提高公共服务支出比重。但基于土地财政行为偏好，地方政府依然会优先安排基本建设支出。

因此，提出第一个理论假说：地方政府的土地财政行为将促使地方政府形成对基本建设支出的强偏好和对公共服务支出的弱偏好，即加剧地方"重硬轻软"的财政支出偏好。而且即使面临中央政府的政策约束，地方财政支出偏好也不会发生较为明显的改变。

（三）地方财政支出对土地财政收入的影响分析

如上所述，地方政府对基本建设的支出偏好强度高于对公共服务的支出偏好强度，从而有助于获取更多与土地有关的财政收入。但这一假设的前提是，土地增量开发带来的土地收益会随着基础设施的改善而增加（Yuan et al., 2018）。由于财政收入和支出之间具有相互作用的机制过程，仅仅单方面分析土地财政收入对财政支出偏好的影响机理是不够的，本书

---

① 主要的文件包括2004年《国务院关于将部分土地出让金用于农业土地开发有关问题的通知》和财政部、国土资源部关于印发《用于农业土地开发的土地出让金收入管理办法》的通知，2006年《国务院办公厅关于规范国有土地使用权出让收支管理的通知》，2010年财政部、国家发展改革委、住房城乡建设部《关于保障性安居工程资金使用管理有关问题的通知》，2011年《财政部、教育部关于从土地出让收益中计提教育资金有关事项的通知》，财政部、水利部印发《关于从土地出让收益中计提农田水利建设资金有关事项的通知》等，这些文件规定了从土地出让收益计提部分比例分别用于农业土地开发、农田水利建设、教育投入以及保障房建设等领域。

继续关注财政支出对土地财政收入的影响作用,并提出土地财政行为的内在强化机制问题。该问题主要包括三个方面:一是土地财政收入的增加会促使基本建设支出规模和比重的增加,基本建设支出又相应地改善了地方基础设施条件,这将引致土地价格的上涨,带动房地产以及建筑业的快速发展,进一步诱致地方政府实施土地财政策略,以获取土地财政收入。二是土地财政收入提高了地方政府的财政能力,可能促使地方政府提高公共服务方面的财政支出规模和比重,然而公共服务供给能力的增加和服务水平的改善(陈永正、董忻璐,2015),特别是教育类的公共投资,可能对土地价格、房地产价格产生溢出效应,进而增加土地财政收入(周京奎、吴晓燕,2009)。三是随着地方政府财政支出责任的不断增加,面临较强财政收入约束和财政收支压力的地方政府,为了缓解财政收支压力,将会进一步实施土地财政行为,从而形成土地财政的内在强化机制。

从土地财政收入构成来看,主要包括预算内的土地税收收入和预算外的土地出让金收入,由于预算内收入和预算外收入分属不同的管理体系,受到的监管程度也不一致,因此土地税收收入和土地出让金收入与地方财政支出偏好之间的相互影响机制可能存在差异。相对来说,预算外的土地出让金收入受到的监管更为宽松,地方政府对其支配权也更充分自主。因此,土地出让金可能具有更加显著的内在强化机制。当面临更强的财政收支约束时,地方政府也可能更加倾向于追逐土地出让金收入。这与现实中地方政府严重依赖于一次性的预算外土地出让金收入是相吻合的。而预算内的土地税收收入就受到严格的预算管理,地方政府对土地税收的使用和支出不具备完全的自主权和分配权,导致的结果就是土地税收可能不会显著加剧地方财政的"重硬轻软"支出偏好,其对财政支出具有的价值增值效应也缺乏敏感的反应。

因此,提出第二个理论假说:政府财政支出带来的价值增值效应和溢出效应以及地方政府财政支出责任的加大将促使地方政府进一步强化土地财政收入偏好,形成土地财政的内在强化机制。

二 数据来源

考虑到数据的可获性和连贯性,本书利用1999—2014年全国31个省级地区的面板数据（港澳台地区未纳入分析）[1]进行研究分析。其中预算财政收入、支出、土地相关税收、人均 GDP 等数据来源于各年《中国统计年鉴》，小学、初中和高中在校学生数、少年儿童抚养比、老年人口抚养比、年底总人口和户籍人口等数据来源于各年的《中国统计年鉴》和《中国人口与就业统计年鉴》。土地出让收入、土地出让面积和土地市场交易数据等来源于各年的《中国国土资源统计年鉴》。

三　模型构建

前文的理论分析表明土地财政收入与财政支出之间具有相互影响作用，需要构建方程组来识别两者间的具体影响机理。同时，地方政府每一年的财政收入总量是既定的，各类预算内支出安排又是同时做出的，财政支出结构方程的干扰项之间很有可能存在相关性。因此，构建联立方程组模型来检验上述理论命题。

具体模型构建方面，考虑到数据的可获性，本书选取土地出让金和土地税收两个指标来表示地方政府的土地财政收入[2]。由于预算内收入和预算外收入在管理体制和监管程度等方面存在差异，因此分别构建土地出让金方程和土地税收方程。考虑到土地财政收入规模变量与控制变量之间的相关性问题，做进一步处理，选用土地出让金收入比重（RLG）和土地税收收入比重（RLT）两个指标。地方政府的财政支出主要考虑其在硬环境的基本建设和软环境的公共服务两个方面的支出偏好，因此选用地方政府预算内基本建设支出比重（RCC）和公共服务支出比重（RPS）两个指标来表示。地方政府财政支出也包括预算外的支出类别，之所以考虑预算内的财政支出状况，是因为如果受到严格预算监管的预算内支出都呈现某种显

---

[1]　2007 年地方财政支出结构统计口径发生了较大变化，基本建设支出一项在 2007 年之后无明显对应的口径，主要包含在公共服务支出中，但两者变化规律较为一致。科教文卫支出主要由教育和科学技术两项支出构成，与 2006 年以前科教文卫支出的变化规律相似，而社会保障的统计口径相对较为一致，且 2007 年前后的变化规律基本一致。因此，本书根据 2002—2006 年 5 年的平均增长率，对 2007 年的基本建设支出和公共服务支出进行了修正，2007 年之后的数据则保持了原始数据的增长规律。

[2]　此外，土地抵押贷款收入也是土地财政收入的重要来源，但现有的关于土地抵押金额的统计数据更多地包括土地（不动产）使用权人在土地二级市场进行的抵押贷款行为，从中无法有效地甄别以地方政府为主体进行的土地抵押行为。而本书尝试在模型中加入此变量，但效果并不理想。

著的偏好，而且与土地财政具有极强的关联，那么在相对监管程度较为宽松的预算外支出方面，地方政府的支出偏好应该更加明显。基于此，最终形成如下的具体计量模型：

$$RCC_{it}=\alpha_1+\alpha_2 RLG_{it}+\alpha_3 RLT_{it}+\alpha_4 W \times RCC_{it}+\alpha_5 X_{it}+\varepsilon_{it}$$

$$RPS_{it}=\beta_1+\beta_2 RLG_{it}+\beta_3 RLT_{it}+\beta_4 W \times RPS_{it}+\beta_5 X_{it}+\sigma_{it}$$

$$RLG_{it}=\gamma_1+\gamma_2 RCC_{it}+\gamma_3 RPS_{it}+\gamma_4 W \times RLG_{it}+\gamma_5 X_{it}+\xi_{it}$$

$$RLT_{it}=\kappa_1+\kappa_2 RCC_{it}+\kappa_3 RPS_{it}+\kappa_4 W \times RLT_{it}+\kappa_5 X_{it}+\theta_{it}$$

式中，RCC 和 RPS 分别是各省级地区预算内基本建设支出和公共服务支出占预算内财政总支出的比重。RLG 是各省级地区土地出让金占财政预算总收入的比重[①]。RLT 是各省级地区土地相关税收占预算内财政总收入的比重。下标 i 和 t 分别表示第 i 个省份和第 t 年。ε_{it}、σ_{it}、ξ_{it} 和 θ_{it} 是残差项，W 是空间权重矩阵，$W \times RCC$、$W \times RPS$、$W \times RLG$、$W \times RLT$ 分别反映相邻省份 RCC、RPS、RLG、RLT 的空间相关性，X 是一组控制变量矩阵。

四 变量选取与说明

根据模型，将从内生变量和外生变量两方面选取相应指标，而内生变量作为核心变量，包括 RCC、RPS、RLG 和 RLT；外生变量从财政支出偏好和土地财政收入两方面选取指标，所选具体指标见表5-9。

（一）内生变量：核心变量

联立方程组的内生变量中，RCC 和 RPS 两个指标代表地方政府的财政支出偏好，其中基本建设支出比重（RCC）反映了地方政府在经济发展、基础设施建设等硬环境建设方面的支出倾向，而公共服务支出比重（RPS）主要包括科技三项、教育事业、科学事业、卫生经费和社会保障等方面的支出，主要反映地方政府在科技教育、环境卫生和社会保障等软性公共服务方面的支出倾向。RLG 和 RLT 两个指标代表地方政府的土地财政收入，其中土地税收收入比重（RLT）是地方财政预算内的房产税、城镇土地使

[①] 土地出让金属于地方政府预算外的基金收入，考虑到土地出让金收入已经成为地方政府重要的预算外收入来源，甚至部分地区的土地出让收入规模已经超过了其预算内财政收入，本书在计算土地出让金比重时，主要考虑土地出让收入在地方财政收入中的比重。所以，土地出让收入比重的计算公式为：RLG= 土地出让金 /（土地出让金 + 预算内财政收入）×100。

用税、土地增值税、耕地占用税和契税五项税收的加总。

考虑到土地财政与财政支出之间的影响可能具有滞后效应，因此联立方程组中分别加入了四个内生变量的滞后一期项（RCC-1、RPS-1、RLG-1、RLT-1），并且将滞后变量看作是外生变量。

（二）外生变量：财政支出偏好方程

首先，对于财政支出偏好方程，更强的财政收入约束和财政收支压力应导致其财政支出更偏好于基本建设而非公共服务。因此，选用地方政府预算内财政收入（GBR）和地方政府预算内财政收支比例（RGF）来反映地方政府面临财政收入约束和财政收支压力时的财政支出倾向。一般而言，地方政府面临的财政收入约束越强，面临的财政收支压力越大，其优先安排基本建设支出的倾向就更加强烈，相应的公共服务支出就减少。理论上预期 GBR 对 RCC 具有正向作用，对 RPS 具有负向作用。同时，地方财政收支压力越大，其通过基本建设支出，拉动经济发展，获取财政收入的倾向也更加强烈，即地方财政收支比例越小，财政收支压力越大，基本建设支出比重应越大，所以预期 RGF 和 RCC 之间存在负相关关系。

其次，结合 Mauro（1998）和傅勇、张晏（2007）利用学龄结构指标来控制中小学教育对财政支出的约束，本书选取了小学、初中和高中在校学生数占年底总人口的比重（RP、RJ 和 RS）三个指标来反映中小学义务教育对财政支出的影响作用。考虑到不同年龄人群对公共服务的需求不同，我们在模型中同时考虑了儿童抚养比（CDR）和老年扶养比（ODR），由于不同年龄阶段的人口对公共服务支出的需求不一，特别是老年人口和儿童对社会保障支出的需求更大，因此预期两个指标对公共服务支出具有正向作用。而由于地方政府在提供公共服务时，可以依据户籍状况区分本地居民和外来人员，而提供基本建设支出时则很难区分本地居民和外来居民。因此，考虑到数据的可获性，本书选取非本地户籍人口占总人口的比重（REP）作为指标，来反映当地外来人口规模对地方基本建设支出的影响作用，可以预期外来人口比重越大的地区，基本建设支出比重也越高。

最后，本书引入了一组虚拟变量来衡量国家政策的影响，其中包括西部大开发战略（D_E）对西部地区基础设施建设、生态环境和科技教育投入等方面的影响，具体将 2000 年以后的西部 12 个省级地区赋值为 1，其余为 0。2002 年开始的中央与地方所得税收入分享改革将地方所得税的 50% 上缴中央（D_02），2003 年中央继续将这一比例提高到了 60%（D_03），这一改革对地方财政收入产生了一定的影响，进而影响了地方政府的财政支出偏好。在土地出让收益管理政策方面，主要包括 2004 年《国务院关于将部分土地出让金用于农业土地开发有关问题的通知》和财政部、国土资源部关于印发《用于农业土地开发的土地出让金收入管理办法》的通知，2010 年财政部、国家发展改革委、住房城乡建设部《关于保障性安居工程资金使用管理有关问题的通知》，2011 年《财政部、教育部关于从土地出让收益中计提教育资金有关事项的通知》，财政部、水利部印发《关于从土地出让收益中计提农田水利建设资金有关事项的通知》等，这些文件规定了从土地出让收益计提部分比例分别用于农业土地开发、农田水利建设、教育投入以及保障房建设等领域。根据这些政策出台的年份，分别设置三个政策虚拟变量（D_04、D_10、D_11）。这些政策虚拟变量均对相应年份之后赋值为 1，之前为 0。

表 5-9　　　　　　　　　　变量定义及计算方法

变量代码	变量含义	计算方法
RCC	基本建设支出比重	基本建设支出 / 总财政支出 ×100
RPS	公共服务支出比重	科技、教育、卫生和社保支出 / 总财政支出 ×100
RLG	土地出让收入比重	土地出让金 /（土地出让金 + 预算内财政收入）×100
RLT	土地相关税税收比重	土地相关税收 / 预算内财政收入
GBR	地方预算内财政收入	统计年鉴原始数据
RGF	地方预算内财政收支比重	地方预算内财政收入 / 预算内财政支出 ×100
RP	小学在校学生数比重	小学在校学生数 / 年底总人口 ×100
RJ	初中在校学生数比重	初中在校学生数 / 年底总人口 ×100
RS	高中在校学生数比重	高中在校学生数 / 年底总人口 ×100
REP	非本地户籍人口比重	100-（本地户籍人口数 / 年底总人口 ×100）
CDR	少年儿童抚养比	0—14 岁人口数 /15—64 岁人口数 ×100
ODR	老年人口抚养比	65 岁及以上 /15—64 岁人口数 ×100
D_E	西部大开发战略	2000 年及以后的西部 12 个地区赋值为 1，其余为 0
D_02	2002 年所得税分成比例改革	2002 年及之后赋值为 1，之前为 0

续表

变量代码	变量含义	计算方法
D_03	2003年所得税分成比例改革	2003年及之后赋值为1，之前为0
D_04	严格土地出让收益管理政策	2004年及之后赋值为1，之前为0
D_05	加强土地税收管理政策	2005年及之后赋值为1，之前为0
D_10	土地出让收益中计提保障性安居工程资金	2010年及之后赋值为1，之前为0
D_11	土地出让收益中计提教育资金和农田水利建设资金	2011年及之后赋值为1，之前为0
PGDP	人均GDP	统计年鉴原始数据
LGA	土地出让面积	统计年鉴原始数据
LPM	一级市场发育	各土地一级市场交易方式所占比重的加权综合值

（三）外生变量：土地财政收入方程

对于土地财政收入函数，我们使用人均GDP（PGDP）和土地出让面积（LGA）来表示区域发展的影响，预期经济发展水平越高的地区，土地财政收入也越高。由于土地财政收入主要来自增量土地开发环节，即土地一级市场，因此构建了土地一级市场（LPM）指标来反映其对土地财政收入的影响。在方程的识别变量方面，选取了地方预算内财政收支比例（RGF）来反映地方财政收支压力下，地方政府的土地财政偏好。一般来说，地方财政收支压力越大，地方政府实施土地财政行为的动机越强烈。由于其是负向指标，因此预期其对土地出让收入具有负向作用。同时，国家税务总局、财政部和国土资源部在2005年下发了《关于加强土地税收管理的通知》，其进一步强化了土地税收的管理，故构建了相应的虚拟变量（D_05）来反映该项政策对土地税收收入的影响，具体的在2005年之后赋值为1，之前为0。

有必要指出，这四个方程中控制变量的使用并不完全相同。RCC和RPS方程中的相同变量包括GBR、RGF、RP、RJ、RS、D_E、D_02、D_03、D_04、D_10和D_11，不同之处在于RCC方程中使用了REP，而RPS方程中使用了CDR和ODR变量。RLG和RLT方程的相同控制变量包括PGDP、LGA和LPM，不同之处在于RGF变量在RLG方程中，D_05变量在RLT方程中。

五 模型估计及结果分析

应用前文构建的联立方程组，由于方程组的内生变量 RCC、RPS 与 RLG、RLT 之间具有相互影响的关系，如果用普通最小二乘法估计参数，所得到的估计量是有偏的和不一致的。同时由于在方程组中加入了内生变量的滞后项，本书采用 Nelson 和 Olson（1980）的三阶段最小二乘法对联立方程进行估计，该估计方法同时消除了方程之间随机干扰项所带来的影响（具体计量结果见表 5-10）。

表 5-10　地方政府土地财政行为与财政支出结构的联立方程组模型估计结果

	Eq1（RCC）		Eq2（RPS）			Eq3（RLG）		Eq4（RLT）	
	c	t-statistics	c	t-statistics		c	t-statistics	c	t-statistics
RLG	0.16	1.46	0.27***	4.13	RCC	-2.09***	-4.27	-0.13	-0.83
RLG-1	-0.04	-0.58	-0.11**	-2.48	RCC^{-1}	1.59***	3.64	-0.18	-1.33
RLT	-3.70***	-4.23	-1.73***	-3.34	RPS	-4.20***	-6.2	0.50*	1.91
RLT-1	2.52***	2.98	1.67***	3.34	RPS^{-1}	4.39***	7.15	-0.37	-1.61
WRCC	0.01	0.45			WRLG	0.00	0.48		
WRPS			-0.03***	-3.00	WRLT			-0.01	
GBR	0.00***	2.91	0.00	-0.46	PGDP	0.00	1.12	0.00***	-1.52
RGF	-0.07**	-2.08	-0.02	-1.26	LGA	0.00***	8.74	0.00***	7.39
RP	0.28	1.18	0.09	0.39	LPM	0.12***	2.85	0.07***	5.14
RJ	-2.24***	-3.98	1.19***	3.56	RGF	0.02	0.62		5.25
RS	1.38	1.19	-1.41**	-1.98	D_05			1.27**	2.38
D_E	0.06	0.07	-2.94***	-4.97					
D_02	2.66	1.47	1.14	1.06					
D_03	-2.15	-1.09	-1.88	-1.58					
D_04	-1.05	-0.63	-0.59	-0.59					
D_10	-2.11	-1.32	-3.68***	-3.64					
D_11	-1.83	-1.06	2.77***	2.68					
REP	0.12***	2.41							
CDR			-0.15**	-2.16					
ODR			-0.22**	-1.98					

注：***、**、* 分别表示统计检验显著性水平 1%、5%、10%。

（一）土地财政收入影响地方财政支出偏好的结果分析

模型估计结果表明土地出让收入对公共服务支出有显著的正向作用，而土地出让收入的滞后项对于公共服务支出有负向作用。这表明在短时期内，土地出让收入在激励地方政府增加公共服务财政支出和投资方面发挥着重要作用。但是，从长期来看，土地出让收入增加会显著降低公共服务支出比重，即土地出让收入加剧了地方政府"重硬轻软"的财政支出偏好。

土地税收在短期内对基本建设和公共服务的支出均有显著的负向作用，而土地税收的滞后项对基本建设和公共服务的支出都具有正向影响。这表明，土地税收长期地增加会引起基本建设和公共服务支出的增加。而这些影响的产生，一方面，可归因于地方预算内财政收入在公共服务支出中的重要作用：土地相关税收属于地方政府长期、稳定、持续性的预算内财政收入，其收支情况受到相对严格的监管。土地税收在优先满足基本建设支出的同时，也会适当地用于公共服务方面的支出，尽管这类支出与所在辖区居民的需求还相去甚远。另一方面，可归因于土地税收收入滞后项才具有改善公共服务支出的效应，这是基于土地税收收入长期增加的预期。并且，尽管土地税收收入有改善公共服务支出的作用，但在长期性地改善土地税收收入的预期下，地方政府依然对硬基本建设支出具有强偏好。

综上所述，土地财政收入会加剧地方政府"重硬轻软"的财政支出偏好，即地方政府在土地财政偏好下，会更加注重硬基本建设方面的支出，而忽略社会公众对地方政府提供软公共服务的需求。然而由于土地税收收入与土地出让金收入分属不同的管理体系，两者具有不同的特点。土地出让金收入在短期上存在波动性，在长期上又面临缩水（甚至消失）的风险，极易受到土地市场、房地产市场、国家土地出让相关政策等的影响，而土地税收收入基本保持稳定。可能的原因是前者比后者对于国家、地方政策和宏观经济条件更为敏感（Yuan et al., 2018），而且土地出让金收入属于地方政府预算外收入，相应的财政收支监管还不十分严格和完善。

需要指出的是，实证结果没有支持理论分析的另一种可能，即土地财政收入的增加，提高了地方政府的财政收支能力，在面临中央政府和社会公众对公共服务供给的强烈要求和需求的情况下，地方政府可能会增加公共服务方面的支出比重。结果显示地方政府并没有增加公共服务支出的意愿和行为，这也说明地方政府的土地财政行为，对地方政府"重硬轻软"的财政支出偏好具有显著的强化作用。即使面临中央政府的政策约束，地方财政支出偏好也不会发生较为明显的改变。

通过以上分析，本书认为在现有的地方政府预算内财政收入支出框架下，地方政府的土地财政行为加剧了地方"重硬轻软"的财政支出偏好，验证了理论假说一。

（二）地方财政支出影响土地财政收入的结果分析

根据方程3和方程4的计量结果，当期基本建设支出和公共服务支出对土地出让收入都具有显著的负向影响，两者的滞后项则都对土地出让收入具有显著的正向影响。这一结果表明，地方政府的财政支出偏好对土地出让收入的影响作用是一致的，而且财政支出增加带动的土地财政收入增长效应，具有显著的滞后性。因为在经济发展处于较低水平时，基础设施建设比较落后，基本建设支出成为发展经济的必需支出项目，此时基础设施条件的改善作用并不明显，对土地价格的增值作用并不强烈。只有当基本建设支出达到一定规模，土地价格增值效应才会集中体现，从而形成基本建设支出与土地出让收入的内在强化机制。此外，公共服务支出比重的提高，会改善地区的教育、卫生、医疗、社会保障等软环境，进而产生价值溢出效应，提高土地价格，带来土地相关收入的增加，也会形成公共服务支出与土地财政的内在强化机制。但是无论是基本建设支出带来的基础设施条件改善效应，还是公共服务支出带来的环境溢出效应，都不会在当期就体现出来，具有滞后性。

相比之下，基本建设支出对土地税收的影响并不显著，可能的原因在于，土地税收作为长期稳定的地方财政预算内收入，其税种、税基和税率都相对比较稳定，对财政支出引起的土地价格上涨并不敏感。而且目前中国的土地税收主要来源于增量土地的开发环节，存量土地价值增加并不会显著地提高地方政府土地税收收入。但公共服务支出对土地税收又有显著的影响，表现为当期为正，滞后项为负。可能原因在于：公共服务支出带来的环境、配套设施改善产生的土地价值增值，主要是通过二级市场交易来实现价值增值，而在二级市场交易过程中，政府可以获得一部分相关的土地税收收入。但是这种价值增值效用长期来看并不显著，主要也是因为土地税收实际上是一次性收入，不是长期收入。即便是公共服务改善，也仅仅能增加一次土地税收收入，除非土地和房地产的交易频率非常高，当然这种可能性极低。

财政支出对预算内土地税收和预算外土地出让金收入的差异影响结果，证实了地方政府在面临日趋增加的财政支出责任时，会倾向于优先追逐预算外的土地出让金，而不是预算内的土地税收。同时证实了基本建设支出和公共服务支出都能有效增加土地出让收入，而预算内的土地相关税收收入对财政支出引起的土地价值上涨并不敏感，因此，扩大财政支出不会提高土地相关税收收入。而地方政府支出责任的增加会促使地方政府更加倾向于追逐土地出让金收入。从政府职能的角度看，地方政府财政支出和土地财政收入之间的内在强化机制不仅对其财政支出产生负面影响，即"重硬轻软"，还会破坏城市的长期管理和可持续发展。故此，转变获取土地财政的收入方式，增加公共服务的财政支出，有利于地方政府的财政行为偏好的转变，也就是从投资导向型政府向服务型政府转变（Yang et al.，2007）。

基于此，本书认为基本建设支出和公共服务支出会有效地改善地区基础设施条件和公共服务能力，能够带来土地出让收入的增加，但财政支出带来的土地价值增长效应具有滞后性。而预算内的土地税收收入相对受到较多约束，对土地价值上涨并不敏感，因此，财政支出的增加并不会带来土地税收收入的增加。而地方政府支出责任的增加会促使地方政府更加倾向于追逐土地出让金收入。总体来说，随着基本建设支出和公共服务支出规模比重的增加，地方政府获取土地出让金收入的倾向将更加明显，由此形成了财政支出与土地财政收入之间的内在强化机制，验证了理论假说二。

（三）外生变量影响地方财政支出偏好的结果分析

关于地方政府之间存在的空间相关性，模型结果表明：只有公共服务支出（RPS）具有显著的负向空间影响，其他三个变量不具有空间相互作用。可能的原因是，公共服务支出具有很强的外部性、非排他性和空间外溢性，比如公园、医院、广场等公共产品的公共服务支出，使得周边地区的部分居民能够享受到本地区提供的服务。在这种情况下，地方政府将不愿意继续提供公共产品服务。

另外，方程1和方程2还主要分析了地方财政收支约束、学龄结构、人口年龄结构、外来人口及各项政策对地方财政支出偏好的影响作用。

从财政收支约束指标来看，财政收入对基本建设支出具有显著的正向影响，而财政收支比例则对基本建设支出具有显著的负向影响。指标的估计结果与理论预期基本一致，说明地方政府在面临较强的财政约束和财政收支压力加大时，会优先安排基本建设支出，从而会降低公共服务支出的比重。

从学龄结构指标来看，小学在校学生数比重对基本建设支出和公共服务支出的影响都为正；初中在校学生数比重对基本建设支出的影响显著为负，对公共服务支出的影响显著为正；高中在校学生数比重对基本建设支出的影响为正，对公共服务支出的影响显著为负。这说明小学和高中在校学生数比重的增加会促使地方政府增加基本建设支出比重，公共服务支出（主要是科教文卫支出）则主要用于中小学教育，九年义务教育阶段之后，地方政府对教育的投入开始减少，高中在校学生数比重的增加反而带来了公共服务支出比重的降低，这可能是地方政府迫于中小学义务教育的任务，而并不是财政支出结构改善的表现。

从人口年龄结构指标来看，少年儿童人口抚养比和老年人口抚养比对公共服务支出都具有显著的负向影响，这个结果与理论预期存在一定差异。这主要是因为我国现阶段的教育事业支出和社会保障支出尚不能满足少年儿童人口和老年人口增加带来的需求。

从户籍状况指标来看，非本地户籍人口比重的增加对基本建设支出具有显著的正向影响，与理论预期一致。这一方面是因为地方政府在提供基本建设支出时，无法从户籍情况有效地区别本地人口和外地人口，而教育、医疗、就业、养老等软公共服务支出则可以根据户籍进行有效的甄别。另一方面，基本建设过程中需要大量的劳动力投入，其中大部分来源为外来人口，因此地方基本建设支出对外来人口进入具有较强的吸纳作用。

在各项政策对财政支出偏好的影响中，西部大开发战略对基本建设支出的影响作用并不显著，表明西部大开发政策对改善西部地区的基础设施条件未起到积极作用。同时，西部大开发战略强调的对科技教育等软公共服务方面的投入，并没有带来西部地区公共服务支出比重的增加，其反而对公共服务支出具有显著的负向影响，说明西部大开发战略并没有实现预期目标。2002年开始的所得税分成改革，对财政支出的影响并不显著，而在2003年中央收入分成比例进一步提高之后，对财政支出的影响作用由正变负，但不显著。表明分税制改革带来的财政压力确实加剧了地方财政支出的结构扭曲，与傅勇、张晏（2007）等学者的观点相同。而2004年以后中央对土地出让收益用途的限制政策，仅有2010年和2011年的政策对公共服务支出具有显著的影响，但这种影响方向并不稳定，表现为一正一负，表明中央加强对土地出让收益的管理政策效果并不明显，没有有效地降低基本建设支出比重，而对改善公共服务支出的实际效果则还需要相关政策真正地被地方政府所接受和执行。

（四）外生变量影响土地财政收入的结果分析

方程3和方程4主要分析了经济发展水平、财政收支状况、土地出让情况以及土地市场发育等因素对地方政府土地出让收入和土地税收的影响作用。结果表明，人均GDP和土地出让面积两项指标对土地出让收入和土地税收都具有正向影响，即随着经济发展水平的提高和土地出让面积的增加，土地财政相关收入也会增加。土地一级市场指标对土地财政收入也都具有显著的正向影响，证实了地方土地财政收入主要来源于土地一级市场的出让环节。从财政收支指标来看，财政收支比例对土地出让收入的影响并不显著，主要是因为土地出让收入的获取是依靠土地征收和出让制度安排，也就是说土地出让以及土地市场对土地财政具有更直接的影响。另外，关于土地税收的政策虚拟变量对土地税收收入具有显著的正向作用，表明该项政策对加强土地税收征收管理工作起到了较好的效果，提高了土地税收收入。

第四节 本章小结

地方政府土地财政偏好带来的影响涉及众多方面，如土地收益分配、城镇化进程、基础设施建设、经济增长、城乡统筹发展、土地市场制度改革等，这些影响都可以归纳为效率和公平的问题。因此，本研究重点从效率和公平的视角分析土地财政偏好带来的影响。首先，本章从四个层面构建了一个理论框架，梳理了地方政府土地财政偏好和效率、公平的逻辑关系：第一个层面，土地是一种资源，具有稀缺性、公共性和资产专用性等特点，决定了其资源配置效率、收益分配公平的目标；第二个层面，土地财政是地方政府围绕土地资源所进行的一系列收益分配、支出等活动，其中蕴含了大量的效率与公平问题；第三个层面，在中国式分权的经济、政治激励以及现行土地制度安排下，地方政府对土地财政产生了特定的收入、支出和策略偏好，并诱致地方政府行为偏向，从而导致土地财政效率与公平的偏差；第四个层面，立足于效率与公平的辩证统一关系，客观分析了土地财政和效率、公平的关系，以及地方政府土地财政偏好带来的影响。其次，根据理论框架，将地方政府土地财政偏好的影响评价集中在两个方面：一是效率的影响主要体现在土地财政对经济增长的影响，以此反映经济效率；二是公平的影响主要体现在土地财政对地方财政支出结构的影响，以此反映社会公平。因此，本章在进行理论分析后，进一步选取了量化指标和统计数据，运用经济计量模型对地方政府土地财政偏好的影响进行了实证研究。最后，根据理论分析框架和实证验证结果，对地方政府土地财政偏好和效率、公平之间的关系进行了总结，并阐释了其蕴含的政策含义及带来的启示。

在效率评价方面，主要通过土地财政影响经济增长来进行。首先建立了土地财政影响经济增长的理论框架，并提出了四个理论假说，一是土地财政具有的收入改善效应短期内对经济增长具有正向促进作用；二是土地财政对经济增长的作用路径主要是通过基础设施等公共物品投资或产业结构调整来实现，但存在公共物品和产业结构门槛效应，使其促进作用收敛；三是长期来看，土地资源稀缺性限制了土地财政的持续获取，会对经济增长产生抑制作用；四是土地财政对经济增长存在显著的空间影响，并且地方政府间的土地财政可能存在逐底竞争效应，从而不利于地区经济增长。其后，从两个层面进行实证分析：一是利用1999—2016年全国31个省份的相关数据，运用空间杜宾模型，从整体上分析土地财政影响经济增长的线性关系。研究结果显示：①土地财政对经济增长的影响呈倒"U"形，即短期内土地财政有利于促进经济增长，但长期来看，土地资源稀缺性导致的土地财政不可持续，会对经济增长产生抑制作用。研究结果证实了土地出让具有的收入改善效应和土地融资具有的政府债务延缓效应只在短期内对经济增长具有正向促进作用。②土地财政对经济增长存在显著的负向空间影响，即地方政府间的土地财政竞争存在逐底效应，导致人口和资本等要素的分流，不利于地区经济增长。二是利用2009—2016年282个地级市的数据，运用门槛回归模型，验证了土地财政影响经济增长的作用路径和门槛效应。结果表明：①土地财政支出偏好经济性公共物品供给以发展地方经济，长期上开发区建设和基础设施投资等蔓延式的扩张反而抑制经济增长；土地财政收入结构影响产业结构，长期上过于强调房地产业、低端制造业等产业的扩张反而抑制经济增长；②土地财政对经济增长存在显著的公共物品和产业结构门槛效应，公共物品或产业结构水平越高，土地财政对经济增长的促进作用越收敛；③西部地区较东中部地区土地财政在公共物品供给和产业结构门槛下对经济增长促进作用更强，说明现阶段以公共物品投资和特色优势产业发展为主的新时代西部大开发战略有助于扭转人才和资本外流现象，进而缩小与东中部地区间的经济差距。

在公平评价方面，现有的地方政府预算内财政收支互动框架下，地方政府的土地财政动机对地方财政支出偏好具有重要的影响。首先理论阐述了土地财政收入与地方财政支出偏好之间的内在强化机制，进而提出两个理论假设。一是基于地方政府的土地财政偏好，地方政府会形成"重硬轻软"的财政支出偏好。二是财政支出带来的土地价值增值效应和溢出效应以及日益增加的财政支出责任会共同促使地方政府继续追逐土地财政收入，形成土地财政的内在强化机制。进一步利用1999—2014年全国31个省级地区的面板数据，构建联立方程组进行实证检验。结果表明：①地方政府的土地财政动机加剧了地方政府"重硬轻软"的财政支出扭曲程度。而且即使面临中央政府的政策约束，地方财政支出偏好也不会发生较为明显的改变。②随着基本建设和公共服务支出比重的不断增加，地区基础设施条件和公共服务水平得到改善和提高，会对土地价值产生增值效应和溢出效应，从而带来土地出让收入的增加，形成地方政府土地财政内在强化机制。③从预算内土地税收和预算外土地出让金的不同影响作用来看，预算内土地税收受到更加严格的监管，因此，其在满足基本建设支出的前提下，会适当增加软公共服务支出，但这种财政支出改善效应不大。同时，财政支出责任的增加，会加大地方财政收支压力，促使地方政府更加依赖于土地财政，特别是追逐预算外的土地出让金。这一结果也验证了现实中地方政府对一次性获取的土地出让金收入的过度依赖，而在受到严格预算管理的土地税收收入方面，显得积极性不是很高。

上述结论的政策含义是，首先，要建立地方政府财政事权和支出责任相匹配的制度，由此降低地方财政收支压力。自20世纪90年代以来实施的分税制改革带来的地方财政收入下降、支出责任不变的结果，事实上加剧了地方财政收支压力，扭曲了地方财政支出结构，也引致了地方政府的土地财政倾向，形成了地方财政支出与获取土地财政的内在强化机制。因此，需要改革中央政府和地方政府之间关于财权和事权的责任和义务，引入中央政府或者社会公众等其他主体，改革对地方政府的激励结构和加强对地方政府行为的监管，以打破地方政府自身的土地财政内在强化机制。中央政府在财政收入能力得到提高的情况下，应加强自身在社会公共服务方面的供给职能，与地方政府进行相应的职能分配，提高整个社会公共服务的供给水平、质量和效率，打破分配不公的局面，切实保障居民享有的公共产品的权利。如果不调整当前地方政府承担的财政支出责任和事权结构，地方财政收支压力越来越大，将进一步激励地方政府实施土地财政策略，加剧地方财政支出结构的扭曲，从而引发土地财政收入分配不公，进而无法有效改变地方政府土地财政的内在强化机制。

其次，从土地出让收入与土地税收具有的不同特点与属性来看，预算内的土地税收相对受到更为严格的管理，其与公共服务支出之间的强化机制不是十分显著，土地出让收入成为地方政府的主要追逐目标。但当前的土地出让收入是一次性的，主要来源于增量土地开发环节，而且其受国家相关调控政策的影响也是十分直接和明显，因此，当前的土地财政获取模式本身不具有可持续性，土地财政收入在长期内面临消失的风险，这就需要改革当前地方政府主要依靠出让新增土地获取土地财政的方式，促使地方政府转向通过对现有土地的再开发利用、集约挖潜改造等方式提高土地价值，从中获取土地的增值收益。同时，要进行土地财政规模的深入调查和专项审计，健全土地财政收支预算管理体系，确保财政收支的公开透明度，便于接受社会的监督。

最后，要推进地方公共财政转型，由投资型政府转向服务型政府，并构建公共服务支出提高与土地财政规模增加的良性互动机制。当地方政府没有通过提供公共服务来获得相应的增值收益时，他们就失去了扩大公共服务供给和支出的动力，从而通过投资基本建设来增加土地出让收入。为了推进服务型政府的建设，一方面，要求地方政府更加重视科技教育、医疗、社会保障等公共服务产品的供给，保证财政收入二次分配的公平性与全民性。另一方面，应重新梳理和完善土地税收体系，统筹考虑如何在土地征收、出让、保有、交易、抵押等环节合理设置税种、税率等，增加土地保有环节的税收，使得政府能够从提高公共服务支出带来的土地增值效应中获取收入，正向激励政府提供公共服务供给，从而破解现有地方财政收支互动的内在循环路径难题。

综上分析，可以发现，地方政府的土地财政偏好行为对经济社会发展的效率和公平均产生了偏差影响，主要表现为地方政府对土地财政收入、土地财政策略的偏好使其更加注重经济社会发展的效率，而忽略了发展过程中的公平问题，且扭曲了土地财政支出和财政公共支出的结构，形成了"重硬轻软"的财政支出局面。因此，面对目前土地财政对城市经营和经济社会发展带来的负向效应，重点是要抑制地方政府对土地财政的偏好，降低地方政府偏好对市场经济运行和土地资源配置的过度干预。

第六章
地方政府土地财政行为的管控机制

根据前文分析，在现有的激励机制和土地有关制度安排下，地方政府对土地财政具有强烈的偏好，而且在短期内难以找到可以替代土地财政的其他策略选择，导致地方政府对土地财政存在严重的路径依赖（唐鹏，2014）。而这种土地财政强偏好已经对经济效率和社会公平产生了显著的影响作用，上述分析验证了"以地谋发展"的经济增长模式是不可持续的，也会对社会公平（比如初次收益分配、公共服务支出等）产生不利影响。这也成为大家期待地方政府积极推进土地财政转型和改革的重要原因。但不管是从经济理论还是法律制度上看，政府采取一些措施来引导土地资源优化配置、把土地作为调控经济的重要手段和增加政府收入的重要资源和资产，本身并无问题（贾康、刘徽，2012），而且地方政府通过土地财政迅速地完成了经济发展初期的资本积累，成为过去一段时期我国经济持续高速增长的重要因素（赵燕菁，2019a；赵燕菁，2019b）。同时，像美国等国家，地方政府也主要通过房产税等税收制度安排来获取土地收益。只是在中国的土地财政收入构成当中，土地税收收入比重较少而已。因此，尽管地方政府的土地财政偏好产生了一系列的负面影响，但其也具有一定的合理性和必然性，在未来也不会完全消失，可能是以其他的方式出现而已。那么如何认识当前阶段的土地财政问题及其负面效应就尤为关键。基于此，将土地财政看作一种客观存在的中性现象，不先入为主地假定土地财政是好或者坏，并结合当前的土地制度安排基础和地方政府行为选择面临的激励约束机制，从更宽广的制度框架层面来把握土地财政问题的实质，进而提出改革建议是本研究的重要出发点。

本章首先总结土地财政问题的实质，并以问题为导向，设定合理的改革目标，进而提出具体的政策建议，设计科学合理、具体可行的制度改革路径。重点围绕土地收益分配的核心问题，构建利益协调机制，回答收益分配的关键问题。从土地财政形成的外部激励机制、土地制度安排等因素出发，重点改变地方政府面临的激励来源，以改革动力机制的改变来引导地方政府土地财政行为的转变。同时，按照激励约束相容原则，加强对地方政府土地财政行为的监督约束。最后，结合地方财政体制、土地基础制度安排等内容，构建制度保障机制，全面支撑土地财政行为管控机制。

第一节　总体框架

结合前文分析，本节内容首先总结土地财政问题的实质，然后从效率、公平的角度提出土地财政行为管控的具体目标，接着遵循此目标导向，明确地方政府土地财政行为管控的基本思路，具体从改革动力机制、利益协调机制、监督约束机制和制度保障机制四个方面构建形成一套较为完备的土地财政问题改革路径体系。

一　土地财政问题的实质

土地财政的问题表现可以分成三个层面：一是土地财政在收入偏好、支出偏好和策略偏好等方面表现出的规律特征，比如收入规模、结构、支出结构等方面存在的问题，这类问题可以理解为土地财政在现实中的具体表现形式，即土地财政现象。然而这类现象并不足以反映土地财政问题的实质，因为地方政府呈现出来的对土地财政的强偏好或者弱偏好只是一种制度安排的结果。即并不能说土地财政规模大是一个问题，减少土地财政规模就解决了该问题。因此，需要深入理解这种现象产生的缘由和带来的影响。二是从土地财政偏好的形成机制来看，土地财政偏好形成既有外部强激励机制，也有土地制度安排具有的便利条件。其中，政府主导的土地收益分配机制是土地财政形成的核心根源。正是因为在土地增值收益分配体系中，地方政府获取了绝大部分收益份额，而其他主体只获取了较小部分份额，再加上其他主体缺乏利益表达机制，这才导致了围绕土地收益分配的社会矛盾加剧问题。从这点来看，土地财政问题实质是土地收益的分配问题。三是从土地财政带来的影响来看，基于效率与公平视角的影响评价结果表明土地财政对经济发展、财政支出公平性具有负面影响。而现实中土地财政带来的影响范围和程度可能更为广泛和深远，但其中的核心还是在于土地收益分配格局带来的后续影响，只是这种影响涉及的制度安排较为复杂，需要从更为宏观的制度体系框架来思考。尽管这个层面的问题已经超越了土地财政问题本身，但为理解与土地财政相关的政治经济制度安排，构建一个能够更为系统、能够综合管控地方政府土地财政行为的机制提供了一个宏观视角和整体视野。

具体从土地财政偏好的形成机制来看，一方面，中央政府与地方政府之间的财政分权、政治集权关系导致地方政府对土地收益的依赖。分税制财政体制框架下，地方政府面临着地方事权与财力不匹配、基本没有正式税权、收入分享体制不稳定、地方税体系建设明显缺位和滞后等因素叠加而带来的自主筹集税收收入能力不足的困境（Shadbegian，1999），寻求新的筹资渠道便成为缓解地方财政约束和实现地方预算平衡的主要行为目标。同时，由于地方政府对土地收益具有所有权、管理权和支配权，而且可控性强、自由裁量权大，再加上其主要形式是土地出让收入，没有完全被纳入综合财政预算管理的正常运行轨道，土地收益分配的灵活性较大，因此依赖土地收益成为地方财政扩张的具有操作性的选择项（刘明慧、路鹏，2014）。而在现行政治体制下，"政绩"是党政领导晋升的主要依据，而从上到下考核政府官员的政绩权重较高的是"GDP""财政收入"等容易量化的显性指标。这种政绩考核机制必然诱发地方政府的短期行为，将权重较高的指标作为自己的努力方向，即通过做大GDP、保证本级财政运转的同时上缴更多的财政收入来显示政绩，并以此来获得晋升的机会。在此背景下，最短与最简便的路径便是围绕着土地做文章，一块土地的出让可以吸引多家企业来投资，一块土地的收益可以顶上多家规模企业的税费收入，一块土地的拍卖可以陡增几个百分点的经济增长（谢国财、温正斌，2011）。

另一方面，现行土地制度安排形成了地方政府对土地的垄断经营，奠定了地方政府在土地收益分配中的主导地位。地方政府拥有独家规划、转用、建设的权力、独家买地的权力以及独家卖地的权力，这三项权力衍生的各项制度安排，使地方政府实际形成了对于城市建设用地的土地垄断专营制度（吴建瓴等，2014），导致地方政府在土地收益分配中占据主导地位，能够直接获得绝大部分土地收益。首先，地方政府对土地规划、转用、建设的垄断为土地提供了巨大的升值空间，为地方政府获取土地收益奠定基础。其次，地方政府对土地征收的垄断，特别是对土地征收补偿价格的主导，极大地降低了地方政府买地的成本；再加上地方政府对土地征收程序的垄断以及相关监督约束机制的缺乏，使地方政府的无限制征地和土地储备成为可能。再次，土地价格决定机制和收益分配机制均由地方政府决定，地方政府利用自己的主导地位制定有利于自己的土地价格机制和收益分配机制，使其获得绝大部分土地收益。最后，地方政府拥有对土地收益的支配权，土地收益的支出实际是二次分配的问题，由于当前土地财政的支出明细并没有对外公布，也缺乏相应的监督审查机制，在经济和政治激励下，地方政府的土地收益支出结构具有"重硬轻软"的偏好。此外，间接来看，地方政府的土地垄断供给，为地方政府的土地储备和抵押贷款提供了制度便利（刘守英、蒋省三，2005），土地出让收益也成为地方政府债务的重要偿债来源，这些使地方政府获得了大量的融资收入，保障了经济社会运行的资金来源；而且，地方政府对土地的垄断专营，也使地方政府可以实施优惠的土地政策，如低地价、零地价、税收优惠等，来进行招商引资，以获取长期的税收收入，并以此为工具与其他地区展开激烈的空间竞争。

综上可见，土地财政是地方政府在土地收益分配中所获份额的结果。尽管改变地方政府所获份额的大小都不会让土地财政消失，但如何分配土地收益则事关效率与公平的影响结果。因此，土地财政问题的实质是土地收益分配机制问题。

二 地方政府土地财政行为的管控目标

土地财政作为政府经营土地公共资源的结果，在阐释土地财政行为表现、形成根源和影响机制的基础上，形成了地方政府土地财政行为的完整逻辑链条。因此，需要把握土地财政的问题实质，并遵循效率与公平原则，提出地方政府土地财政行为的管控目标。

（一）效率目标：市场定价与持续高效

土地资源具有稀缺性和资产专用性，决定了地方政府土地财政行为对土地资源配置效率的目标是实现土地效益的最大化。其中,以政府主导的土地收益分配机制是土地财政的问题实质。因此,改变政府主导的收益分配机制,建立以市场机制为主导的收益分配机制是核心。同时,围绕土地收益而产生的土地财政活动是推动经济发展的重要支撑,但要改变土地财政对经济增长的长期效率损失,需要转变土地财政的短期效率目标,将土地财政与经济高质量持续增长联系起来,在保持短期促进效率的前提下,建立土地财政推进经济长期平稳、可持续增长的机制。

(二)公平目标:分配公平与代际共享

公平目标主要体现在两个层面:一是在土地财政收入方面,土地资源作为一种公共资源,具有非排他性和竞争性,"公地悲剧"的存在决定了土地无法在全社会成员中"共用",因而也决定了土地所有权"公有"衍生出来的土地收益必须在全社会分配公平的目标。而当前以一次性土地出让金为主的土地财政结构,损失了后代人的土地收益。这也要求在土地财政收入获取方式上考虑代际之间的分配公平和收益共享。二是在土地财政支出层面,地方政府以土地所有权主体的代理身份享有一定土地收益具有合理性,但地方政府如何使用收益,可以看作是二次分配,也事关收益分配公平问题。因此,地方政府在土地财政支出偏向上,应更加重视软公共服务支出,重视不同群体间、不同区域间以及代际间的分配公平和收益共享,以此改善收益分配格局。

(三)效率与公平目标的统一

效率与公平是辩证统一的关系,二者互相依存、互为前提、互相促进、互相制约。因此,地方政府土地财政行为管控的效率目标和公平目标也是统一的,不能完全分割开来,即地方政府在追求土地财政和经济增长效率目标的同时,要兼顾公平;同样,在实现公平目标的时候,也要兼顾效率。

三 地方政府土地财政行为管控的基本思路

"机制"一词源于希腊文,原本是指机器的构造和工作原理。此后,生物学和医学通过类比借用此词,"机制"的含义为生物机体结构组成部分的相互关系，以及其间发生的各种变化过程的物理、化学性质和相互关系。目前已经广泛应用于自然现象和社会现象，指其内部组织和运行变化的规律。在社会科学领域，机制更加强调人的能动性与事物客观规律性的内在统一，是"复杂系统结构各个组成部分相互联系、相互制约、相互作用的连结方式，以及通过它们之间的有序作用而完成其整体目标、实现其整体功能的运行方式"（李明华，1997）。理解和运用机制需要把握好两个维度，一个维度是机制的产生和存在以客观存在的事物或者事物的各个组成部分为基础。同时，构成机制存在基础的事物以及事物的各个组成部分之间必然有着这样或那样的关系。另外一个维度就是机制是通过一定的运作方式、运作途径使构成它的事物以及事物的各个组成部分之间联系起来形成一定的关系，并协调这种关系使之运转起来并发挥作用的一种存在。构建机制还需要体制和制度这两个因素的共同存在。体制指的是一个组织的职能和其组织内岗位权责调整、配置的状态。相对而言，制度的内涵更加宽泛，既包括国家法律、法规、规章，又含有一般组织内部的规则、规范。当相关的体制和制度建立之后，机制才会与之在实践的运行中出现。此外，机制的构建是一个复杂的过程。从系统论的角度看，体制和制度是多样化的，从而导致体制和制度的调整与配置、改革与创新、健全和完善都不是孤立存在的，需要从不同维度加以审视，从不同价值体系出发加以协调和整合，从不同视角、不同层次加以补充、呼应。只有通过这一过程，机制才能发挥出其应有的作用。

因此，构建地方政府土地财政行为的管控机制不仅需要理解土地财政的问题实质，也需要思考地方政府的行为逻辑，将土地财政纳入地方政府行为选择的整体框架当中来考虑。而效率与公平视角则将土地财政的管控目标与地方政府的行为目标统一起来，为构建地方政府土地财政行为的管控机制，实现效率与公平目标相统一提供了新的视角。

进一步把握土地财政带来的效率与公平损失，则需要理解土地财政偏好的形成机制。通过前面几章的分析，发现土地财政带来的负面影响，主要是由于我国制度环境具有的激励机制和约束机制强化了地方政府对土地财政的偏好（赵合云，2012），从而导致地方政府对土地财政过度追求，进而导致地方政府行为模式扭曲。一方面，经济分权下地方政府财权与事权不匹配，再加上以经济内容为核心的政绩考核机制，这种强激励机制必然增强地方政府（官员）突破约束从预算外攫取资源的财政机会主义动机。而土地经营能够在较短时间内带来巨额的 GDP，可以较快地增加财政收入，故而地方政府强烈偏好于追求土地财政，使其在短期内快速满足经济和政绩需要。另一方面，与强有力的激励机制相比，外部约束主体的约束意愿和约束能力较弱，无法对地方政府行为进行有效的约束和管制。首先，我国的行政体系从上至下、层级复杂，导致地方政府（官员）数量繁多，而且上下级政府之间的信息不对称等情况，使得中央政府对各级地方政府（官员）行为的约束能力不足。其次，由于直接上下级政府（官员）激励机制的同质性，直接上下级政府官员更容易在政绩的建设上形成共谋，因此直接上级政府的约束意愿往往较弱。再次，对于辖区的公众而言，因为从表象上看，土地出让不会对纳税人产生直接的负担，因而不会有动机（意愿）去质疑地方政府土地财政行为。最后，目前地方政府财政透明度不高，且尚未建立一套有效的信息披露机制，特别是政府会计与报告体系还不完善，导致地方政府与约束主体之间存在着信息不对称。事实上，无论是上级政府还是其他约束主体都难以对其进行有效约束，从而为地方政府通过土地财政从预算外攫取资源这种行为提供了客观条件（路军伟、林细细，2010）。由此，我们将制度环境对土地财政偏好的激励约束作用，土地财政偏好带来的效率与公平损失，以及如何管控地方政府的土地财政行为这几个重要内容联系起来。

尽管明确的目标为我们指明了改革方向，但短期来看，要完全转变当前政府主导的价格决定机制和收益分配机制，还十分困难，涉及的相关制度安排也较为复杂，并且实现由一次性的土地财政收入模式转变为持续性的土地财政收入模式也不是十分容易。可见，对土地财政问题，要从整体上进行系统性分析，形成一套较为完备的地方政府土地财政行为管控机制。即对土地相关的体制和制度进行联系和重组，形成一定的运行规律，以对地方政府土地财政行为的转变进行激励、协调和约束，消除政府土地财政偏好下的消极影响。具体来看，从以下四个方面去构建土地财政行为的管控机制。

首先，利益协调机制是地方政府土地财政行为管控机制的核心。土地财政问题的实质是土地收益分配问题，而土地收益分配实际上是相关利益主体博弈的过程。目前地方政府在土地利益博弈中占据优势地位，主导着土地征收、供给以及土地收益的分配，是地方政府形成土地财政强偏好的根本原因。因此，土地财政改革必须要改变现有土地收益分配格局，核心是构建地方政府土地财政行为的利益协调机制，以土地财政偏好公平性评价为依据，以土地收益合理共享为目标，按照兼顾效率与公平、二次分配更加注重公平原则，明确利益协调的主客体和作用机制，发挥市场和产权的资源配置作用以及税收和公共支出的收益调节作用，打破政府的主导地位，合理界定政府在土地收益初次分配和二次分配中的作用，引导政府职能归位。

其次，改革动力机制是地方政府土地财政行为管控机制的重点。中国式分权下的经济激励和政治晋升激励是地方政府过度追求土地财政的重要原因。土地收益分配格局的改变，必然削弱地方政府主导权利，使其获得利益减少。但是，地方政府作为理性经济人，会追求自身利益最大化，在当前经济发展和政绩考核要求下，地方政府对土地财政仍具有很高的依赖性，故其本身并无改革的动力，不愿意改变当前的优势局面。因此，土地财政改革的重点是要建立地方政府的内部改革动力机制，即着重改变地方政府土地财政行为面临的激励结构，从财税分权体制、政府绩效考核体系、财政转移支付制度、土地收益管理、地方政府债务管理等方面入手，提供地方政府改变土地财政行为的持续激励，转变地方政府短视行为，降低其对土地财政的强烈依赖和偏好。

再次，监督约束机制是地方政府土地财政行为管控机制的手段。现行制度环境的弱约束机制为地方政府追求土地财政提供了可行性条件。地方政府作为中央政府下属，承担着提供公共服务、提高社会福利的职能。但由于土地财政收入与财政支出之间形成的内在强化机制，促使地方政府财政收支体系陷入无法自拔的困境，即在现有的土地财政偏好和地方财政收支体系下，土地财政收入和财政支出呈现某种有规律的惯性依赖。这就需要引入与激励机制相配套的监督约束机制，深化改革预算制度、加强预算约束能力，强化政府权力监督机制、规范政府管制权运行。通过土地督察、社会监督、信访机制、利益维权通道以及问责制度等，加强对政府土地财政行为的监管能力，用强制性手段来制约地方政府的这种土地财政强偏好行为。

最后，制度保障机制是地方政府土地财政行为管控机制的支撑。土地财政的形成是多项土地制度安排共同作用的结果，土地财政的改革也涉及多方面制度的联动改革，是一项系统性的工程，弥补当前土地财政相关法律法规存在的问题和漏洞，是转变地方政府土地财政行为的重要支撑。因此，土地财政的改革须建立完善制度保障机制，结合土地财政收支安排和收益合理共享的需要，从土地产权、土地征收、土地规划、城乡户籍以及社会保障制度等方面进行制度保障方案的设计，形成完善的制度保障体系。

综上所述，基于效率与公平的改革目标，以土地财政的实质为基本出发点，结合土地财政偏好的形成原因及其带来的影响评价，从地方政府土地财政行为的改革动力机制、利益协调机制、监督约束机制和制度保障机制四个方面构建地方政府土地财政行为管控的总体框架。

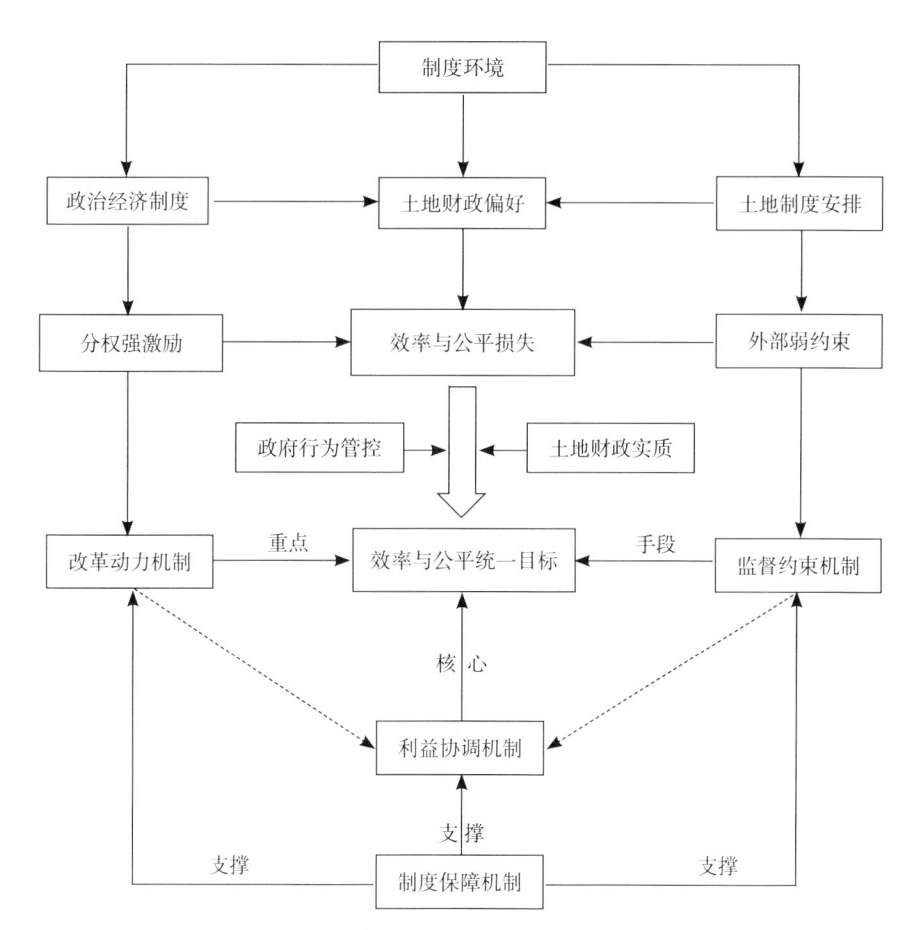

图 6-1 地方政府土地财政行为管控机制的思路框架

第二节　地方政府土地财政行为的改革动力机制

地方政府行为偏好和选择都面临某种激励，构建地方政府土地财政行为的改革动力机制就是要改变地方政府面临的外部激励，通过激励来源的改革引导地方政府土地财政行为的目标转向，为其提供内在的改革动力。其中，中国式分权制度安排下的经济激励和政治激励是地方政府过度追求土地财政的重要原因。与此相关的财政转移支付制度、土地收益管理、地方政府债务管理等也是地方政府获取土地财政的重要激励。因此，改革动力机制主要从上述几个方面入手，建立地方政府获取长期稳定财政收入来源的机制，推动地方政府改革的内在动力。

一　合理划分地方财权与事权，实现地方政府财政收支平衡

分税制改革造成的地方财政收支压力是地方政府土地财政偏好形成的重要外部激励来源，需要进一步深化财税分权体制改革，合理划分中央和地方收入分成，建立与事权和支出责任相适应的财税制度，最终实现地方财政收支平衡（马国贤，2016）。首先，需要合理划分各级政府的事权和支出责任。具体来说，可以将关系国家长远发展、民族振兴等具有重大意义的支出责任适当上移，如基础教育领域和公共医疗卫生等领域，减少中间的支出环节，逐步实现由中央直接统筹，省、市级政府加强审计和管理的体制，进一步加强财政收支的合理性。而地方政府职能应以提供地方行政管理、公共秩序、公共服务和公共安全等为主。其次，建立财权与事权相匹配的财政体制（白景明等，2015）。一方面，要扩大地方税分成比例。具体可以结合"营改增"改革适当提高地方政府在增值税和所得税的所占比例（曹端海等，2017）。另一方面，要完善地方税收体系，合理确定税制和税种，扩大地方税源，培育营业税、企业所得税、消费税和车船税等地方主体税种（刘建徽、周志波，2016），保障地方财政收入的稳定性和持续性，以解决地方政府提供公共服务等职能的资金来源问题。最后，要规范地方政府已有的融资模式，探索地方政府新的债券融资渠道，提高地方政府的财政自给能力。控制地方政府利用土地进行抵押融资的规模，并加强监管，有效预防土地融资隐含的信贷风险。

二 完善政府政绩考核体系，持续引导地方政府土地财政行为转变

由前文分析可知，政府考核体系是当前驱动地方政府土地财政行为的重要外部激励来源，这意味着要更加关注政治集权下官员绩效考核体制对地方政府土地财政行为带来的重要影响。长期以来，经济增长是地方政府考核机制的重要内容，地方政府如出一辙的土地财政行为是地方官员对以GDP为核心的晋升考核体制的一种理性反应。因此，要改变地方政府"以地生财"的短视行为，就要完善政府绩效考核体系，注重考核的实绩原则，坚持以人民为中心的发展思想，注重显绩和潜绩的辩证统一（盛明科等，2018）。尤其要构建一套科学合理、全面客观、公正公平的评价体系，注重考核官员在推进经济、政治、文化、社会、生态和党的建设等方面的工作成效，以改变当前政绩考核体系对地方政府土地财政行为的激励结构。

在具体的地方政府政绩考核体系中，首先，要弱化GDP增速指标，改变官员的"唯GDP"倾向，以经济增长质量考核代替经济增长数量的考核。其次，要完善绿色政绩考核体系，注重考核资源消耗、环境代价等反映资源利用和生态效益的指标，以及考察养老保障、失业率、城乡居民收入等社会型发展指标等，构建以"民生服务"为"标尺"的改革体系。最后，还需要强化土地资源利用指标在政府官员绩效考核中的比重。加入土地集约利用水平、单位GDP消耗土地面积、土地闲置面积、土地违法情况等考核指标。以此改变地方政府竞争目标，转变地方政府职能，激励地方政府更加重视存量土地利用，注重土地集约节约利用水平，提高土地利用效率，减少其土地城市化动机，进而改变地方政府利用土地的短视行为。改革政府政绩考核机制是解决现有土地财政弊端的根本之路，只有将政绩考核与经济发展联系起来，逐步引导地方政府转变经济增长方式、提高国民生活质量和生活品质，才能促进区域经济社会的总体发展（吴炳辉，2015）。

三 优化财政转移支付制度，切实解决地区财政收支压力

我国地区之间的经济发展不均衡，经济发达地区，特别是江浙地区，税源充足，能满足自身财政需求；经济发展水平不足地区，其县乡税源有

限，收入较少，事权与财权不匹配，陷入"土地财政"怪圈。解决"土地财政"除了通过给予地方政府更多财权之外，还可通过财政转移支付满足地方政府财政资金需求以应对政府行政事务。要建立规范化的财政转移支付制度，优化财政转移支付结构和资金分配格局（王丹莉等，2018）。一方面要严格控制财政转移资金的总体规模，以此降低地方政府对财政转移支付的依赖程度；另一方面要提高一般性转移支付规模，缩小区域、城乡之间的财政差距。还要注意加大对西部等欠发达地区以及基层政府的转移支付力度，提高其履行事权和支出责任的财力，促进区域间经济协调发展。同时加强对民生领域的倾斜力度，满足不同区域内居民对基本公共服务的需求，并进一步提高财政资金收支的透明性和科学性。除此之外，还应以财政收支均衡为导向，逐渐取消税收返还制度，使财政转移支付主要用于均衡财政收支和支持基础设施建设等薄弱的环节，并逐步提高转移支付资金规模的均衡性，强调资金分配公平，且在此基础上加强对激励约束机制设计的关注。

目前，我国财政转移支付制度还存在着不足。一是财政转移支付法层次低，世界上大部分国家的财政转移支付规范都是由较高层次的法律规定的，如德国《德意志联邦共和国基本法》在原则上规定了财政转移支付；二是财政转移支付方式和计算依据不规范，税收返还过程中导致贫富差距拉大；三是财政转移支付缺乏法定程序制约，财政转移支付过程公平性缺失；四是缺乏有效的监督制约机制，财政转移支付资金分配过程中出现了浪费、改变用途等现象。

针对上述问题，首先，应尽快出台财政转移支付法，包括财政转移支付的基本目标、原则、模式、标准和监督机制等，将财政转移支付全过程纳入法制化轨道。其次，简化转移支付方式，建立健全"一般转移支付为主、专项转移支付为辅、试试采用特殊转移支付"的复合财政转移支付方式体系（赵晓宏，2009）。其中，进一步完善耕地保护跨区域财政转移机制，一是建设用地新增费返款机制，中央政府采取因素法、项目法等相结合的方式计算各省规划期内土地整治任务量情况的返款比例；二是耕地保护转移支付机制，中央政府依据各省份耕地保护量情况统筹安排跨区域财政转移支付额度。再次，逐步以"因素法"取代"基数法"，保证计算依据的科学性，实现区域间财政转移支付差异化管理。最后，建立健全财政转移支付配套法律和程序，坚持审批程序公开化、监督程序规范化、责任追究程序明确化。

四 规范土地收益收支管理，改变收益分配具有的强激励作用

土地财政的重要问题之一是土地收益脱离预算、支出缺乏有效监管，这种上无封顶的形式刺激一些地方官员为政绩目标而无节制透支未来发展空间（王霞，2011），并为地方政府追求高额土地收益分配提供了方便之门。因此，强化土地收益获取和支出管理是制约地方政府土地财政行为偏好的重要举措。要建立和完善土地收益基金专项管理制度，将土地出让收入和成本支出全部纳入财政专户，并进行"收支两条线"管理（谢奎，2015）。一方面，加强土地收益获取管理，可以改革土地出让金的收取方式，减少地方政府对土地出让收益的依赖。具体可以借鉴香港的土地年租制收取方式，即将一次性收取土地出让金的方式变为每一年收取土地租金（骆祖春、赵奉军，2016）。这种土地租金收取方式在一定程度上能够约束地方政府利用土地来获得一次性巨额收入的短视行为，从而规范地方政府的土地出让行为，推动土地财政的改革与转型。另一方面，强化土地收益支出管理，规范土地出让收入的使用。具体来说，一是要注重土地收益的分配，包括在各级地方政府、村集体和农民等主体间的合理分配，以及土地收益的二次分配、代际分配，要兼顾效率，更加注重公平，构建土地收益的合理共享机制；二是要控制土地出让收益在非公益领域的使用，严格限制地方政府在竞争性及经营性领域的投资，规范地方政府的财政支出行为；三是要改变当前将土地出让收益按比例不断切割和延展的做法，通过制度安排制约地方政府使用土地出让收益，具体可以通过预算比例控制的方法，限制地方政府用于城市建设支出的数额，加大对公共服务领域的支出；四是增加对农业农村和农民的支出，重点加大农村基础设施、农田水利建设、农村教育支出以及高标准基本农田建设，进一步提高资金的使用效益。

此外，强化土地收支管理，还必须要严格执行国家规范土地出让管理政策规定，加大土地出让收支的预算透明度，严格做到向同级人大报告，主动接受社会监督，并邀请第三方机构对地方政府的土地收益和支出做好记录和监督，严格限制地方政府对土地财政收入的使用规模（张协奎等，

2016）。同时，要加强预算执行管理，严格把控预算调整程序，在没有经过同级人大批准的情况下，地方政府不能擅自调整其当年土地出让收支预算，以此提高土地出让收入分配和使用的科学合理性，避免土地出让收入用于弥补地方财政缺口或偿还债务。

五 加强地方政府债务管理，预防土地财政与债务风险

按照现行法律法规的规定，政府可以根据公共利益的要求将土地以较低的价格予以征收，使得土地储备和土地抵押贷款成为融资工具，主要用于城市基础设施投资和城市建设。土地储备或交易中心将低价征收的土地再高价出让，或者将土地抵押给银行来获取贷款，这些举措都使得地方政府严重依赖与土地有关的收入。而且相比土地出让金收入，利用土地进行抵押贷款的收入规模则要大得多，地方政府的土地融资冲动也就较为强烈，而土地财政也成为地方政府偿还债务的重要资金来源。地方政府通过土地出让增加收入，又以此获取高额的土地融资，这导致土地财政与地方政府债务风险交织在一起。一旦经济形势发生变化，以土地为杠杆的地方债务融资将会产生风险，因此建议规范土地债务融资（孙元强，2015）。由此可见，推动土地财政的改革与转型需要对地方政府债务进行规范管理。

首先，要适度控制土地融资的规模，必须严控土地资源的抵押转化。其次，要建立健全法律法规制度，从法律层面加强对土地资源的保护，规范地方政府的融资行为。然后，引导地方政府合理举债，缓解为刺激经济增长而盲目实施的债务融资，避免政府陷入债务危机的困境。再次，需要在利用土地杠杆融资、促进经济社会发展的过程中，严防出现土地融资风险倒逼财政、进而引发政府信用危机的现象（何杨等，2012），有效控制政府债务风险。为此，建议建立国有土地收益权质押财政备案制度。利用国有土地收益权进行质押贷款须到财政部门进行登记备案，使政府能够切实掌握利用土地融资规模，对土地融资风险及时进行有效的评估和监控。此外，还要建立和完善政府债务预警制度。当政府债务负担超过一定程度，应及时向国土部门及相关银行发出预警，而对于没有清偿贷款、改善负债状况的地方政府，应停止办理国有土地收益权质押贷款。最后，要强化地方领导干部问责机制，对于违法违纪行为要加强惩罚和问责力度。

第三节 地方政府土地财政行为的利益协调机制

近年来,土地收益分配冲突加剧,在初次分配中主要表现在地方政府与农村集体、农民之间的利益矛盾,即由于土地产权体系的模糊,地方政府在土地市场的交易和土地收益的分配中占主导地位,攫取大部分土地收益,而农民的土地财产权利无法实现。再分配中的利益矛盾主要体现在地方政府支出结构的失衡,即地方政府依赖于基础设施投资来带动地区经济发展,而导致地区公共服务支出不足,形成了地方政府"重硬轻软"的财政支出偏好,未能实现土地收益全民共享的社会公平。因此,本书主要从以下两个方面出发,一是根据注重公平、兼顾效率的原则,构建市场主导和产权明晰的土地收益初次分配利益协调机制,实现土地收益在政府、集体和农民之间的合理分配;二是根据社会公平原则,利用税收调节功能和公共支出政策调整土地收益再分配格局,实现土地收益在区域间、全民间和代际间的公平分配。

一 完善基于市场和产权的初次分配利益协调机制

土地出让方式的市场化改革,提升了土地资源配置效率,促使土地价格回归市场,显化了土地价值,增加了土地收益规模。但目前的土地市场中,地方政府在土地征收、供应、出让等环节都占据着垄断主导的地位,使得地方政府可以在现有制度保驾护航的情况下经营土地、开发土地,形成了政府主导的土地市场格局,政府决定着土地市场价格机制和收益分配机制,实际享有土地产权带来的权能收益,并通过对土地市场的垄断和干预不断获取土地财政收入,形成对土地财政的强烈偏好。因此,要实现土地收益在政府、集体和农民之间的均衡分配,一方面,必须深化土地市场改革,改变地方政府在土地市场中的绝对主导地位,充分发挥市场的资源配置作用,引导政府职能归位;另一方面,市场交易实际上是产权的让渡,而正是由于我国农村土地产权制度的模糊,为地方政府攫取大量土地收益提供了制度基础,因此,完善土地产权配置是深化土地市场改革的前提。

（一）深化土地市场改革，改革政府定价机制

当前土地市场中，地方政府是土地供给唯一主体，承担着"裁判员"和"运动员"双重角色，牢牢把控着土地市场价格和交易行为，政府对土地市场的过度干预是土地收益分配失衡的重要原因。因此，要加快土地市场改革，改变政府定价机制，发挥市场的资源配置作用。一方面，引导地方政府"管理者"职能归位，实现土地交易市场定价。传统经济学中所描述的政府，是在市场经济条件下通过行政措施对市场进行宏观调控，解决经济主体基于私人目标所难以解决的问题，是独立于"经济人"假设之外的"管理者"，是国家各种制度的供给者。因此，地方政府应退出土地的直接交易市场，遵循"微观放活、宏观调控"的准则，鼓励土地所有者与土地需求者通过市场进行资源配置，在严格遵守规划布局的前提下，通过市场的调节作用使土地流向更有价值的用途，提升资源配置的效率以及土地利用的社会总福利水平，更有效保护土地供求双方的权益。而地方政府则运用土地规划和用途管制等制度对流转土地的区位、性质、数量等进行宏观调控，并对土地市场进行管理，确保土地交易规范有序。同时，促进集体建设用地流转制度改革，加快建设城乡统一的建设用地市场。

另一方面，遵循市场规则，改革土地征收补偿标准和方式，使土地征收价格向市场化转变。我国现行法律规定按土地原用途产值来决定补偿标准，这种补偿标准实际上远低于农民的生产生活保障要求，也低于土地供应的市场价格以及土地增值。这一方面导致失地农民的生产生活很容易陷入困境，另一方面给地方政府获取土地增值收益留下了很大空间，形成了地方政府盲目扩张建设用地的利益激励。从保护农民土地权益和约束地方政府短期行为的要求出发，必须提高征地补偿标准（诸培新、唐鹏，2013）。在社会主义市场经济条件下，土地征收补偿也必须适应市场经济体制和基本要求，遵循价值规律，充分发挥市场机制的自我调节作用。明确土地征收补偿应该遵循市场规则，按"公平的市价"对原土地所有权人给予经济补偿，"公平"反映的是市场经济主体法律地位平等，"市价"所反映的是市场经济基本交换规则，即等价交换（刘国臻，2012）。因此，土地征收补偿标准可以参考集体建设用地自由流转时的市场价格来确定。但由于目前城乡建设用地市场的不完善，集体建设用地自由流转市场价格

可能存在扭曲状态，并不是真正意义上的"市场价格"。此时需要政府按照"公平""市价"原则，综合考虑农民经济和福利损失、土地区位、供求关系以及征收后土地用途等因素，制定基准价格，作为确定土地征收补偿标准的参考依据，而不是简单按照土地原用途的产值倍数进行补偿。此外，更为重要的是要进一步探索和建立农民分享土地非农化后的价值增值的长效机制，如以地入股分红、收取土地年租金等方式，使农民也能以地生财、致富，保障其长期生活保障，也有利于社会的稳定和和谐发展。为此应该在现有试点的基础上，推广预留发展用地、实施财产性补偿的补偿机制。在实施货币补偿的同时，应当明确规定给被征地的村集体按一定比例预留一部分建设用地，由村集体经济组织建造标准厂房、铺面等出租，租金收益以股份形式在村民中分配。实践证明，村留用地既有利于村级经济壮大，而且土地分红也成为发达地区农民长期分享土地级差收益的重要途径（诸培新、唐鹏，2013）。

此外，还应建立被征地农民利益表达机制，给予农民平等经济主体地位。当前的制度安排下，政府居于主导地位推进城乡统筹发展的进程，农民处于被动地位，多是通过政府的强制措施来调整自己的行为，主要表现为"强势政府"模式。集体土地征收涉及被征地农民的切身利益，必须依法保障各相关政策对象与政策执行者平等的谈判权利，坚持通过多层次沟通协调弥合分歧。首先，建立稳定的对话谈判机制。在决定土地征收方案、补偿安置方案等环节中，应当及时发布公告，听取当地居民意见，通过主体对话的方式，寻求满足多方利益的最优方案，使多元主体发散的利益分歧在对话过程中走向收敛。其次，可采取"协同治理"的理念，由政府主导的"单边程序"向政府和农民共同主导的"双边程序"改进。征地过程中事关农民利益的相关事项均应告知每一位被征地农民，并在每一环节给农民一定的反应时间，使双方在征收目的、补偿方案、收益分配等内容上能够协商一致。同时，要增进信息的公开和畅通互动，便于群众合理表达诉求，使公众充分参与相关决策，实现参与式政策制定，为公共政策的有效实施和土地收益的共享提供共识基础（姜海、陈乐宾，2019）。

(二)完善土地产权配置，明确收益处置规则

产权是市场交易的基础，而我国征地制度的根本缺陷是忽视农民的土地权利（蒋三省、刘守英，2005），使农民在土地流转和土地收益分配中均处于弱势地位。因此，要实现土地市场改革的进一步深化，须完善土地市场的权利配置。首先，农民作为土地的准所有者，其应该拥有自主交易的权利，且对于地方政府对土地的滥征滥用，农民也应有权抵制，并有权按市场价格出让土地。其次，应赋予农村集体土地使用权与城市国有土地使用权同样的产权权能，即具有相同的使用、收益以及处分的权能，建立城乡相对统一的产权体系（曲福田、田光明，2011）。最后，坐实包括土地承包经营权、宅基地的用益物权及集体资产收益权等在内的农村土地财产权利，并明晰集体所有者的具体层级，清晰界定集体成员资格（唐明，2015），为农村集体和农民参与土地收益分配提供权利支撑。

此外，可考虑设立土地发展权。土地发展权是一项可与土地所有权分割而单独处分的财产权。现行土地征收中，大量土地由于用途改变产生大量土地增值，这部分增值实际属于土地的发展性利益，应当由农民享有。但现实情况是，国家垄断土地一级市场，政府向农村集体征收土地，然后高价出让给房地产开发商，这部分发展性利益通常由政府和房地产开发商瓜分，农村集体和农民获得的仅仅是对土地的投入和收益造成损失的补偿，并不包括对土地发展权的补偿。为解决这个问题，1947年英国建立土地发展权制度；1968年和1974年美国分别建立土地发展权移转制度和土地发展权征购制度。可见，土地发展权制度的建立，解决了传统土地权利无法解决的土地用途改变而产生的发展性利益现实问题。而中国虽然存在很多土地发展权问题，但是目前还没有相关的制度设置。因此，可借鉴国外相关经验，在土地产权中设立土地发展权，且土地发展权应归属于土地所有权人和土地承包经营权人，使农村集体和农民能够共同分享土地用途改变带来的土地增值（刘国臻，2012）。

二 构建基于税收和公共支出的再分配利益协调机制

本书所研究的土地收益再分配主要包括两层含义：一是政府对初次分配中各经济主体所获收益的再协调，常采用的手段是税收制度；二是以公

共利益为目标、社会公平为原则实现公共资源的均衡配置，促使土地配置和财政分配回归公共利益，将土地出让收益主要用于社会保障、医疗卫生等公共服务，提高政府保障水平，进而改善民生，控制和缩小不合理收入差距，常采用的工具是公共支出政策。因此，本书主要从税收调节和公共支出两个方面来探讨土地收益再分配利益协调机制。

（一）构建税收长效机制，发挥税收调节作用

土地税收是国家以土地或土地改良物的财产价值、财产收益或自然增值为征收对象，从土地所有者或土地使用者手中取得部分土地收益的一种税收，实质上是对地租收益分配的课税，属于社会总分配的第二层次，主要功能是回收土地增值收益、合理配置土地资源以及调节社会分配（朱一中等，2013）。因此，面对土地出让金制度缺陷造成的不同利益主体之间土地收益分配失衡的局面，应充分发挥税收制度的调节作用。首先要优化土地税收规则设计，增强规则的综合性。土地税收规则设计应确保土地税负分配的公平性，发挥好收入再分配作用。在整合性质相同、功能重叠的与土地相关的各税种避免重复征税的基础上，通过科学合理设置课税对象、计税依据、计税参数和税率等来体现不动产价值构成和增值的多种要素对土地收益分配的影响，进而实现不同区位不动产的产权人、基础设施及公共服务的受益者与非受益者等主体间的税负公平分配，为土地收益共享奠定基础（王荣宇、谭荣，2015）。

具体来说，由于农用地与建设用地收益差异显著，而土地利用规划限制和用途管制造成了土地用途的差异，从而给相关权利人带来不平等待遇，使土地权利人之间利益失衡；而且，发达地区与粮食主产区之间、城乡居民之间的利益协调问题也不容忽视。因此，从促进社会公平角度考虑，需国家通过税收方式对集体建设用地流转收益进行适当调节，对规划允许转用的农地产权人征税，对规划限制转用（如基本农田保护区）的农地产权人给予补贴（王文，2014）。一方面，可以对土地流转增值部分征收合理的土地增值税。另一方面，可考虑设置"流转所得税"这一税种，课税对象为流转的集体建设用地，税基为集体建设用地流转所得，税率可采用比率税率，旨在调节集体建设用地流转所得，实现土地增值收益公平共享；同时，建议将城市维护建设税改为"城乡维护建设税"，其征税范围由"城

市"扩展为"城乡",税基由增值税、消费税和营业税税额改为"销售收入"(如集体建设用地流转收益),统筹用于城乡建设(王文,2014)。此外,除流转环节外,还应加快保有环节的房产税改革,构建地方政府稳定土地税收收入的长效机制。发达国家房地产税收制度改革的共同趋势是"重保有、轻流转",保有环节的房产税是各国地方政府财政收入的主要来源。而我国的房地产税收主要来自取得、转让环节,导致土地财政收益在各个环节分布不均,这种税收结构的局限性加大了地方政府的财政风险(程遥,2012)。因此,如要矫正这种偏颇境况,应按照简化税制、整合税种、扩宽税基以及扩大税收覆盖面的原则,对一定时点上的房地产存量与增量合理选择课征环节,有步骤地推动房产税改革,使保有环节的房地产税逐步成为地方税制体系中长远、稳定的主体税种,提高地方税系的科学合理性(刘明慧、路鹏,2014)。

(二)优化财政支出结构,推动地方公共财政转型

土地财政与基础设施建设的捆绑,导致地区公共服务支出的不足,形成了地方政府"重硬轻软"的财政支出强烈偏好。随着中央政府和社会公众对地方政府提供公共服务要求和需求的日益增加,地方政府必须面临财政公共支出结构的调整,提高整个社会公共服务的供给水平、质量和效率。首先,应逐渐提高公共支出中教科文卫支出的比重,因为其对促进全社会经济增长、实现收入分配公平起着重要作用。故而,每年在编制预算、调整财政支出结构以及安排超收收入时,应优先考虑教科文卫的增长比例。其次,"三农"是维系社会经济稳定和发展的重要基础,关乎国家的长远发展和兴衰,因此应逐渐增加支农支出和社会保障支出,保持农业农村的稳定发展。近年来,尽管党中央和国务院高度重视对"三农"的投入,多次发文支持"三农"建设,但支援农业方面的财政支出增长仍然较为缓慢。同时,制约"三农"发展的重要因素还包括农村社会保障制度的缺失。因此,在农业发展方面应发挥政府的主导作用,加快建立城乡保障标准基本一致的社会保障体系,推动社会保障体系覆盖城乡大部分居民,以消除制约"三农"发展的外部性因素。最后,还要加强对财政资金使用绩效的评价,建立结果导向的预算管理体制,提高财政资金的使用效率,缓解财政资金在某些支出项目投入不足的弊端(彭锻炼、左武,2011)。

此外，要实现财政支出结构的有效性和公平性，还需健全民众的需求表达机制（刘玮，2012）。公共支出结构作为社会成员以合作方式满足更多的自身需求的物质基础，其合意性和有效性最终来自作为个体的社会合作成员的偏好结构。国家分配论是我国长期以来推行的主要观点，财政行为成为国家主体分配社会价值的过程，本质上弱化了社会成员个体在财政支出结构生成过程中的最终主体地位，导致财政支出结构在实践过程中，缺乏对社会成员民主参与决策和民主监督的制度性保障。因此，要优化公共支出结构，实现其有效生成，必须真正确保社会成员个体的最终主体地位，并将其公共需求真实地体现在公共支出结构中。首先，要建设和完善社会成员利益表达机制，通过多层次的畅通渠道实现公民民主权利。其次，允许并鼓励社会成员通过合规的方式和渠道参与公共支出结构的生成过程，赋予社会成员对公共财政预决算的知情权、监督权，完善公民发表言论、实施听证会、参加利益集团等机制；并不断扩大财政民主参与与监督的范围、话语权和主体结构，提高公共支出结构决策的透明度。最后，不断完善并严格落实公共支出结构生成的财政程序、表决规则，强化表决过程的法律严肃性和程序公正性，以保障更大范围的公民需求被包容在公共预算当中，使财政支出最大限度满足民众需求，实现社会福利最大化。

第四节　地方政府土地财政行为的监督约束机制

地方政府在土地经营中的主导地位以及现行制度环境的弱约束机制为地方政府追求土地财政提供了客观条件。因此，首先要约束地方政府权力，规范政府管制权运行；其次要强化土地督察制度，加强中央政府和上级政府对土地财政行为的管控；最后要完善地方监督管理制度，促进社会公众的民主监督。

一　规范政府管制权，强化地方政府权力约束

城乡二元土地制度下，地方政府实际拥有土地规划管控、用途管制、农地非农开发管制、价格管制以及土地征收等管制权力，是地方政府追求土地财政的制度基础。在经济和政治激励下，为了追逐地方财政收入最

化，地方政府往往存在过度使用管制权的现象，导致我国的土地市场实际是由政府主导。因此，规范地方政府管制权运行，强化地方政府权力约束，是改变地方政府土地财政行为的重要措施。首先，压缩地方政府干预土地市场的行政权力。合理配置行政权力介入土地市场的范围与程度，尽量发挥市场机制基础性作用，政府只是在市场失灵的领域进行干预，实现合理的宏观调控。可将地方政府的管制行政权力限于提供那些土地市场不能实现的公共用品供给，一是政策性规划的指标控制，包括国土规划、城市边界控制等；二是关系到社会共同利益的土地利用控制，包括耕地保护、环境生态保护、公共事业等（郭洁，2013）。而土地价格以及微观土地开发可交由市场配置。

其次，合理约束地方政府土地规划权力。地方财政行为中的土地规划权，实质上是政府对土地强制实施的一种权力，是对土地利用所进行的事前规制，也是政府的一项重要基础性权力，地方政府可以通过制订各种计划和规划对土地利用进行安排。但是在地方财政压力下，为了追求更多的土地收益，地方政府通常会基于对规划的编制与审批权，根据自己的需要来修改和调整规划。特别是在现有的政绩考核机制下，新一届政府往往会修改和调整前任的规划思路和模式，出现"一届政府一届规划"的现象。因此，约束地方政府的规划权是制约其土地财政行为的前置措施。一方面，要严格制定规划修改和调整的标准。新的《中华人民共和国城乡规划法》规定了五种可调规划的情形[1]，对于其中第四种情形，本书认为应该建立相应的规划评估制度，为继续贯彻落实规划或对其进行修改提供可靠依据，提高规划实施的科学性。而其中的评估标准主要由地区所要实现的发展目标决定，同时也要兼顾生态环境和社会效益。对于第五种情形，毫无疑问，需要明确什么是"认为应当修改的规划"，本书认为应从以下两方面入手：一是其是否符合公共利益的标准。地方政府土地规划权的行使必须坚持社会公共利益为主导，按照公平原则使得公共基础设施建设和社会公共服

---

[1] 《中华人民共和国城乡规划法》第四十七条规定有以下情形之一的，组织编制机关方可按照规定的权限和程序修改省域城镇体系规划、城市总体规划、镇总体规划：（一）上级人民政府制定的城乡规划发生变更，提出修改规划要求的；（二）行政区划调整需修改规划的；（三）因国务院批准重大建设工程确需修改规划的；（四）经评估确需修改规划的；（五）城乡规划的审批机关认为应当修改规划的其他情形。

务的利用率达到最佳甚至全民共享，并通过法律法规予以确保。二是其是否平衡了各公共利益主体间的利益。土地利用规划最重要的是促进国民经济发展，让可以达到高经济效益的土地发挥最大作用，保障国家利益；然后使社会利益、生态效益突出的土地不被侵占改作他用，保障社会整体利益；同时国家军用机关用地、军事用地、重大基础设施建设用地等承载社会公共利益用途的土地能够增进公众福利、为公共利益服务，所以也是土地规划中所要考虑的公共利益主体之一。另一方面，要加强规划编制的公众参与。在规划的编制过程中，可以组织各方人士参与。通过邀请除开地方政府的社会各界人士代表参加到地区规划编制的决策中，可以结合不同的立场和意见，同时兼顾协调各方利益，避免规划决策的重大失误，降低风险。如邀请专家学者参加，运用他们的专业知识和经验，促进在规划决策和最终执行过程中反映公众需求，确保地方政府公正执行规划的法律政策，有利于对政府规划权的约束。

最后，限制地方政府土地征收权。为了获得更多土地出让收益，地方政府存在过度使用征地政策、维护征地制度的偏好（钱忠好、牟燕，2015）。因此，限制政府征收权是改革征地制度和地方政府土地财政行为的实质要求（许英，2012）。可依据土地征收流程，从土地征收申请、审批和执行三个阶段出发，相应地把地方政府的土地征收权分为土地征收申请权、审批权和执行权。第一，缩小土地征收申请权。目前土地征收的名义申请人只能是政府，但是在公共利益界定并不规范的情况下，政府可以为所有行业的单位申请征收土地，所以政府实际的征收范围是比较宽泛的。为此需要尽快界定公共利益的内涵，在政府行使土地征收权的最开始就对其进行限制。在此基础上，中央政府要加强对地方政府土地征收权的制约，即如果地方政府没有把土地征收权在公共利益范围内运用好，那么中央政府可以代表人民收回一部分权力，并且把这部分权力授予给真正为了公共利益而申请土地的单位或个体，例如，可以考虑把土地征收权授予给一些对地区就业、经济发展等有重大贡献的经营类企业或从事公益性事业的企业和个体，这样可以加强对征地申请人的公共利益性质的审查，有效缩小征地范围，直接排除不符合公共利益标准的征地申请人及其项目。第二，下放土地征收审批权。土地征收审批权在我国征地改革历史中是不断上收的，主要原因是地方政府在中央政府的要求下，须从以经济建设为着眼点逐步转变为以耕地保护为目标，直到现在，除开规划范围内的农用地可由市、县人民政府审批外，征地审批权是归国务院和省级（自治区、直辖市）人民政府所有。所以面对繁多的征地审批项目，国务院和省级政府往往不能对征地项目进行详细且实质性的考察，地方政府也会采取相应的"对策"来回避国务院和省级人民政府的审批。为此国家可以适当下放征地审批权到地方政府层面，以此提高征地审批的效率与质量。同时需要配套严格的责任问责制并加强对地方政府征地工作的督察。第三，规范土地征收执行权。关于土地征收的执行权，主要是针对强拆强征的执行权问题。目前较为有效的方法就是把对于政府进行强制征收的裁决权交给人民法院，让其对征地事件进行公正性的审查和裁决，由此决定政府的强拆强征行为是否符合法律规范。

二　优化土地督察和土地违法查处机制，有效约束地方土地利用行为

要规范地方政府的土地财政行为，必须加强对政府土地财政行为的监管，运用强制性手段来制约地方政府对土地财政的强偏好。一方面，要完善土地督察制度，强化对地方政府行为的监督。土地督察，即对土地管理及土地利用等相关行为进行监督检查的行为（杜立夫，2004）。土地督察制度是一种行政监督制度（余剑平、余际从，2008），我国于2006年正式建立土地督察制度，由国务院设立国家土地总督察，并授权其监督地方政府在土地利用和管理中的履责情况，同时向地方派驻土地督察机构，履行具体的监督检查职责。其最终目标是为了限制地方政府土地行政权的扩张和保障土地资源公共利益的实现（吕萍、卢嘉等，2013）。近年来，尽管我国的土地督察制度运作较为良好，但也存在督察权运行机制不健全、督察权监督缺位、中央与地方存在利益矛盾、督察权和地方行政权存在冲突等问题。为完善土地督察对地方政府的监督约束作用，本书从以下方面提出改进措施：一是构建土地督察制度的法律体系。明确土地督察机构的法律地位，立法设立土地督察，规定其性质、功能等内容，界定清楚土地督察权与地方土地行政权之间的差异。同时将土地督察在耕地保护、土地执法、土地审批等监督中形成的较为成熟的方法，上升到法律法规层次，赋予土地督察制度刚性约束力，增强土地督察机构的威慑力。二是扩大土地督察对象范围。目前我国土地督察对象仅限于省级人民政府、直辖市以及计划

单列市政府,而并不包括省级以下政府的土地利用管理行为。因此,应扩大土地督察的范围,将市县和乡镇一级也纳入进来,实现对不同层级政府的分层督察(陈阳,2017)。三是建立领导责任问责机制和责任清单制度。这就要求土地督察机构不仅要及时发现并指出土地违法、与土地有关的职权滥用等问题,还要尽可能明晰责任主体人,追究其责任并作明列。四是建立土地督察的回访制度,即在结束督察工作一段时间后,需要得到整改信息及其是否出现反弹的反馈信息,同时要评价督察效果,总结经验并提出更好的建议。还可以增加听证环节,加强地方政府与土地督察机构的沟通交流,使其关系由传统的监督者和被监督者转变为合作共赢的伙伴,由此促进良性工作互动机制的形成。

另一方面,要加强土地违法查处,规范土地市场交易秩序。在土地财政动机下,为增加土地收益,地方政府有强烈实施土地违法的冲动。而地方政府土地违法只要不被查出,其所获利益巨大,而就算被查出,因违法而付出的代价也相对较小(赵杭莉,2012)。近年来,地方政府主导的买卖和非法转让、破坏耕地、未经批准占地、非法批地和低价出让土地等违法行为日益增加。因此,要约束地方政府的土地财政偏好,必须严格管控和治理其土地违法行为。一是提高土地违法代价。要加大对地方政府土地违法行为的处罚力度,提高其土地违法成本,增加地方政府对土地违法的惩罚预期以及违法治理的约束性,减少地方政府土地违法的主动性。而且,在处理事的同时,还要处理相关责任人以发挥处罚制度对违法行为的震慑作用。二是严格土地违法执法。对屡禁不止的土地违法行为,相关执法部门要依据《中华人民共和国土地管理法》《中华人民共和国城市房地产管理法》《违反土地管理规定行为处分办法》等法律法规,对土地违法行为进行清理整顿,并予以严格惩处,形成打击土地违法行为的高压态势,以规范和维护土地市场秩序(杨元庆、刘荣增,2011)。三是加强对土地违法的监督,包括内部监督和外部监督。内部监督即机构自身的监督,包括同级政府之间的监督和部门之间的监督。外部监督即是要充分发挥社会公众与媒体的作用,通过媒体监督和社会舆论,及时披露各类土地违法违纪行为,这样可以提高土地违法执法部门处理土地违法事件的效率,抑制地方政府通过土地违法追求土地财政的途径。

三 完善地方财政预算监督管理，构建社会共同监管体系

为了保护耕地，推进土地节约集约利用，抑制地方政府土地财政过度依赖行为，国务院办公厅正式发布《关于规范国有土地使用权出让收支管理的通知》（以下简称《通知》）。《通知》规定，从2007年1月1日起，土地出让收支全额纳入地方基金预算管理，实行彻底的"收支两条线"。尽管土地出让金的预算收支体系已经建立，但由于对政府机关的监督不到位，政府机关在执行过程中比较随意，漏洞频出，最终未能取得相应的成效。为此，需要加强地方的预算监督管理，构建社会共同监管体系。第一，完善人大监督管理。在人大的审批和监督下，将土地出让计划、相关收支、地方债务纳入预算管理程序，以此在初始阶段抑制地方政府对预算外收入的强烈依赖，实现预算硬约束。此外，要把土地出让金和土地相关收费全额纳入地方预算的执行工作彻底落实，可建立财政支出用途管制，即从地方政府财政支出的角度来对地方政府获取的净收益进行用途规范管制，以此削弱政府"重硬轻软"的支出偏好，促进收益的公平分配。第二，注重财政资金审计监督，且审计监督应以财政收支效益监督为重点。我国《中华人民共和国审计法实施条例》虽然已经将财政收支效益列为审计监督对象，但对此并没有更详细的规定。因此，要与公共财政的要求适应，可对现行的审计方法进行改进，在合规审计的基础上运用部门决算、决算审计以及财政收支效益审计等方法（樊轶侠，2008）。第三，加强财政内部监督。降低财政部门内部财政支出的随意性，加强各专门监督机构对预算支出特别是国债专项资金、粮食风险基金、社会保障资金、扶贫救灾专项资金等重点资金的监督检查力度（樊轶侠，2008）。第四，推进地方政府的社会监督管理。首先，要增强财政收支的透明度。地方政府公开与财政相关，特别是与财政支出相关的政务，可有效发挥社会公众、民间组织和企业团体等社会力量的监督作用，维护社会各方群体的切身利益。利用数字媒体、网络等信息技术手段，加快财政的监督和信息反馈的速度，使得社会公众与地方政府的沟通渠道更加畅通。其次，要强化财政运行过程中的公众参与，在思想层面创造有益于公众参与的文化形态，激励公民的自觉参与意识，凸显社会监督的广泛性与标志性。再次，借助社会各方群体代表组成的非政府组织来监督和约束地方政府的财政收支行为，并可以协助

政府解决财政利益分配的矛盾,改进地方财政行为中公平与效率的失衡状况。最后,改革信访制度,一方面要保护信访人员的合法权益,提高普通公众(特别是农民)的维权意识,激励公众的本位价值取向,当自身合法权益受到侵害时,运用法律武器维护自己的权利。另一方面,大力发展网络信访,形成从地方到中央的快速畅通的网络信访渠道,降低信访成本。同时,利用互联网实现信访信息共享,可以提高信访工作效率,方便监督信访案件的受理情况,也便于群众查询,促进社会公众对信访办理的民主监督。

第五节 地方政府土地财政行为的制度保障机制

土地财政的改革涉及多方面制度的联动改革,是一项系统性的工程,本节结合土地财政收支安排和收益合理共享的需要,从土地产权、土地征收、土地规划、城乡户籍以及税收制度等方面进行制度保障方案的设计,形成完善的制度保障体系。

一 改革土地产权制度,形成产权明晰的土地利用保障格局

土地产权管制从根本上促进政府垄断城市土地供应格局的形成,使得地方政府获得土地财政。而地方政府对土地产权的管制很大程度上源自土地产权的模糊。一方面,国有土地所有者虚位导致各级政府均有权行使所有者权力(康静萍,2008),这是地方政府垄断土地以及市场的基础;另一方面,农村集体土地产权主体模糊,导致产权界定不清,农村集体土地的处置实质上是由国家控制,集体所有制实际上和国家所有制并没有实质性的差别(刘荣材,2007),这是地方政府能够无限制行使征地权的基础。因此,要遏制地方政府对土地财政的强烈追求,首先要改革完善土地产权制度,形成产权明晰的土地利用保障格局,制约地方政府追求土地财政的客观条件。

一方面,重塑国有土地所有者主体,将土地所有权和行政管理权相分离(康静萍,2008)。现有国有土地产权模糊的重要根源之一在于土地所有权和行政管理权重合,而引发国家土地所有权主体的行为行政化,特别是在政治晋升激励下,这种现象愈加明显。土地资源作为一种重要的国有

资产，我们可以参考国有资产经营和管理的经验，对国有土地产权制度进行变革。因此要将国有土地所有权和行政管理权相分离，并设立一个专门机构，代表国家行使国有土地所有者职能，来保护有限的土地资源，促进土地资源合理使用，并实现其经济价值。这个机构是一个独立的代理机构，不属于政府机关，也不履行行政管理权。这种做法可以解除政府对国有土地的直接控制权，而降低了政治激励的作用，有效遏制地方政府滥用土地的行为。

另一方面，明确界定农村集体土地产权，赋予农民稳定、完整的土地产权。所有权是一个包含占有权、使用权、收益权和处分权的权利束，因此可以赋予农民对土地享有完整的占有、使用、收益、处置的权利（刘荣材，2007）。其中，土地占有权和使用权是基础，土地处置权是象征，土地收益权则是其实质和实现。重点是要完善农民的土地财产权利制度（曲福田、田光明，2011），扩大农民个体的土地处置权利，使农民在征地中获得合理的土地增值收益（王开盛等，2008；刘家强等，2007），从而压缩地方政府的土地收益分配份额。同时，应当在法律上进一步明确土地产权制度，并出台相应的法律来保障土地产权制度的实施。一是从法律上确保农民拥有自由使用土地、处置土地的权利，且对使用、处置土地的收益享有排他性收益权。二是可以将土地产权和公民的财产权制度进行融合，尤其是对于农村集体所有的土地，其应该等同于公民的财产，可以用相同的财产权制度来表现集体土地的产权内涵（吴次芳等，2010）。因此，这就必然要求在现有法律的基础上，从财产权角度明确土地产权的地位。

二 优化现有税收制度，形成持续合理的税收保障体系

现有研究已经认识到土地财政模式的不可持续性，但土地财政短期内不可能完全摒弃，因此制定的转型政策就要注重化解地方政府对于土地财政的依赖程度，而要改变地方政府对土地财政的依赖，首先就要将土地财政的一次性收入转变为税收型长期收入，保证地方政府具有稳定客观的收入来源。根据目前中央与地方在财政收入分权设置中的关系，可将税种划分为中央税、地方税和中央地方共享税种三种。其中国内增值税的75%收归中央，地方只占25%，中央享有企业所得税和个人所得税的60%，地

方享有40%的比例。与土地相关的税收例如耕地占用税、土地增值税等税种则由地方征收并独享。这意味着大部分税收收入都收归中央所有，地方持久性的税收收入所占比重偏低，从而导致了地方政府对土地财政的偏爱。

可见，要形成地方持续合理的税收体系，必须改革现有的税收制度，优化地方财政收入结构，形成良好的地方税收保障体系。第一，加快推进税收立法。改革不合理的税收制度、税收政策以及税收相关规定，尽快建立完善科学合理的税收制度体系，推进税收立法，全面提高税收的法律层级（刘建徽、周志波，2016）。并且，在保持中央调控能力的前提下，赋予地方适当的税收立法权（李新，2005），便于各地因地制宜，灵活处理地方税收，保障本地区税收收入来源稳定。第二，完善土地税制，建立科学合理的土地税收体系。从长远来看应该推进城乡一体化土地市场体系、土地出让制度和土地增值税制度联动改革，增加保有环节的税费，减少对一次性土地出让金的依赖。第三，可以将城镇土地使用税与房产税合并征收，探索建立不动产税收制度。合理设计覆盖城市存量和新增住房的房地产税，可以在短期内保证土地财政收入的相对稳定，并在远期实现房地产税替代土地出让金成为地方财政收入的支柱，使房地产税成为地方财政稳定的税收来源，增强土地财政收入的可持续性，形成对地方政府的有效激励（李成瑞等，2017）。第四，建议主要税基逐渐从生产环节向收入、消费及财产形成环节转移，增强税收制度的"消费性"特征。国外城市化进程中大都经历了利用土地资源获得财政收入的阶段，但有所不同的是与土地相关的保有和流转环节在财政收入中均占主导地位。例如，美国主要依靠土地税收调解市场和增加地方财政收入，并促进土地的节约集约利用。因此，重点向消费立税倾斜，可以考虑将土地征收环节中涉及的耕地复垦基金、水利建设基金、征地管理费以及土地管理费等合并，并将其改为税，征收环节后移至土地保有阶段，以此来强化土地税收的地位。并以提高土地税收地位为基本出发点，积极推动土地财政与产业结构联合互促。第五，重点完善土地增值税，扩大土地增值税征收范围，采取"普遍征收"和"低税率"的办法，在征收范围上能尽可能地覆盖到所有能够引起土地增值税的对象。第六，提高闲置土地和耕地占用的成本，可以考虑新增加空地税和提高耕地占用税税率，不仅可以提高土地税收收入，还能促进土地的节约集约利用。

三 健全土地征收制度，形成多元供给的市场体系

土地征收是土地财政的重要环节。健全的土地征收制度是抽离"征地——卖地——土地税费——抵押贷款——再征地"旋涡的制度保障（骆祖春，2012），是土地财政行为良性发展的必要制度保障。但实际上，现行法律规定"国家为了公共利益的需要，可以依照法律规定对土地实行征收或者征用并给予补偿"，而对"公共利益"的概念没有明确界定，只有逻辑模糊的公共利益范围和分类，导致"公共利益"与国家利益、政府利益、集体利益等混淆，且与商业利益无法完全分开，因此地方政府往往打着"公共利益"的幌子以满足商业利益或其他利益集团的利益（江国华、向雪宁，2014）。正是由于征地范围的不明确，诱致地方政府的土地征收权被无限放大（吴春燕，2008）。因此，需深化土地征收制度改革，明确土地征收范围，形成多元供给的土地市场体系，以限制地方政府随意的征收权。

一方面，进一步明确土地征收范围。第一，准确界定"公共利益"概念。首先要确定概念界定的主体，可借鉴美国的经验，"公共利益"的概念不该由法官或者行政官来决定，而是应该由人民选出来的代表决定，因为他们才是"公共利益"最可靠的保障者（张千帆，2005）。其次要确定"公共利益"界定的模式，可采取概括加列举式，主要是考虑到"公共利益"的内涵和外延在不同时期会有所差异，僵硬的规定会导致条文滞后于现实，而仅做抽象性的规定又不利于实际操作，因此需结合包含"公共利益"外延的列举方式，并作排除性规定，来遏制行政机关的恣意性（江国华、向雪宁，2014）。具体来说，"公共利益"应当属于任何一个自然人都有机会享有（孟勤国、肖楚钢，2019），由人大实行立法权加以界定，"公共利益"项目不应包含政府招商引资、促进地区经济发展的各种经营性活动。第二，严格执行"公共利益"界定程序。在实际操作过程中，政府占主导地位，所谓的"公共利益"成了政府决定的利益，因此仅依靠一部法律来解决"公共利益"界定问题困难较大，而更应该注重"公共利益"认定程序的严格规范和监督（陈年冰、王凯锋，2009）。应从立法和执法程序上对相关制度加以改进（陈晓芳，2013），如通过人民代表大会或者听

证会来确定土地征收是否符合"公共利益"前提，并将补偿作为"公共利益"的唇齿条款（李增刚、董丽娃，2014），以防止行政机关滥用土地征收权，构成对他人利益的不适当干预和损害。

另一方面，要加快推进集体经营性建设用地入市改革。农村集体建设用地入市流转后，势必形成与地方政府相互竞争的建设用地供给者，在一定程度上能够减少地方政府土地出让规模，而且集体建设用地入市流转后城市土地供给量总体增加，土地价格下降，地方政府依赖的土地出让金及相关收入就会随之减少，这种做法有利于促进政府职能的转变和土地收益分配机制的改进。因此，要加快建设城乡建设用地统一交易市场，实现国有土地和集体土地"同权同价"，实现"两种产权、统一市场"的运作形式，促进城乡建设用地"公开、公平、公正"流转，打破地方政府在土地市场中的垄断地位。

四　完善规划保障机制，形成持续稳定的用地支撑体系

土地利用规划是协调人地关系、实现土地资源可持续利用的重要工具（王万茂，2001），通过计划、用途管制、开发建设管制等手段对土地利用进行控制。但由于地方政府对土地财政过度追求，通常会违背城市规划、土地利用规划，导致出现城市土地利用方式粗放、土地利用布局混乱、土地利用结构失调等现象。而且，为了能够经常性执行规划权，地方政府会基于对规划的编制与审批权，根据自己的需要来修改和调整规划，导致规划变动频繁，严重损害了规划本身的权威性和严肃性，从而减弱了土地利用规划对地方政府土地利用行为的约束作用。因此，完善土地利用规划制度，一定程度能规范地方政府的土地利用行为，提高城市建设用地利用效率，有利于形成持续稳定的用地支撑体系，从而限制地方政府的土地财政偏好。

首先，完善国土空间规划体系。2019年1月，中央通过了《关于建立国土空间规划体系并监督实施的若干意见》，将主体功能区规划、土地利用规划、城乡规划等空间规划融合为统一的国土空间规划，"多规合一"时代开启。在此背景下，要进一步强化土地利用空间管理（吕晓等，2015），科学编制与市场经济体系相适应的、弹性与刚性相结合的国土空间规划，并通过定时评估、滚动实施等措施强化规划实施，提升规划绩效。其次，

明确规划的地位,提高规划权威。规划具有战略引领和刚性控制的重要作用。因此,在土地利用中,应当赋予土地利用规划法律地位,维护规划的严肃性、权威性,并严格执行土地相关规划,从源头上控制地方政府的土地利用行为。空间规划是高位统筹的战略性规划,是统筹城乡、推进新型城镇化、实现国土生态文明、完善政府治理机制、保障社会经济可持续发展的战略工具,因此要赋予国土空间规划较高的战略地位,将国土空间规划作为其他各项规划的"宪法"性基本规划,实现以专统筹(严金明等,2017)。再次,建立系统性"多规合一"的规划体系,实现国民经济和社会发展规划、土地利用总体规划、城市发展规划以及其他专项规划相衔接,综合运用现代信息技术对规划执行情况全程跟踪和监管。并统一现行各项规划的年限、用地分类、技术平台、数据标准等,并使各项规划的编制、执行、修改与空间规划保持一致,以保证空间规划的权威性和严肃性(严金明等,2017)。最后,优化城乡各类用地规划。进一步优化对城市居住、工业、交通运输等用地的规划,注重平衡城市建设用地扩张与耕地保护、生态环境保护的矛盾,持续调整"建设用地规划规模""耕地保有量"和"基本农田保护面积"等规划指标,保障城乡土地利用的可持续发展。此外,还要加强规划中的公众参与机制,以听证会、讨论会等形式鼓励公众参与规划编制过程;建设规划信息网站,地籍、规划等信息公开化透明化,保证规划的公平性和合理性。

五 破解户籍福利挂钩,形成公平高效的福利保障机制

户籍制度是一项包含多种利益分配的身份制度(陈云,2014),是收益分配的重要依据之一,征地补偿、拆迁补偿、集体收益分配等都与户籍密切相关。同时,户籍背后附带着医疗、教育、住房、就业等多种福利因素(陆益龙,2002)。新中国成立后,我国实行的是城乡二元的户籍管理制度。在这种制度安排下,城市居民凭借其非农户口身份,享有大部分社会福利和公共服务(邹一南,2014),而农民则被排除在外,形成了城乡分割的格局(尤琳、陈世伟,2015)。城乡二元户籍管理制度导致的城乡社会福利差异为地方政府追求土地财政提供了可乘之机,地方政府通常假借"农转非"户籍制度改革以追求自我利益最大化,增加土地财政收入。即在"农转非"户籍制度改革中,"土地换社保""土地换户籍"等政策出现,

一方面推动了城镇化,诱使地方政府大量征地,追求土地出让收入;另一方面以户籍本身所蕴含的福利作为征收补偿,实际是严重损害了农民的利益。因此,建立一套公平高效的社会福利体系,改革户籍制度带来的福利差异,也是规范地方政府土地财政行为的重要措施。

总的来说,要消除户籍制度带来的福利差异,必须要打破现在依托于农业户口和非农业户口身份的居住地管理和移民管控,让人口自由迁移流动,构建起城乡居民居住地登记制度;同时,要打破身份依托的差别性公共服务和社会福利供给,实现居住地公共服务的普惠性和均等化,建立依托国民身份的国民福利制度,实现国家统一市场体制(任远,2016)。具体来说,首先,要逐步剥离户籍制度所附加的社会福利功能,实现福利供给的"普惠性"(王太元,2005;郭秀云,2010)。因为现行户籍制度的弊端根源是户籍制度被不合理地附加上了利益分配功能,因此要将挂靠在户籍上的医疗、教育、社会保障、住房等诸多福利待遇和公共服务内容从户口剥离,恢复户籍制度的基本功能,降低户籍的福利"含金量"(王美艳、蔡昉,2008)。其次,健全城乡一体化社会福利和社会服务体系。一是建立城乡一体化的人口管理体制,加快人口市民化进程。二是全面推进农村集体建设用地使用权、农村宅基地使用权、农地(林地)承包经营权等农村户籍制度衍生的农村集体经济权益改革,使这种权益成为农户的保障。三是健全城乡"软硬兼并"公共服务体系,使得城乡之间的公共基础设施、文化、医疗卫生建设均等化。四是健全城乡社会保障制度,包括最低生活保障标准、养老保险、医疗保障,城乡居民能获得无差别的社会保障。五是健全城乡平等的就业制度,农村居民在就业市场上与城市居民获得同等就业机会和权利。最后,实现公共服务的属地化和均等化。与社会福利安排逐步和户籍身份脱钩对应,需在居住地基础上提供社会福利和公共服务供给。应以居住地为依托,为包括户籍人口和非户籍人口的所有人口逐步实现基本公共服务和社会福利的均等化。例如包括教育、卫生、社区服务、就业培训、就业公共服务、再就业援助机制等各种公共服务和社会工作,从而填平本地户籍居民和非户籍人口之间的福利差,从而为推进户籍改革创造条件。

第七章
研究结论与展望

第一节　研究结论

　　基于研究问题和目标，首先，在界定土地财政偏好相关概念的基础上，全面阐释了地方政府土地财政收入偏好、支出偏好、策略偏好的总体特征及区域差异，明确了土地财政偏好的理论框架，为完善现有土地财政行为理论体系提供了依据。其次，从外部激励和制度基础两个方面探究地方政府土地财政偏好的形成机制，具体剖析中国式分权具有的财政激励和政治激励作用、政府产权管制和价格管制具有的不同影响作用、土地违法与土地财政的相互影响作用，并构建了联立方程组模型进行实证分析，回答地方政府形成土地财政偏好的内在机理。然后，基于效率与公平的视角进行地方政府土地财政偏好的影响评价，在梳理地方政府土地财政偏好和效率、公平的逻辑关系，构建理论框架的基础上，运用经济计量模型对地方政府土地财政偏好和经济增长、财政支出的关系进行了实证研究。最后，结合上述研究结果，明确了地方政府土地财政偏好的形成机制及其影响，以此总结土地财政问题的实质，围绕土地财政行为管控的目标和思路，提出了科学合理、具体可行的管控机制，以规范地方政府土地财政行为，引导土地收益的合理分配和全民共享。围绕上述内容，主要研究结论包括以下方面。

一　地方政府总体存在土地财政强偏好，并呈现区域差异特征

　　通过分析土地财政收支规模、结构及其与地方财政收支关系，以及土

地出让类型、出让方式等指标，从土地财政收入、支出和策略三个方面总结了地方政府对土地财政偏好的基本特征，并从东中西三大区域、省级和地市级三个层面进一步分析了地方政府对土地财政偏好的区域差异。

研究结果表明：①土地财政收入偏好方面，一是地方政府对土地财政收入规模具有持续性强烈偏好。二是在土地财政收入结构偏好上呈现一定差异，地方政府对土地出让金收入具有持续性强烈偏好，而对土地税收收入的偏好相对较弱。三是地方政府的土地财政收入偏好存在区域差异，从东中西三大区域和省级层面来看，整体上地方政府对土地财政收入和土地出让金收入偏好程度的高低呈现由东向西逐步递减的规律；从地市级层面来看，地方政府对土地财政收入的偏好程度与地区经济发展水平有较强的联系，基本上经济发展水平越高的城市对土地财政收入的偏好程度越强。②土地财政支出偏好方面，一是在土地财政支出结构中，地方政府对城市基础设施建设投资支出偏好较为强烈，忽略了农村基础设施建设的投资。二是地方财政支出非常依赖土地财政收入，土地财政对地方财政支出具有重要的贡献作用。三是土地财政的贡献作用存在区域差异，总体上东部区域土地财政收入对地方财政支出贡献大于中部和西部区域的地区。③土地财政策略偏好方面，首先，地方政府对土地出让策略具有强烈偏好，从时间序列上看，地方政府对土地出让策略的偏好程度逐渐减弱。其次，地方政府对土地引资策略具有持续性强烈偏好，主要表现为地方政府出让的工业用地规模占比较高。最后，地方政府对土地财政策略的偏好存在区域差异，从三大区域层面来看，东部区域地方政府对土地出让策略的偏好程度强于中部和西部区域，西部区域地方政府对土地引资策略的偏好程度强于东部和中部区域。其中，东部区域省份对土地引资策略的偏好程度存在较大的地区差异，北京、浙江、河北、山东、天津等地区的偏好程度较强，而上海、海南等地区的偏好程度则相对较弱。

二 土地财政偏好形成既面临中国式分权的外部激励，也需要以政府价格管制为核心的制度安排

从外部激励和制度基础两个层面解释了地方政府土地财政偏好的形成机制，其中外部激励来源主要是财政分权和政治集权相结合的中国式分权制度，制度基础是以政府主导土地市场为核心的土地制度安排，重点从政

府管制和土地违法两个方面去考察。在理论分析的基础上，利用2003—2014年省级面板数据进行实证检验，同时考虑到不同指标带来的影响和模型的稳健性，分别构建了十个联立方程组模型进行分析。

结果显示：①中国式分权制度产生的财政激励和政治激励是地方政府土地财政偏好形成的重要外部激励因素。②政府对农转非的产权管制只是政府获取土地财政的权利依据，不是土地财政产生的根源。③政府的价格管制主导了土地收益分配格局是形成土地财政的关键。④土地财政动机对土地违法有较强的激励作用，会促使地方政府实施土地违法，以增加土地收益。但土地违法并不必然带来土地财政收入的增加，因为土地违法存在被查处的风险。

三 土地财政偏好具有短期经济效率，但长期会制约经济增长

重点从效率和公平的视角分析土地财政偏好带来的影响，构建了一个理论框架，梳理了地方政府土地财政偏好和效率、公平的逻辑关系，发现地方政府土地财政偏好对效率的影响主要体现在经济效率方面，而对公平的影响主要体现在社会公平尤其是地方财政支出公平方面。在土地财政偏好影响的效率评价方面，主要分析地方政府土地财政偏好对经济增长的影响作用，在理论解释其作用机理和具体路径的基础上，应用空间面板模型和门槛效应模型，从省级层面和地市级层面进行了实证研究。

研究结果表明：首先，从总体上看，土地财政对经济增长的影响呈倒"U"形，即短期内土地财政有利于促进经济增长，但长期内土地资源稀缺性导致的土地财政不可持续，会对经济增长产生抑制作用，即土地财政对经济增长的促进作用存在不可持续性。其次，从空间上看，土地财政对经济增长存在显著的负向空间影响，即地方政府间的土地财政竞争存在"逐底效应"，导致人口和资本等要素的分流，不利于地区经济增长。再次，土地财政对经济增长存在显著的公共物品和产业结构门槛效应，当公共物品供给水平较低时，土地财政支出重点倾向于经济性公共物品供给以发展地方经济，土地财政促进经济增长；当公共物品供给水平较高时，地方政府持续供给经济性公共物品，公共物品供给结构畸形化，土地财政对经济增长促进作用明显收敛。当产业结构水平较低时，工业用地和商住用地大量供给激发地区经济活力；当产业结构水平较高时，地方政府大规模释放

房地产业、商业服务业等方面的土地资源，产业结构虚高，土地财政对经济增长促进作用明显收敛。在区域差异上，西部地区较东中部地区土地财政在公共物品和产业结构门槛下对经济增长促进作用更强。

四 土地财政偏好加剧了地方财政支出结构扭曲，并存在强化机制，对社会公平产生负面影响

在土地财政偏好影响的公平评价方面，基于地方财政支出视角，构建了土地财政与地方财政支出之间的理论框架，阐释了两者的相互影响和作用机理，并应用联立方程组模型，利用省级面板数据进行了实证分析。结果发现：首先，地方政府的土地财政动机加剧了地方政府"重硬轻软"的财政支出扭曲程度，且即使面临中央政府的政策约束，地方财政支出偏好也不会发生较为明显的改变。其次，随着基本建设和公共服务支出比重的不断增加，地区基础设施条件和公共服务水平得到改善和提高，会对土地价值产生增值效应和溢出效应，从而带来土地出让金收入的增加，形成地方政府土地财政内在强化机制。最后，从预算内土地税收和预算外土地出让金的不同影响作用来看，预算内土地税收受到更加严格的监管，因此，其在满足基本建设支出的前提下，会适当增加软公共服务支出，但这种财政支出改善效应不大。同时，财政支出责任的增加，会加大地方财政收支压力，促使地方政府更加依赖于土地财政，特别是追逐预算外的土地出让金。这一结果也验证了现实中地方政府对一次性获取的土地出让金收入的过度依赖，而在受到严格预算管理的土地税收收入方面，显得积极性不是很高。

五 土地财政问题的实质是收益分配，完善利益协调机制是管控土地财政行为的核心

结合地方政府土地财政偏好的总体特征、形成机制和影响评价，指出了土地财政问题的实质，发现政府主导的土地收益分配机制是核心，也就是说土地财政问题实质是土地收益的分配问题。正是因为在巨额的土地增值收益体系中，地方政府获取了绝大部分，而其他主体只获取了较小部分，才导致了土地财政的形成。同时，经济分权下地方政府财权与事权不匹配，再加上以经济内容为核心的政绩考核机制，这种强激励机制极大地

增强了地方政府从预算外攫取资源的财政机会主义动机,而且外部约束主体的约束意愿和约束能力较弱,无法对地方政府行为进行有效的约束和管制,从而导致了地方政府对土地财政的强烈偏好和过度追求,进而导致了地方政府行为模式扭曲,造成了经济效率和社会公平的损失。

因此,根据土地财政问题的实质,从公平、效率及其统一的角度提出了具体的改革目标,并结合土地财政偏好的形成机制以及影响评价的结果,从利益协调、改革动力、监督约束和制度保障四个方面构建了地方政府土地财政行为的管控机制。其中,利益协调机制是核心,主要是打破政府的主导地位,合理界定政府在土地收益初次分配和二次分配中的作用,引导政府职能归位;改革动力机制是重点,主要是提供地方政府改变土地财政行为的持续激励,转变地方政府短视行为,降低其对土地财政的强烈依赖和偏好;监督约束机制是手段,主要是加强对政府土地财政行为的监管能力,用强制性手段、约束手段来监管地方政府的土地财政行为;制度保障机制是支撑,主要是弥补当前土地财政相关法律法规存在的问题和漏洞,为转变地方政府土地财政行为的措施提供法律规则和配套措施的保障支撑。

第二节 研究展望

本研究重点对土地财政偏好的总体特征、形成机制及其在效率和公平方面带来的影响进行了分析,将土地财政偏好的现实特点、内在机理及其影响作用完整地展现出来,对理解地方政府的土地财政偏好和行为提供了新的视角,并据此系统地构建了地方政府土地财政行为的管控机制。但由于土地财政涉及的相关制度较多,并且近年来农村土地制度改革持续推进,有关土地财政的许多方面还需要进一步地完善和深化。未来的研究方向和重点如下:

(1)中国式分权制度安排具有的激励作用和约束机制。中国式分权制度的主要特征是分税制改革和政治集权制度,反映了中央政府与地方政府之间的财政关系和政治关系,当前关注的焦点是中国式分权对地方政府行为的影响,特别是对获取土地财政的激励作用。但是随着近年来的经济社会发展,上级政府已经在改变传统的以 GDP 论英雄的政绩考核体系,加入了更多的诸如生态环境、耕地保护等约束性考核指标，对地方政府行为产生了某种约束作用。关于中国式分权具有什么样的约束作用，其作用机制以及带来的具体影响等问题有待进一步研究。

（2）财税体系改革与地方事权责任的匹配问题。当前的分税制制度过度关注财政收入层面，对中央与地方的事权责任没有进行明确的规定。而中央已经推行了一系列有关财税体制方面的改革，包括"营改增"、税收分成比例调整、国税地税合并改革、开征房地产税等。这些改革举措不仅仅是新税种的开征，还涉及现有税收体系的改革，以及由此带来的地方财政收入和支出变化问题。而有关财税体系改革带来的影响，特别是对土地财政的影响，以及相关制度的改革进程能否同步推进、如何推进值得关注。

（3）农村土地制度改革对土地财政带来的影响。2015年国务院启动农村土地制度改革试点，到2019年土地管理法修订，已经对传统的土地财政获取模式产生了直接影响。特别是集体建设用地直接入市对地方财政收入产生何种影响尤为重要。未来随着农村土地制度改革的全面推进，土地财政何去何从，地方政府面临土地财政收入减少的压力又会做出何种反应等问题，都值得深入探讨。同样，政府和市场的关系，对土地市场未来的改革以及土地收益分配具有重要的影响。农村土地制度改革打破了现有的政府垄断土地市场供给的格局，未来在新的土地市场交易机制下，如何实现增值收益的合理分配，不仅是现实政策实践的需要，也是理论研究需要关注的重点。

（4）土地财政的实质是土地收益分配问题，但土地收益分配不仅是在政府、村集体、农民和企业等主体间进行，而且中央政府与各级地方政府如何划分土地收益对地方政府行为具有重要的激励作用。因此，首先土地收益在政府间如何分配及其影响作用的问题值得关注。同时，政府获取土地收益之后，如何使用，在支出层面实现收益全民共享，确保土地收益在区域间、主体间、城乡间的合理分配等，都需要先在理论层面进行合理的分析，然后再进行政策实践。最后，土地收益也存在代际（届）分配的平衡性问题。由于土地资源是有限的，且土地出让金是未来收益的一次性付清，也是地方政府土地融资的重要偿债来源。当届政府为了满足自己的利益最大化，往往过度透支土地收益，导致下届政府可用的土地资源不足或面临巨大的偿债压力，这不利于社会经济的持续发展。因此，如何实现土地收益分配的代际（届）公平，降低地方政府的财政金融风险，保证地方财政的稳定发展值得关注。

（5）土地财政的影响面较为广泛，还有诸多内容值得关注。由于土地财政涉及的资源配置和制度安排众多，土地财政的影响还包括：房地产市场、耕地保护、环境污染、地方债务、城镇化、产业结构等方面。未来可以尝试引入其他理论视角来解释土地财政带来的影响作用。

（6）土地财政内涵丰富，也在发生变化，有待进一步明确。目前学术界对土地财政的含义尚无统一界定，学者们在对土地财政进行分析，特别是进行实证分析时，主要是从土地财政收入层面来考虑，如土地出让金和土地税收。但除此之外，地方政府依靠土地资源进行融资，以保证经济运行，也是土地财政的一种形式。同时，在现行制度环境下，地方政府围绕土地进行的一系列活动，如土地整理、建设用地增减挂钩、城中村改造、宅基地退出以及集体经营性建设用地入市等，均涉及土地财政的问题，有待更深入地研究。

附 表

附表1　　聚类分析结果（表3-11中6类集群的具体城市）

地区	类别	地区	类别	地区	类别	地区	类别	地区	类别	地区	类别	地区	类别	地区	类别
北京	1	沧州	4	揭阳	4	吉安	4	常德	4	内江	4	张掖	4	七台河	4
南宁	1	衡水	4	云浮	4	宜春	4	张家界	4	乐山	4	平凉	4	牡丹江	4
天津	2	连云港	4	海口	4	抚州	4	益阳	4	南充	4	酒泉	4	黑河	4
上海	2	衢州	4	三亚	4	上饶	4	郴州	4	眉山	4	庆阳	4	绥化	4
苏州	2	舟山	4	太原	4	开封	4	永州	4	宜宾	4	定西	4	南京	5
杭州	2	丽水	4	大同	4	洛阳	4	怀化	4	广安	4	陇南	4	无锡	5
重庆	2	莆田	4	阳泉	4	平顶山	4	娄底	4	达州	4	西宁	4	常州	5
成都	2	三明	4	长治	4	安阳	4	呼和浩特	4	雅安	4	石嘴山	4	南通	5
银川	2	漳州	4	晋城	4	鹤壁	4	包头	4	巴中	4	吴忠	4	宁波	5
石家庄	3	南平	4	朔州	4	新乡	4	乌海	4	资阳	4	固原	4	青岛	5
唐山	3	龙岩	4	晋中	4	焦作	4	赤峰	4	六盘水	4	中卫	4	广州	5
廊坊	3	宁德	4	运城	4	濮阳	4	通辽	4	遵义	4	乌鲁木齐	4	武汉	5
淮安	3	淄博	4	忻州	4	许昌	4	鄂尔多斯	4	安顺	4	克拉玛依	4	沈阳	5
镇江	3	枣庄	4	临汾	4	漯河	4	呼伦贝尔	4	曲靖	4	抚顺	4	大连	5
泰州	3	东营	4	吕梁	4	三门峡	4	巴彦淖尔	4	玉溪	4	本溪	4	徐州	6
宿迁	3	泰安	4	蚌埠	4	南阳	4	乌兰察布	4	保山	4	丹东	4	盐城	6
湖州	3	日照	4	淮南	4	商丘	4	柳州	4	昭通	4	锦州	4	扬州	6
泉州	3	莱芜	4	马鞍山	4	信阳	4	桂林	4	丽江	4	阜新	4	温州	6
烟台	3	德州	4	淮北	4	周口	4	梧州	4	普洱	4	辽阳	4	嘉兴	6
济宁	3	聊城	4	铜陵	4	驻马店	4	北海	4	临沧	4	盘锦	4	绍兴	6
威海	3	滨州	4	安庆	4	黄石	4	防城港	4	拉萨	4	铁岭	4	金华	6

续表

地区	类别	地区	类别	地区	类别	地区	类别	地区	类别	地区	类别	地区	类别
临沂	3	菏泽	4	黄山	4	十堰	4	钦州	4	铜川	4	朝阳	4	台州	6
珠海	3	韶关	4	滁州	4	宜昌	4	贵港	4	宝鸡	4	葫芦岛	4	福州	6
东莞	3	汕头	4	阜阳	4	襄阳	4	玉林	4	咸阳	4	吉林	4	厦门	6
芜湖	3	江门	4	宿州	4	鄂州	4	百色	4	渭南	4	四平	4	济南	6
南昌	3	湛江	4	巢湖	4	荆门	4	贺州	4	延安	4	辽源	4	潍坊	6
贵阳	3	茂名	4	六安	4	孝感	4	河池	4	汉中	4	白山	4	深圳	6
鞍山	3	肇庆	4	亳州	4	荆州	4	来宾	4	榆林	4	松原	4	佛山	6
营口	3	惠州	4	池州	4	黄冈	4	崇左	4	安康	4	白城	4	合肥	6
哈尔滨	3	梅州	4	宣城	4	咸宁	4	自贡	4	商洛	4	齐齐哈尔	4	郑州	6
秦皇岛	4	汕尾	4	景德镇	4	随州	4	攀枝花	4	兰州	4	鸡西	4	长沙	6
邯郸	4	河源	4	萍乡	4	株洲	4	泸州	4	嘉峪关	4	鹤岗	4	昆明	6
邢台	4	阳江	4	九江	4	湘潭	4	德阳	4	金昌	4	双鸭山	4	西安	6
保定	4	清远	4	新余	4	衡阳	4	绵阳	4	白银	4	大庆	4	长春	6
张家口	4	中山	4	鹰潭	4	邵阳	4	广元	4	天水	4	伊春	4	通化	6
承德	4	潮州	4	赣州	4	岳阳	4	遂宁	4	武威	4	佳木斯	4		

参考文献

安体富、葛静:《关于房地产税立法的几个相关问题研究》,《财贸经济》2014年第8期。

白景明、朱长才、叶翠青等:《建立事权与支出责任相适应财税制度操作层面研究》,《经济研究参考》2015年第43期。

毕宝德:《土地经济学》(第6版),中国人民大学出版社2011年版。

边维慧、李自兴:《财政分权:理论与国外实践》,《国外社会科学》2008年第3期。

布莱恩·E.亚当斯、王娟娟、荣霞:《美国联邦制下的地方政府自治》,《南京大学学报》(哲学·人文科学·社会科学)2012年第2期。

蔡潇:《中国土地财政转型路径研究》,博士学位论文,浙江大学,2016年。

曹端海、谢俊奇、孙艾青:《基于财政分权视角的土地财政问题研究》,《改革与战略》2017年第10期。

曹飞:《土地财政:本质、形成机理与转型之路》,《社会科学》2013年第1期。

曹广忠、袁飞、陶然:《土地财政、产业结构演变与税收超常规增长——中国"税收增长之谜"的一个分析视角》,《中国工业经济》2007年第12期。

陈多长、游亚:《地方政府土地财政行为对城镇化模式选择的影响》,《经济体制改革》2016年第1期。

陈多长、游亚:《地方政府土地财政依赖对城镇化的反作用》,《改革与战略》2015年第11期。

陈多长:《地方政府土地财政依赖:形成机理与转型对策——兼论工业化、城市化对土地财政依赖的影响机制》,浙江大学出版社2014年版。

陈刚、李树、余劲松:《援助之手还是攫取之手?——关于中国式分权的一个假说及其验证》,《南方经济》2009年第7期。

陈国富、卿志琼:《财政幻觉下的中国土地财政——一个法经济学视角》,《南开学报》(哲学社会科学版)2009年第1期。

陈国富、卿志琼:《从征地到征收房产税:财政基础重建与政府治理》,《南开学报》(哲学社会科学版)2019年第2期。

陈红霞:《中国土地税收制度改革研究》,硕士学位论文,东北农业大学,2002年。

陈建军、周维正:《空间视角下的地方政府土地经营策略、竞争机制和中国的城市层级体系——来自中国186个地级市的经验证据》,《中国土地科学》2016年第3期。

陈抗、Arye L. Hillman、顾清扬:《财政集权与地方政府行为变化——从援助之手到攫取之手》,《经济学(季刊)》2002年第4期。

陈年冰、王凯锋:《论集体土地征收中"公共利益"的程序控制——以农民土地权利的保护为视角》,《暨南学报》(哲学社会科学版)2009年第5期。

陈淑云、曾龙:《土地财政依赖与公共服务供给水平——基于全国286个地级及以上城市面板数据的研究》,《华中师范大学学报》(人文社会科学版)2016年第4期。

陈小瑛:《海南实行分税制改革,瓦解土地财政》,《华夏时报》2018年1月8日。

陈阳:《论我国土地督察制度良善化进路——以中央与地方关系为视角》,《东方法学》2017年第2期。

陈永平:《日本财政转移支付制度法初探》,《法学杂志》2001年第6期。

陈永正、董忻璐:《土地财政对地方财力及公共服务供给的影响研究述评》,《上海行政学院学报》2015年第5期。

陈云:《户籍改革的制度变迁与利益博弈——"农转非"的四种地方模式评析及反思》,《人民论坛·学术前沿》2014年第4期。

陈志刚、王青、赵小凤、黄贤金:《中国土地违法现象的空间特征及其演变趋势分析》,《资源科学》2010年第7期。

陈志勇、陈莉莉：《"土地财政"：缘由与出路》，《财政研究》2010年第1期。

陈志勇、陈莉莉：《财税体制变迁、"土地财政"与经济增长》，《财贸经济》2011年第12期。

陈治国、杜金华、李成友：《我国土地财政的产业抑制效应及其政策启示——基于35个重要城市面板数据的实证研究》，《西部论坛》2019年第3期。

程晓旭：《土地财政与经济增长的关系研究》，硕士学位论文，天津财经大学，2013年。

程瑶：《制度经济学视角下的土地财政》，《经济体制改革》2009年第1期。

邓可斌、丁菊红：《转型中的分权与公共品供给：基于中国经验的实证研究》，《财经研究》2009年第3期。

邓明、仇勇：《环境污染如何影响了居民的政府信任？——基于"中国式分权"视角的研究》，《公共管理评论》2018年第3期。

丁春福、陈彦超：《新时代：公平与效率关系解析及政策选择》，《黑龙江社会科学》2018年第4期。

丁从明、陈仲常：《分权、区域竞争与倒U形分权效应曲线研究》，《财经研究》2008年第10期。

董再平：《地方政府"土地财政"的现状、成因和治理》，《理论导刊》2008年第12期。

杜金华、陈治国：《土地财政依赖对城市扩张的影响》，《财经科学》2018年第5期。

杜立夫：《权利监督与制约》，吉林出版社2004年版。

杜雪君、黄忠华、吴次芳：《中国土地财政与经济增长——基于省际面板数据的分析》，《财贸经济》2009年第1期。

段国旭、王云峰、赵钏：《谈财政资源配置及制度层次问题》，《财政研究》2005年第8期。

樊继达：《治理土地财政：一个公共经济分析框架》，《国家行政学院学报》2011年第4期。

樊轶侠：《论我国全面预算管理监督制度的构建——基于政府收支分

类改革的研究》，《经济经纬》2008年第2期。

丰雷、魏丽、蒋妍：《论土地要素对中国经济增长的贡献》，《中国土地科学》2008年第12期。

傅勇、张晏：《中国式分权与财政支出结构偏向：为增长而竞争的代价》，《管理世界》2007年第3期。

高然、龚六堂：《土地财政、房地产需求冲击与经济波动》，《金融研究》2017年第4期。

葛扬、钱晨：《"土地财政"对经济增长的推动作用与转型》，《社会科学研究》2014年第1期。

龚锋、雷欣：《中国式财政分权的数量测度》，《统计研究》2010年第10期。

龚丽贞：《土地财政之源：压力所迫还是晋升诱惑？——基于东部沿海发达城市数据的实证分析》，《财经论丛》2019年第5期。

顾乃华、王小霞、陈雄辉：《我国土地财政的区域差异与成因——基于省际面板数据的实证研究》，《产经评论》2011年第2期。

郭贯成、汪勋杰：《地方政府土地财政的动机、能力、约束与效应：一个分析框架》，《当代财经》2013年第11期。

郭家虎、崔文娟：《我国土地财政的发展现状、形成根源与转型路径》，《中共南京市委党校学报》2016年第2期。

郭洁：《土地用途管制模式的立法转变》，《法学研究》2013年第2期。

郭亮：《"土地财政"中的地方政府权力运作机制研究》，《华中科技大学学报》（社会科学版）2017年第1期。

郭庆旺、贾俊雪：《财政分权、政府组织结构与地方政府支出规模》，《经济研究》2010年第11期。

郭庆旺、贾俊雪：《地方政府行为、投资冲动与宏观经济稳定》，《管理世界》2006年第5期。

郭威、王声啸、张琳：《改革开放以来我国公平观与效率观的政治经济学分析》，《经济学家》2018年第10期。

郭秀云：《从"选择制"到"普惠制"——城市户籍改革政策取向与路径探析》，《社会科学》2010年第3期。

韩本毅：《城市化与地方政府土地财政关系分析》，《城市发展研究》

2010 年第 5 期。

何代欣:《中国式土地制度、地方可支配财力及土地财政新演化》,《中国行政管理》2013 年第 12 期。

何杨、满燕云:《地方政府债务融资的风险控制——基于土地财政视角的分析》,《财贸经济》2012 年第 5 期。

洪正、胡勇锋:《中国式金融分权》,《经济学(季刊)》2017 年第 2 期。

胡家勇:《地方政府"土地财政"依赖与利益分配格局——基于东部地区 Z 镇调研数据的分析与思考》,《财贸经济》2012 年第 5 期。

胡娟、陈挺:《财政分权、地方竞争与土地财政——基于一般均衡框架》,《安徽师范大学学报》(人文社会科学版)2019 年第 3 期。

胡小杰:《中国土地财政现象的法学分析》,《中国青年政治学院学报》2014 年第 3 期。

胡欣然、雷良海:《我国财政科技支出对经济增长贡献度分析》,《统计与决策》2014 年第 5 期。

胡援成、张文君:《地方政府债务扩张与银行信贷风险》,《财经论丛》2012 年第 3 期。

黄国龙、蔡佳红:《"土地财政"的分税制根源及其对策》,《宏观经济研究》2013 年第 6 期。

黄晗、冯烽:《我国教育财政支出与经济增长的实证研究》,《统计与决策》2011 年第 18 期。

黄静、吴群、王健:《经济增长、制度环境对地方政府土地财政依赖的影响机理》,《财经论丛》2017 年第 12 期。

黄小虎:《解析土地财政》,《中国税务》2011 年第 1 期。

黄妍妮、李勇刚、王猛:《土地财政、房价波动与经济增长——基于面板数据联立方程的研究》,《经济问题探索》2017 年第 5 期。

贾俊雪、郭庆旺、宁静:《财政分权、政府治理结构与县级财政解困》,《管理世界》2011 年第 1 期。

贾俊雪、宁静:《纵向财政治理结构与地方政府职能优化——基于省直管县财政体制改革的拟自然实验分析》,《管理世界》2015 年第 1 期。

贾康、刘微:《"土地财政"论析——在深化财税改革中构建合理、规范、可持续的地方"土地生财"机制》,《经济学动态》2012 年第 1 期。

贾丽杰：《制度约束、土地财政与地方政府互动机制研究》，博士学位论文，天津大学，2012年。

江国华、向雪宁：《我国土地征收制度的困境与出路》，《中南民族大学学报》（人文社会科学版）2014年第4期。

蒋省三、刘守英、李青：《土地制度改革与国民经济成长》，《管理世界》2007年第9期。

姜海、陈乐宾：《土地增值收益分配公平群体共识及其增进路径》，《中国土地科学》2019年第2期。

姜和忠：《城乡建设用地统筹及土地收益分配：效率与公平》，《农村经济》2011年第4期。

解垩：《政府效率的空间溢出效应研究》，《财经研究》2007年第6期。

金双华：《财政支出与社会公平关系分析》，《统计研究》2006年第3期。

康锋莉、艾琼：《财政分权、地方政府行为与经济绩效》，《财贸研究》2011年第1期。

康静萍：《明晰土地产权与实现可持续发展》，《学习与探索》2008年第6期。

匡家在：《地方政府行为的制度分析：基于土地出让收益分配制度变迁的研究》，《中央财经大学学报》2009年第4期。

匡小平、卢小祁：《财政分权、地方财政赤字与土地财政——来自中部欠发达地区J省的经验证据》，《中南财经政法大学学报》2012年第1期。

赖敏：《土地要素错配阻碍了中国产业结构升级吗？——基于中国230个地级市的经验证据》，《产业经济研究》2019年第2期。

李斌、李拓：《环境规制、土地财政与环境污染——基于中国式分权的博弈分析与实证检验》，《财经论丛》2015年第1期。

李博、冯旭芳：《公共选择视角下土地财政动因的博弈分析——以农地征用为例》，《经济研究参考》2015年第52期。

李成瑞、姜海、石晓平：《房地产税改革与土地财政困局破解——基于对地方财政影响的情景分析》，《南京审计大学学报》2017年第6期。

李冀：《政府债务、工业化与城市化——基于省际面板的实证分析》，《未来与发展》2015年第2期。

李丽珍、刘金林：《地方政府隐性债务的形成机理及治理机制——基于财政分权与土地财政视角》，《社会科学》2019年第5期。

李猛、沈坤荣：《地方政府行为对中国经济波动的影响》，《经济研究》2010年第12期。

李名峰：《土地要素对中国经济增长贡献研究》，《中国地质大学学报》（社会科学版）2010年第1期。

李佩佩：《地方政府土地财政依赖问题研究——以H省为例》，硕士学位论文，郑州大学，2019年。

李尚蒲、罗必良：《我国土地财政规模估算》，《中央财经大学学报》2010年第5期。

李新：《经济性财政分权下的地方税收体制创新》，《税务研究》2005年第2期。

李新光：《土地财政、金融发展与新型城镇化——基于省际面板数据的实证研究》，《生产力研究》2016年第4期。

李郇、洪国志、黄亮雄：《中国土地财政增长之谜——分税制改革、土地财政增长的策略性》，《经济学（季刊）》2013年第4期。

李一花、化兵：《财政赤字、土地财政与房价的关系研究》，《中央财经大学学报》2018年第11期。

李永乐、吴群：《土地市场发育与农地非农化——基于省际面板数据的估计与测算》，《中国土地科学》2009年第11期。

李勇刚、高波、王璟：《晋升激励、土地财政与公共教育均等化》，《山西财经大学学报》2012年第12期。

李勇刚、高波、许春招：《晋升激励、土地财政与经济增长的区域差异——基于面板数据联立方程的估计》，《产业经济研究》2013年第1期。

李勇刚、王猛：《土地财政与产业结构服务化——一个解释产业结构服务化"中国悖论"的新视角》，《财经研究》2015年第9期。

李增刚、董丽娃：《土地征收中的公共利益：理论分析、国际做法与政策含义》，《理论学刊》2014年第7期。

梁东黎：《我国财政支出的公平性：基于财政支出结构的考察》，《南京政治学院学报》2014年第1期。

梁若冰、韩文博：《区域竞争、土地出让与城市经济增长：基于空间面板模型的经验分析》,《财政研究》2011年第8期。

梁若冰:《财政分权下的晋升激励、部门利益与土地违法》,《经济学(季刊)》2009年第1期。

林超、张占录:《差别化土地管理政策框架的构建》,《西北农林科技大学学报》(社会科学版)2015年第3期。

林毅夫、刘志强:《中国的财政分权与经济增长》,《北京大学学报》(哲学社会科学版)2000年第4期。

林毅夫:《战略抉择是经济改革与发展成功的关键》,《经济科学》1994年第3期。

刘国臻:《论我国土地征收收益分配制度改革》,《法学论坛》2012年第1期。

刘佳、吴建南、马亮:《地方政府官员晋升与土地财政——基于中国地市级面板数据的实证分析》,《公共管理学报》2012年第2期。

刘家强、罗蓉、石建昌:《可持续生计视野下的失地农民社会保障制度研究——基于成都市的调查与思考》,《人口研究》2007年第4期。

刘建徽、周志波:《营改增的政策演进、现实困境及政策建议》,《经济体制改革》2016年第2期。

刘凯:《中国特色的土地制度如何影响中国经济增长——基于多部门动态一般均衡框架的分析》,《中国工业经济》2018年第10期。

刘凌飞、吕丹:《土地财政下的经济发展模式及治理路径选择》,《社会科学辑刊》2013年第4期。

刘明慧、路鹏:《地方土地财政收益分配:基本逻辑与转型路径》,《财经问题研究》2014年第2期。

刘琼、欧名豪、盛业旭、郭杰:《不同类型土地财政收入与城市扩张关系分析——基于省际面板数据的协整分析》,《中国人口·资源与环境》2014年第12期。

刘荣材:《关于我国农村土地产权制度改革与创新的探讨》,《经济体制改革》2007年第1期。

刘瑞明、白永秀:《晋升激励与经济发展》,《南方经济》2010年第1期。

刘守英、蒋省三:《土地融资与财政和金融风险——来自东部一个发达地区的个案》,《中国土地科学》2005年第5期。

刘守英:《深化土地制度改革、促进可持续城镇化》,《江苏农村经济》2013年第4期。

刘玮:《公共支出结构的生成研究》,博士学位论文,陕西师范大学,2012年。

刘志彪:《以城市化推动产业转型升级——兼论"土地财政"在转型时期的历史作用》,《学术月刊》2010年第10期。

刘宗明:《财政分权、房价上涨与消费抑制》,《财经科学》2012年第2期。

龙开胜、陈利根:《中国土地违法现象的影响因素分析——基于1999—2008年省际面板数据》,《资源科学》2011年第6期。

龙开胜、石晓平:《土地出让配置效率与收益分配公平的理论逻辑及改革路径》,《社会科学文摘》2018年第12期。

龙开胜:《土地财政对土地违法的影响及违法治理政策调整》,《南京农业大学学报》(社会科学版)2013年第3期。

娄成武、王玉波:《地方政府土地财政公共治理变革研究》,《当代财经》2011年第10期。

陆益龙:《1949年后的中国户籍制度:结构与变迁》,《北京大学学报》(哲学社会科学版)2002年第2期。

路军伟、林细细:《地方政府融资平台及其风险成因研究——基于财政机会主义的视角》,《浙江社会科学》2010年第8期。

骆祖春、赵奉军:《香港房地产财税体制设计及对内地改革的参照意义》,《地方财政研究》2016年第2期。

骆祖春:《中国土地财政问题研究》,博士学位论文,南京大学,2012年。

吕丹、王钰:《土地财政的改革路径分析与对策建议》,《经济研究参考》2013年第24期。

吕萍、卢嘉、周方圆:《土地督察制度理论研究与实证分析——基于国家土地督察数据的分析》,《中国国土资源经济》2013年第12期。

吕炜、高帅雄:《房价波动、土地财政与我国宏观经济》,《经济社会体制比较》2016年第4期。

吕晓、黄贤金、钟太洋、张全景：《土地利用规划对建设用地扩张的管控效果分析——基于一致性与有效性的复合视角》，《自然资源学报》2015年第2期。

马国贤：《事权和支出责任相适应的财政体制框架研究》，《中国财政》2016年第6期。

马九杰、亓浩：《土地一级市场垄断、土地财政的形成与动态变化——基于土地储备制度建立的准实验研究》，《中国土地科学》2019年第8期。

马桑：《国外公共服务均等化研究的经济学路径》，《天津社会科学》2012年第1期。

毛捷、吕冰洋、陈佩霞：《分税的事实：度量中国县级财政分权的数据基础》，《经济学（季刊）》2018年第2期。

孟勤国、肖楚钢：《土地征收法律制度的重点问题与立法建议》，《上海政法学院学报》（法治论丛）2019年第2期。

倪红日、刘芹芹：《对"土地财政"内涵和成因的辨析》，《经济经纬》2014年第2期。

牛霖琳、洪智武、陈国进：《地方政府债务隐忧及其风险传导——基于国债收益率与城投债利差的分析》，《经济研究》2016年第11期。

裴育、徐炜锋：《地方政府"土地财政"依赖对居民消费的影响研究——基于省际面板数据》，《南京审计大学学报》2016年第4期。

彭锻炼、左武：《公共支出结构对经济增长和社会公平的影响》，《中南财经政法大学学报》2011年第4期。

皮建才：《中国式分权下的地方官员治理研究》，《经济研究》2012年第10期。

平新乔：《中国地方政府支出规模的膨胀趋势》，《经济社会体制比较》2007年第1期。

齐讴歌、白永秀：《土地要素资本化和地区差距："融资效应"与"空间效应"》，《经济问题》2016年第3期。

钱忠好、牟燕：《征地制度、土地财政与中国土地市场化改革》，《农业经济问题》2015年第8期。

秦勇、李凤霞：《财政分权与"土地财政"制度改革》，《管理现代化》

2014年第4期。

丘晓：《政治体制改革是一个复杂的系统工程》，《江苏社联通讯》1987年第1期。

曲福田、田光明：《城乡统筹与农村集体土地产权制度改革》，《管理世界》2011年第6期。

饶国霞、葛扬：《我国房地产如何破解"土地财政"之殇》，《商业经济与管理》2014年第1期。

任远：《当前中国户籍制度改革的目标、原则与路径》，《南京社会科学》2016年第2期。

邵红伟：《如何实现效率与公平的统一——推进保障机会平等的制度公平》，《经济学家》2017年第1期。

邵学峰、何彬：《土地财政依赖：分权体制下政府间激励相容问题解析——2001—2013年省级面板数据》，《学习与探索》2014年第12期。

邵源：《关于"土地财政"与财税体制改革问题综述》，《经济研究参考》2010年第24期。

沈坤荣、付文林：《中国的财政分权制度与地区经济增长》，《管理世界》2005年第1期。

盛明科、李代明：《生态政绩考评失灵与环保督察——规制地方政府间"共谋"关系的制度改革逻辑》，《吉首大学学报》（社会科学版）2018年第4期。

舒元、徐现祥：《中国经济增长模型的设定：1952—1998年》，《经济研究》2002年第11期。

宋琪：《资本化视角下地方公共品供给的财政激励研究》，博士学位论文，山东大学，2016年。

孙秀林、周飞舟：《土地财政与分税制：一个实证解释》，《中国社会科学》2013年第4期。

孙元强：《基于土地财政的我国地方政府债务融资问题研究》，《改革与战略》2015年第9期。

唐明：《转型期中国房地产增值收益分配机制研究》，《中南财经政法大学学报》2015年第5期。

唐鹏、李建强、肖君：《土地市场化程度的地区差异分析》，《资源与产业》2010 年第 6 期。

唐鹏、石晓平：《地方土地财政策略对财政支出结构的影响研究》，《2012 年中国土地科学论坛——社会管理创新与土地资源管理方式转变论文集》，2012 年版。

唐鹏：《地方政府竞争对土地市场发育影响研究》，硕士学位论文，四川农业大学，2011 年。

唐鹏：《土地财政收入形成及地方财政支出偏好的关系研究》，博士学位论文，南京农业大学，2014 年。

唐鹏、石晓平、曲福田：《地方政府竞争与土地财政策略选择》，《资源科学》2014a 年第 4 期。

唐鹏、周来友、石晓平：《地方政府对土地财政依赖的影响因素研究——基于中国 1998—2010 年的省际面板数据分析》，《资源科学》2014b 年第 7 期。

汤玉刚、陈强、满利苹：《资本化、财政激励与地方公共服务提供——基于我国 35 个大中城市的实证分析》，《经济学（季刊）》2016 年第 1 期。

唐在富：《中国土地财政基本理论研究——土地财政的起源、本质、风险与未来》，《经济经纬》2012 年第 2 期。

陶然、李泽耿：《中国金融体制的风险与改革路径》，《中央社会主义学院学报》2018 年第 6 期。

陶然、陆曦、苏福兵等：《地区竞争格局演变下的中国转轨：财政激励和发展模式反思》，《经济研究》2009 年第 7 期。

陶然、汪晖：《中国尚未完成之转型中的土地制度改革：挑战与出路》，《国际经济评论》2010 年第 2 期。

陶然、袁飞、曹广忠等：《区域竞争、土地出让与地方财政效应：基于 1999—2003 年中国地级城市面板数据的分析》，《世界经济》2007 年第 10 期。

陶然：《土地财政、土地金融与可持续城市化模式》，《北京大学法学院人大与议会研究中心（Center for the People's Congress and Parliamentary Studies, PKU）》，《中国经济体制改革研究会（China Society of Economic Reform）》，《荷兰格罗宁根大学（University of Groningen）》，《中国民主法制

出版社（China Democracy and Rule of Law Press）》,《土地制度改革国际研讨会论文集》,北京大学宪法与行政法研究中心2013年版。

田莉：《我国城镇化进程中喜忧参半的土地城市化》,《城市规划》2011年第2期。

王慈航：《"土地财政"模式转型的路径依赖与制度创新》,《经济与社会发展》2010年第9期。

王建康、谷国锋：《土地要素对中国城市经济增长的贡献分析》,《中国人口·资源与环境》2015年第8期。

王开盛、杜跃平、崔传斌：《我国征地中的利益分配问题探讨》,《经济体制改革》2008年第5期。

王克强、胡海生、刘红梅：《中国地方土地财政收入增长影响因素实证研究——基于1995—2008年中国省际面板数据的分析》,《财经研究》2012年第4期。

王丽娟、毛程连：《地方政府间土地优惠竞争关系研究——基于空间自回归模型的实证检验》,《财经论丛》2012年第6期。

王美艳、蔡昉：《户籍制度改革的历程与展望》,《广东社会科学》2008年第6期。

王猛、李勇刚、王有鑫：《土地财政、房价波动与城乡消费差距——基于面板数据联立方程的研究》,《产业经济研究》2013年第5期。

王荣宇、谭荣：《德国土地税收制度及其改革探索的启示：基于土地收益共享的视角》,《中国土地科学》2015年第12期。

王瑞民、陶然、刘明兴：《中国地方财政体制演变的逻辑与转型》,《国际经济评论》2016年第2期。

王赛德、潘瑞姣：《中国式分权与政府机构垂直化管理——一个基于任务冲突的多任务委托—代理框架》,《世界经济文汇》2010年第1期。

王守坤、任保平：《财政联邦还是委托代理：关于中国式分权性质的经验判断》,《管理世界》2009年第11期。

王守坤、任保平：《中国省级政府间财政竞争效应的识别与解析：1978—2006年》,《管理世界》2008年第11期。

王曙光、王丹莉：《财政体制变迁40年与现代化国家治理模式构建——从正确处理中央与地方关系的角度》,《长白学刊》2018年第5期。

王太元：《户籍改革：剥离附着利益》，《瞭望新闻周刊》2005年第20期。

王万茂：《土地利用规划与可持续发展》，《国土经济》2001年第4期。

王文：《征地制度改革与土地增值收益分配机制研究》，《财政研究》2014年第6期。

王文剑、覃成林：《地方政府行为与财政分权增长效应的地区性差异——基于经验分析的判断、假说及检验》，《管理世界》2008年第1期。

王霞：《土地财政的成因及其路径依赖的破解》，《系统工程》2011年第5期。

王贤彬、徐现祥：《地方官员来源、去向、任期与经济增长——来自中国省长省委书记的证据》，《管理世界》2008年第3期。

王贤彬、张莉、徐现祥：《地方政府土地出让、基础设施投资与地方经济增长》，《中国工业经济》2014年第7期。

王小斌、李郁芳：《土地财政、城镇化与城乡收入差距——基于1999—2011年省级面板联立方程的实证研究》，《产经评论》2014年第5期。

王玉波、唐莹：《转型期地方政府土地财政效应研究》，《农村经济》2011年第10期。

王玉波、唐莹：《中国土地财政地域差异与转型研究》，《中国人口·资源与环境》2013年第10期。

王玉波、恽晓方：《国有土地出让方式地域差异研究——基于治理土地财政视角》，《东北大学学报》（社会科学版）2015年第2期。

王玉波：《土地财政构成要素时空差异与调控政策研究》，《中国土地科学》2016年第7期。

王玉波：《土地财政的成因与效应及改革研究综述》，《经济问题探索》2013a年第2期。

王玉波：《土地财政推动经济与城市化作用机理及实证研究》，《南京农业大学学报》（社会科学版）2013b年第3期。

韦彩玲：《分税制、土地财政与农民权益受损的内在逻辑及实证分析》，《云南行政学院学报》2015年第5期。

卫兴华：《我对公平与效率关系的理论见解》，《山西大学学报》（哲学社会科学版）2007年第3期。

吴炳辉、何建敏：《中国土地财政的发展脉络、影响效应及改革方向》，《经济管理》2015年第3期。

吴传清、邓明亮：《土地财政、房价预期与长江经济带房地产泡沫指数》，《华东经济管理》2019年第6期。

吴春燕：《我国土地征收中公共利益的厘定与处置》，《现代法学》2008年第6期。

吴次芳、谭荣、靳相木：《中国土地产权制度的性质和改革路径分析》，《浙江大学学报》（人文社会科学版）2010年第6期。

吴建瓴、蒋青、刘茜：《土地财政与经济高速增长》，《经济体制改革》2014年第5期。

吴群、李永乐：《财政分权、地方政府竞争与土地财政》，《财贸经济》2010年第7期。

吴宣恭：《实现公平与效率互相促进》，《经济纵横》2007年第1期。

武康平、杨万利：《基于新古典理论的土地要素与经济增长的关系》，《系统工程理论与实践》2009年第8期。

夏方舟、李洋宇、严金明：《产业结构视角下土地财政对经济增长的作用机制——基于城市动态面板数据的系统GMM分析》，《经济地理》2014年第12期。

谢国财、温正斌：《"土地财政"问题研究》，《中共福建省委党校学报》2011年第12期。

辛波、于淑俐、杨海山：《土地财政形成的博弈分析》，《井冈山大学学报》（社会科学版）2012年第4期。

徐枫、王占岐：《中部6省土地要素投入对城市经济增长效率影响研究》，《中国土地科学》2015年第10期。

徐鲲、郑威：《地方政府"土地财政"模式的路径依赖与治理创新》，《经济体制改革》2015年第5期。

徐雷：《中国东中西部地区土地财政差异性研究》，《中国人口·资源与环境》2014年第S3期。

徐现祥、王贤彬：《晋升激励与经济增长：来自中国省级官员的证据》，《世界经济》2010年第2期。

徐永胜、乔宝云：《财政分权度的衡量：理论及中国1985—2007年的经验分析》,《经济研究》2012年第10期。

许经勇:《分税制、土地资本化、土地财政与城镇化转型》,《福建论坛》(人文社会科学版)2016年第11期。

许英:《论深化征地制度改革的路径选择与优化——基于公平与效率双重价值目标的考量》,《河北法学》2012年第1期。

薛白、赤旭:《土地财政、寻租与经济增长》,《财政研究》2010年第2期。

薛白:《财政分权、政府竞争与土地价格结构性偏离》,《财经科学》2011年第3期。

薛慧光、石晓平、唐鹏:《中国式分权与城市土地出让价格的偏离——以长三角地区城市为例》,《资源科学》2013年第6期。

严金明、陈昊、夏方舟:《"多规合一"与空间规划:认知、导向与路径》,《中国土地科学》2017年第1期。

阎坤、张立承:《中国县乡财政困境分析与对策研究》,《经济研究参考》2003年第90期。

颜燕、刘涛、满燕云:《基于土地出让行为的地方政府竞争与经济增长》,《城市发展研究》2013年第3期。

杨灿明、李景友:《公共部门经济学》,经济科学出版社2003年版。

杨晨、冯振、韩庆潇:《土地财政的公共支出结构扭曲效应——基于静态与动态空间面板模型的实证研究》,《统计与信息论坛》2017年第11期。

杨海生、陈少凌、周永章等:《地方政府竞争与环境政策——来自中国省份数据的证据》,《南方经济》2008年第6期。

杨其静、彭艳琼:《晋升竞争与工业用地出让——基于2007—2011年中国城市面板数据的分析》,《经济理论与经济管理》2015年第9期。

杨文韬、孔晓婷、朱晟君:《土地财政对产业结构升级的影响研究》,《金融发展研究》2018年第5期。

杨元庆、刘荣增:《土地财政与土地市场管理》,《城市问题》2011年第3期。

杨志荣、靳相木:《基于面板数据的土地投入对经济增长的影响——以浙江省为例》,《长江流域资源与环境》2009年第5期。

叶林、吴木銮、高颖玲:《土地财政与城市扩张:实证证据及对策研究》,《经济社会体制比较》2016 年第 2 期。

易毅:《现行体制下我国"土地财政"问题的解决》,《经济师》2009年第 5 期。

尤琳、陈世伟:《城乡一体化进程中的户籍制度改革研究》,《社会主义研究》2015 年第 6 期。

于长革:《"土地财政"路径下经济增长的不确定性及相关政策建议》,《地方财政研究》2012 年第 10 期。

余剑平、余际从:《推进我国土地督察制度建设进程的若干思考》,《资源与产业》2008 年第 1 期。

张东:《分配正义与收益公正分配》,《法学论坛》2012 年第 1 期。

张凤荣、张琳:《耕地保护如何纳入政绩考核体系》,《中国土地》2006年第 8 期。

张广根:《产权管制、土地财政及经济增长关系的理论与实证——以河南省 1998—2011 年的数据为例》,《财经科学》2014 年第 11 期。

张璟、沈坤荣:《财政分权改革、地方政府行为与经济增长》,《江苏社会科学》2008 年第 3 期。

张敬岳、张光宏:《土地财政对地方经济增长影响的实证分析》,《统计与决策》2018 年第 22 期。

张军:《中国经济发展:为增长而竞争》,《世界经济文汇》2005 年第Z1 期。

张莉、王贤彬、徐现祥:《财政激励、晋升激励与地方官员的土地出让行为》,《中国工业经济》2011 年第 4 期。

张平、邓郁松:《中国房地产税改革的定位与地方治理转型》,《经济社会体制比较》2018 年第 2 期。

张千帆:《"公共利益"是什么?——社会功利主义的定义及其宪法上的局限性》,《法学论坛》2005 年第 1 期。

张青、胡凯:《中国土地财政的起因与改革》,《财贸经济》2009 年第 9 期。

张绍阳、刘琼、欧名豪:《地方政府土地违法:财政激励还是引资激励?》,《中国人口·资源与环境》2017 年第 8 期。

张协奎、乔冠宇、徐筱越:《新常态下土地财政面临的问题及对策思考》,《改革与战略》2016年第6期。

张旭、陈建华:《"土地财政"的融资视角探析》,《农村经济》2014年第2期。

张晏、龚六堂:《分税制改革、财政分权与中国经济增长》,《经济学(季刊)》2005年第4期。

张祚、李帆、王振伟等:《"土地财政"对城镇化的影响及相关问题分析——以武汉市为例》,《资源开发与市场》2015年第5期。

赵杭莉:《我国城市化过程中土地违法问题研究》,《人文杂志》2012年第1期。

赵合云:《"土地财政"的不良影响及其生成机制》,《统计与决策》2012年第5期。

赵晓宏:《我国财政转移支付立法的思考》,《东岳论丛》2009年第3期。

赵燕菁:《土地财政:历史、逻辑与抉择》,《城市发展研究》2014年第1期。

赵燕菁:《"土地财政"让中国崛起完成了原始积累》,《房地产导刊》2019a年第12期。

赵燕菁:《为什么说"土地财政"是"伟大的制度创新"?》,《城市发展研究》2019b年第4期。

周彬、杜两省:《"土地财政"与房地产价格上涨:理论分析和实证研究》,《财贸经济》2010年第8期。

周彬、周彩:《土地财政、产业结构与经济增长——基于284个地级以上城市数据的研究》,《经济学家》2018年第5期。

周彬:《土地财政、公共服务和地方政府行为》,《山西财经大学学报》2013年第6期。

周飞舟:《分税制十年:制度及其影响》,《中国社会科学》2006年第6期。

周飞舟:《生财有道:土地开发和转让中的政府和农民》,《社会学研究》2007年第1期。

周京奎、吴晓燕:《公共投资对房地产市场的价格溢出效应研究——基于中国30省市数据的检验》,《世界经济文汇》2009年第1期。

周黎安、李宏彬、陈烨：《相对绩效考核：中国地方政府官员晋升机制的一项经验研究》，《经济学报》2005年第1期。

周黎安、赵鹰妍、李力雄：《资源错配与政治周期》，《金融研究》2013年第3期。

周黎安：《中国地方官员的晋升锦标赛模式研究》，《经济研究》2007年第7期。

周业安、章泉：《财政分权、经济增长和波动》，《管理世界》2008年第3期。

朱丽娜、石晓平：《中国土地出让制度改革对地方财政收入的影响分析》，《中国土地科学》2010年第7期。

朱秋霞：《农有永佃：土地非农利用制度改革方案刍议》，《现代经济探讨》2007年第11期。

朱一中、曹裕、严诗露：《基于土地租税费的土地增值收益分配研究》，《经济地理》2013年第11期。

诸培新、唐鹏：《农地征收与供应中的土地增值收益分配机制创新——基于江苏省的实证分析》，《南京农业大学学报》（社会科学版）2013年第1期。

邹薇、刘红艺：《土地财政"饮鸩止渴"了吗——基于中国地级市的时空动态空间面板分析》，《经济学家》2015年第9期。

邹秀清：《中国土地财政区域差异的测度及成因分析——基于287个地级市的面板数据》，《经济地理》2016年第1期。

邹秀清：《中国土地财政与经济增长的关系研究——土地财政库兹涅兹曲线假说的提出与面板数据检验》，《中国土地科学》2013年第5期。

邹一南：《城镇化的双重失衡与户籍制度改革》，《经济理论与经济管理》2014年第2期。

Shleifer A., "Government in Transition", *European Economic Review*, 1997, Vol. 41, No. 3, pp. 385-410.

Tversky A., Kahneman D., "The Framing of Decisions and the Psychology of Choice", *Science*, 1981, Vol. 211, No. 4481, pp.453-458.

Charles M. Tiebout, "A Pure Theory of Local Expenditures", *Journal of Political Economy*, 1956, Vol. 64, No. 5, pp. 416-424.

Charles W. Cobb, Paul H. Douglas., "A Theory of Production", *The American Economic Review*, 1928, Vol. 18, No.1, pp. 139-165.

Chen Zhigang, Wang Qing, Huang Xianjin, "Can Land Market Development Suppress Illegal Land Use in China?" *Habitat International*, 2015, Vol. 49, pp. 403-412.

Nichols D., "Land and Economic Growth", *American Economic Review*, 1970, Vol. 60, No. 3, pp. 332-340.

Daniel Treisman, "Decentralization and the Quality of Government", *Working Paper*, 2000.

Ding Chengri, Niu Yi, Erik Lichtenberg, "Spending Preferences of Local Officials with Off-budget Land Revenues of Chinese Cities", *China Economic Review*, 2014, Vol. 31, pp. 265-276.

Garrett Hardin, "The Tragedy of the Commons", *Science*, 1968, Vol. 162, pp. 1243-1248.

Guo Shen, Shi Yingying, "Infrastructure Investment in China: A Model of Local Government Choice under Land Financing", *Journal of Asian Economics*, 2018, Vol. 56. pp. 24-35.

Huang Zhonghua, Du Xuejun, "Holding the Market under the Stimulus Plan: Local Government Financing Vehicles' Land Purchasing Behavior in China", *China Economic Review*, 2018, Vol. 50, pp. 85-100.

Jeremy Edwards, Michael Keen, "Tax Competition and Leviathan", *European Economic Review*, 1996, Vol. 40, No. 1, pp. 113-134.

Klaus R. Scherer, "What are Emotions? And How Can They be Measured?" *Social Science Information*, 2005, Vol. 44, No. 4, pp. 695-729.

Li Hongbin, Zhou Li-An, "Political Turnover and Economic Performance: The Incentive Role of Personnel Control in China", *Journal of Public Economics*, 2005, Vol. 89, No. 9-10, pp. 1743-1762.

Liu Yong, Fan Peilei, Yue Wenze, Song Yan, "Impacts of Land Finance on Urban Sprawl in China: The Case of Chongqing", *Land Use Policy*, 2018,Vol. 72, pp. 420-432.

Loupias Claire, Bertrand Wigniolle, "Population, Land, and Growth",

Economic Modelling, 2013, No. 31, pp. 223-237.

Luiz R. de Mello, "Fiscal Decentralization and Intergovernmental Fiscal Relations: A Cross-Country Analysis", *World Development*, 2000, Vol. 28, No.2, pp. 365-380.

M. Dewatripont, E. Maskin, "Credit and Efficiency in Centralized and Decentralized Economies", *Review of Economic Studies*, 2003, Vol. 62, No. 4, pp. 357-371.

Michael Keen, Maurice Marchand, "Fiscal Competition and the Pattern of Public Spending", *CORE Discussion Papers RP*, 1997, Vol. 66, No. 1, pp. 33-53.

Michael Rauscher, "Leviathan and Competition among Jurisdictions: The Case of Benefit Taxation", *Journal of Urban Economics*, 1998, Vol. 44, No. 1, pp. 59-67.

Mo Jiawei, "Land Financing and Economic Growth: Evidence from Chinese Counties", *China Economic Review*, 2018, Vol. 50, pp. 218-239.

Moore, Mick, "How Does Taxation Affect the Quality of Governance?" *Working Papers*, 2007, Vol. 119, pp. B360-B361.

Musgrave, R A, *The Theory of Public Finance*, New York: McGraw-Hill, 1959.

Nelson F., Olson L., "Specification and Estimation of a Simultaneous-equation Model with Lagged Dependent Variables", *International Economic Review*, 1980, Vol. 20, pp. 695-709.

Olivier Blanchard, Andrei Shleifer., "Federalism with and Without Political Centralization: China Versus Russia", *IMF Staff Papers*, 2001, Vol. 48, pp.171-179.

Paolo Tang, "Corruption and the Composition of Government Expenditure", *Journal of Public Economics*, 1998, Vol. 69, No. 2, pp. 263-279.

Paul M. Romer, "Increasing Returns and Long-Run Growth", *Journal of Political Economy*, 1986, Vol. 94, pp. 1002-1037.

Peng Kuai, Song Yang, Aiping Tao, Shu'an Zhang, Zafar D. Khan, "Environmental Effects of Chinese-style Fiscal Decentralization and the

Sustainability Implications", *Journal of Cleaner Production*, 2019, p. 239.

Qian Yingyi, Barry R. Weingast, "Federalism as a Commitment to Perserving Market Incentives", *Journal of Economic Perspectives*, 1997, Vol. 11, No. 4, pp. 83-92.

Qiao Baoyun, Jorge Martinez-Vazquez, Xu Yongsheng, "The Trade off Between Growth and Equity in Decentralization Policy: China's Experience", *Journal of Development Economics*, 2008, Vol. 86, No. 1, pp. 112-128.

Reza Baqir, "Social Sector Spending in a Panel of Countries", *Social Science Electronic Publishing*, 2002, Vol. 2, No. 35.

Robert M. Solow., "A Contribution to the Theory of Economic Growth", *The Quarterly Journal of Economics*, 1956, Vol. 70, No. 1, pp. 65-94.

Robert P. Inman., "Federal Assistance and Local Services in the United States: The Evolution of a New Federalist Fiscal Order", *NBER Working Paper Series*, 1987, 2283.

Ronald J. Shadbegian, "Fiscal Federalism, Collusion, and Government Size: Evidence from the States", *Public Finance Review*, 1999, Vol. 27, No. 3, pp. 262-281.

S. Lichtenstein, P. Slovic, "The Construction of Preference: The Construction of Preference: An Overview", *American Psychologist*, 1995, Vol. 50, No. 5, pp. 364-371.

Samuel Tung, Stella Cho, "Determinants of Regional Investment Decisions in China: An Econometric Model of Tax Incentive Policy", *Review of Quantitative Finance and Accounting*, 2001, Vol. 17, No. 2, pp. 167-185.

Stefan Homburg, "Interest and Growth in an Economy with Land", *The Canadian Journal of Economics*, 1991, Vol. 24, No. 2, pp. 450-459.

Stigler, George. The Tenable Range of Functions of Local Government. in Federal Expenditure Policy for Economic Growth and Stability, Washington D.C., Joint Economic Committee, Subcommittee on Fiscal Politics, 1957.

Tang Peng, Shi Xiaoping, Gao Jinlong, Feng Shuyi, QuF utian, "Demystifying the key for intoxicating land finance in China: An empirical study through the lens of government expenditure", *Land Use Policy*, 2019, Vol. 85, pp. 302-309.

Wallace E. Oates, *Fiscal Federalism*, New York: Harcourt Brace Jovanovich, 1972.

Wu Yuzhe, Zhang Xiaoling, Martin Skitmore, Song Yan, Eddie C.M. Hui, "Industrial Land Price and Its Impact on Urban Growth: A Chinese Case Study", *Land Use Policy*, 2014, Vol. 36, pp. 199-209.

Xu Nannan, "What Gave Rise to China's Land Finance?" *Land Use Policy*, 2019, 87.

Yuan Feng, Wu Jiawei, Wei Yehua Dennis, Wang Lei, "Policy Change, Amenity, and Spatiotemporal Dynamics of Housing Prices in Nanjing, China", *Land Use Policy*, 2018, Vol. 75, pp. 225-236.

Zhang Tao, Zou Heng-fu, "Fiscal Decentralization, Public Spending, and Economic Growth in China", *Journal of Public Economics*, 1998, Vol. 67, No. 2, pp. 221-240.

Zhang Xiaobo, "Fiscal Decentralization and Political Centralization in China: Implications for Growth and Inequality", *Journal of Comparative Economics*, 2006, Vol. 34, No. 4, pp. 713-726.

Zhong Taiyang, Zhang Xiaoling, Huang Xianjin, Liu Fang, "Blessing or Curse? Impact of Land Finance on Rural Public Infrastructure Development", *Land Use Policy*, 2019, Vol. 85, pp. 130-141.

Zodrow George R., "The Lncidence of Metropolitan Property Tax Base Sharing and Rate Equalization", *Journal of Urban Economics*, 1984, Vol. 15, No. 2, pp. 210-229.

后 记

本书是我主持的国家社会科学基金青年项目（项目编号：15CGL054）的最终成果，也是博士毕业论文的延续。在本书即将付梓之际，我首先感谢导师曲福田教授和石晓平教授多年来给予的悉心教导和无私帮助。无论是在宁读博期间，还是在蓉工作期间，导师团队都引领着我不断进步、激励着我奋发向前、鞭策着我脚踏实地。

我很庆幸来到四川大学公共管理学院这个大家庭，十分荣幸与土地资源与房地产管理系的同事共事，非常感谢学院各位领导、老师给予的支持和鼓励。特别感谢朱红波、李敏、马爱慧、刘鑫等老师在项目实施过程中提供的宝贵意见和建议。

该项目从立项、实施到结项，不仅凝结了我个人的汗水，也汇集了所有团队成员的辛勤付出。他们的参与不仅让项目得以顺利实施，也共同促进了团队的发展和成长。我要感谢他们：陈尧、冯月、黄莹、杨莉、郭莉、何雅萍、陈婧、吴熙、袁愿、何亚亚等，在项目实施过程中的所有付出和努力，包括资料收集、数据整理和分析、调研访谈、报告校对等工作。

最后，我要万分感谢我的家人，他们给予了我无限的理解、包容和支持！

当然，在这些年的工作、学习和生活中给予我帮助的领导、同事、同学和亲友还不止这些。在此，对所有帮助过我的人表示衷心的感谢！同时感谢中国社会科学出版社，特别是刘晓红女士为此书出版付出的辛勤劳动。

书稿还存在诸多不足，敬请大家批评指正。

唐　鹏
二〇二〇年一月